A CELUI DONT L'IDENTITÉ SE CACHE
SOUS LE NOM DE
JUSTIN MOREWARD HAIG,
JE DÉDIE CES IMPRESSIONS, AVEC
AMOUR ET RECONNAISSANCE.

L'INITIÉ

L'INITIÉ

QUELQUES IMPRESSIONS SUR UNE GRANDE AME PAR SON ÉLÈVE

TRADUIT DE L'ANGLAIS PAR G. GODET

AUX ÉDITIONS DE LA BACONNIÈRE
NEUCHATEL

ISBN 2-8252-0992-9 (12e édition)

INTRODUCTION

INITIÉS, ADEPTES ET MAÎTRES

L'histoire — si je puis l'appeler ainsi — du personnage que je vais évoquer devant vous, est une histoire véritable. Son héros a bien réellement existé, quoique, comme je l'explique plus loin, je sois contraint, pour plusieurs raisons, de cacher son identité. Si je souligne le fait de son existence, c'est que bon nombre de gens pourraient mettre en doute la possibilité d'atteindre le niveau de perfection morale qu'il avait incontestablement atteint et me regarder comme l'auteur d'une fiction plutôt que d'un récit véridique. D'ailleurs, l'homme dont je vais parler n'est pas le seul qui soit parvenu à un si haut degré d'évolution spirituelle. Non seulement beaucoup d'êtres comme lui vivent certainement parmi nous à l'heure présente, mais encore, si l'on ajoute foi aux documents de l'Histoire, il y en a eu dans le passé des centaines d'aussi grands, et même de plus grands que lui. Notre siècle « de lumière », il est vrai, cherche à nier ou à rabaisser le pouvoir surprenant de ces hommes; mais les penseurs sérieux qui se sont efforcés de percer le voile de la connaissance superficielle en viennent à conclure que le vieux truisme « *Il n'y a pas de fumée sans feu* » s'applique opportunément à ce genre de faits. Au surplus, les dénégations et objections de notre prétendue « civilisation » ne sont pas le signe de la vraie culture, mais celui de l'ignorance.

Nous devons tenir compte aussi de la contribution qu'apporte, à cet égard, le Roman de tous les temps. De Kalidasa [1] aux plus récents ouvrage de fiction, nous voyons des récits, des drames et des romans traitant d'êtres mystérieux et merveilleux, presque aussi supérieurs à « l'homme de la rue » que l'âme humaine est supérieure à l'animal. Ceci nous oblige à nous demander si l'imagination du génie créateur ne trouve pas sa source quelque part dans la Vérité. Tous ces poètes, dramatistes, écrivains, ne feraient-ils que tisser le réseau fantaisiste de la Fable — et rien au delà ? Si tel était le cas, pourquoi persisteraient-ils, malgré le ridicule dont les couvre la science, à nourrir l'esprit du public de mensonge et d'irréalité ?... La réponse s'impose. Consciemment ou inconsciemment, ils nous révèlent la vérité, leur sens subjectif étant averti de faits que leur sens objectif ignore encore. Oui, les Adeptes, les Sages, les Maîtres *existent*, et celui qui sait comment les chercher peut les trouver et se convaincre, une fois pour toutes, de leur réalité.

Mais si j'ai conclu que, dans son fond, le roman repose sur la vérité, il reste qu'il est inexact dans le détail, et *susceptible d'induire en erreur, puisqu'il mélange l'allégorie au fait* sans tracer entre eux nulle ligne de démarcation. Et, d'abord, les grands Adeptes de la Science spirituelle ne sont pas tout à fait aussi mystérieux que les écrivains de la fiction voudraient bien nous le faire croire. Si deux de ces Maîtres (ou *Mahatmas*, ainsi qu'on les nomme souvent) résident, à ma connaissance, dans leurs lointaines retraites du Thibet, ce serait une erreur de croire que tous suivent leur exemple. Je sais que plusieurs

---

(1) Poète sanscrit du 1er siècle av. J. C.; auteur de **Sakountala** et **d'Ourvaci**.

maîtres vivent actuellement en Angleterre, en Amérique, et qu'il y en a dans presque tous les pays du monde. Ils ne restent pas toujours au même endroit, mais vont d'un lieu à l'autre comme de simples mortels, parfaitement humains et parfaitement normaux dans leur apparence. *Dans leur apparence*, seulement, mais non au jugement de ceux qui ont acquis une sagesse profonde, par un commerce étroit avec l'esprit et les exceptionnelles facultés de ces hommes. Pour celui qu'une rencontre fortuite met en leur présence, rien, à part leur remarquable air de santé, de calme, de dignité et de force, n'éveillera le soupçon qu'ils possèdent des pouvoirs dont le commun mortel ignore l'existence. Ne se vêtant pas d'habits excentriques, ne vivant pas dans des châteaux hantés, ces hommes, loin de vouloir exciter la curiosité ou l'admiration d'autrui, recherchent avant tout la simplicité. Beaucoup d'entre eux affectent même quelque vice anodin — comme de fumer, par exemple — afin de se rendre aussi normaux que possible aux yeux du monde. Mais ceux qui, ayant les qualifications nécessaires, viennent à eux pour chercher la sagesse occulte, ont une tout autre impression : ils ont la révélation — rigoureusement cachée à tout autre — de ces merveilleuses personnalités. Or, pour trouver, il est absolument essentiel de savoir *comment chercher*. Seul celui qui accepte cette nécessité découvrira la Vérité, une vérité qui est la quintessence même du merveilleux. Le profane, ne sachant que chercher, ne trouve rien, ou trouve fort peu de chose; en sorte que, pour se faire une idée exacte d'un Adepte ou d'un Initié, il faut nécessairement s'en référer à son élève ou disciple, et à lui seul — car sa soif de sagesse occulte lui a conféré le droit de connaître les Maîtres tels qu'ils sont réellement, avec toutes leurs divines attributions.

Essayons d'imaginer un être humain exempt de toutes les faiblesses du simple mortel, au-dessus de l'égoïsme, de la vanité, de la jalousie, de la colère, de la haine et de tout autre vice analogue; un être ayant, en outre, une conscience de la vie si intense, si infiniment réceptive, qu'on pourrait la définir par le mot de *superconscience.* Cette superconscience implique nécessairement la sensation continuelle d'une Félicité infinie et d'un Amour infini, jointe à une sagesse et à un pouvoir suprêmes. Ainsi l'Adepte, qui a la connaissance de lois de la Nature non encore révélées au gros de l'humanité, est capable de manier ces forces naturelles d'une façon que l'ignorant ne peut imaginer. Or, s'il se servait de ces forces en présence de non-initiés — ce qu'il se gardera bien de faire — ceux-ci, dans leur incrédulité et leur ignorance, taxeraient ces manifestations de supercheries et leur auteur de sorcier, voire d'imposteur. Tant il est vrai que l'ignorant rapporte tout phénomène qu'il ne peut comprendre aux étroites notions dont son esprit dispose.

Quant à l'aspect physique de l'Adepte, il est celui d'une imperturbable santé et, en bien des cas, d'une jeunesse étonnante : l'Adepte demeure dans la force de l'âge. Ayant choisi de travailler au bien de l'humanité et jugeant qu'un organisme affaibli est impropre à cette œuvre, il fait agir sa science occulte sur les molécules de son corps physique et prévient ainsi les attaques de l'âge; il meurt finalement quand il a décidé de mourir — pas un jour avant. Une autre source de jeunesse et de parfaite santé, c'est son entière libération de l'anxiété, sa totale immunité à l'égard des émotions qui bouleversent, contribuent à user le corps et en compromettent l'équilibre. Ayant en lui l'éternelle Paix, les agitations de la vie lui paraissent aussi puériles que les tourments de l'enfant à l'homme adulte. Mais, pénétré de l'Amour parfait, il peut sympathiser avec autrui comme une mère sympathise avec son enfant : dans chacun de ces petits chagrins qu'elle sait, cependant, devoir être passagers. La sympathie, pour avoir sa vraie valeur, doit être exempte de crainte et d'impressionnabilité; aussi la calme et ferme compassion d'un Maître est-elle la plus précieuse, la plus réconfortante qu'on puisse imaginer. Sa totale absence de *crainte* dérive de la *Connaissance*, seule base véritable de toute consolation, seul baume adoucissant au cœur saignant de l'Humanité ignorante et souffrante.

J'ai tenté ce portrait imparfait d'un Adepte, dans l'espoir qu'il aiderait mes lecteurs à croire à la véracité de mon livre et les convaincrait de ma sincérité. Qu'ils sachent qu'à mes yeux, la vérité — qu'elle soit étrange ou naturelle — est plus romanesque que la fiction. Si j'avais réussi, dans les pages qui suivent, à évoquer tant soit peu l'atmosphère merveilleuse émanant de la personnalité de mon Maître, je n'aurais pas — et c'est tout ce que puis espérer — totalement manqué mon but. Ce n'était pas chose aisée, puisque je ne pouvais me servir de ces artifices à grand fracas que la fiction appelle à son aide. Un Adepte ou un grand Initié diffère tellement dans sa grandeur, d'un autre « grand homme »; il se défie tellement de la renommée, de tout ce qui éblouit, que le seul moyen d'apprendre quelque chose de lui, c'est de l'approcher personnellement, au physique et au moral. Dépourvu de vanité, redoutant toutes les formes de curiosité, il s'ingénie non pas à attirer, mais à détourner de lui l'attention. Lorsqu'il vit hors du monde, c'est pour méditer dans une entière solitude; lorsqu'il vit dans le monde, c'est pour se dissimuler dans la foule.

PREMIÈRE PARTIE

CHAPITRE PREMIER

L'HOMME LUI-MÊME

J'ai donc assumé une tâche qui n'est pas facile, celle d'écrire mes impressions sur un homme qu'on eût pu, en le comparant à ses contemporains, tenir pour la réfutation vivante du fameux lieu commun : « Personne n'est parfait ici-bas ». Cette formule, inexacte comme tant d'autres, mon livre essayera d'en démontrer l'impropriété.

Justin Moreward Haig — dont je ne suis pas autorisé à révéler le véritable nom — était-il ce que les occultistes nomment un *Adepte ?* Je ne saurais le dire car, honnêtement, je l'ignore. Il était, sur tout ce qui le touchait, de la plus extrême réserve. Je sais, en revanche, que si l'on pouvait dégager le mot « saint » de trop nombreuses et fâcheuses associations d'idées, et que l'on pût faire de même pour le mot « surhomme », J. Moreward Haig devrait être baptisé de l'un de ces deux noms, ou de tous les deux à la fois. En vérité, mes relations avec cet homme admirable m'ont prouvé que l'on peut être un saint sans faire montre d'une dévotion touchant à l'exagération, et qu'il peut exister un surhomme qui ne soit pas possédé de l'arrogante soif de domination caractéristique de l'idéal nietzschéen. Toutefois, il est une chose sans laquelle un surhomme ne saurait se former, et c'est la spiritualité. Bien que la sagesse-religion de Justin Moreward Haig differât autant de la piété d'un ecclésiastique ordinaire que le génie diffère d'une intelligence médiocre, vouloir contester qu'il eût une religion à lui serait méconnaître grossièrement un certain côté de sa personnalité, presque unique en son genre.

Certaines personnes irréfléchies ne se rendent pas compte que l'ennui résulte de l'imperfection, et non de la perfection : elles s'imaginent qu'être parfait est synonyme d'être *ennuyeux*. Il serait à peu près aussi juste d'affirmer que le blanc est le noir ou que le nirvana (la félicité éternelle) est le sombre ennui de l'enfer perpétuel. Moreward, tel que je l'ai connu, n'était rien moins qu'un personnage ennuyeux ! Trop imprévues, pour cela, s'avéraient ses opinions et la plupart de ses actions. Ce n'était pas non plus un homme qui vous entretenait uniquement de sujets poétiques : sa vie même était un continuel poème — le poème de la plus haute pureté morale, celle que le plus exceptionnel des humains atteint rarement. Vivre à ces hauteurs-là, et sans apparent effort, c'est réaliser le plus inattendu des prodiges.

Si réel et vivant que fût Justin Moreward Haig, je dois prévenir le lecteur que, n'étant pas le Boswell d'un moderne Johnson, ni le Watson d'un Sherlock Holmes, je n'ai jamais vécu sous le même toit que lui — sauf incidemment une nuit ou deux. Je ne saurais donc le suivre dans toutes ses aventures — s'il en eut. Tout ce que je me propose, c'est de rapporter ses idées, et la manière dont il les vivait. Je ne puis retracer sa biographie, pour la simple raison que je l'ignore, tout en soupçonnant qu'elle doit être des plus remarquables.

Quant à la description physique de l'homme, on m'a prié d'être avare de détails. Je pense, d'ailleurs, qu'il vaut mieux laisser le champ libre à l'imagination de mes lecteurs, qui se formeront une image de cet être rare d'après ce qu'ils apprendront de ses actes et de ses paroles. Il n'est pas très difficile d'imaginer le physique d'une personne d'après ce que l'on sait déjà de son moral.

Si je vous présente ici un homme qui n'a jamais cédé à la folie de l'anxiété, et qui fut modéré en toutes choses, vous ne manquerez pas de supposer qu'il devait avoir l'air en excellente santé. Si je vous dis ensuite que je ne l'ai jamais vu affligé, à moins que ce ne fût du tranquille chagrin de la parfaite compassion, il ne vous sera pas difficile d'en conclure que son visage était l'image du bonheur serein, de cette beauté d'expression qui correspond invariablement à un état d'esprit entièrement paisible. Quant au côté psychique de sa personnalité, que ceux qui pensent que les facultés occultes ne sauraient exister sans accompagnement d'hystérie et de tous les signes extérieurs de cette affection, se débarrassent d'une conception aussi erronée. Les facultés psychiques, pour inspirer une *absolue confiance*, doivent — sauf en des cas exceptionnels — s'accompagner d'un parfait équilibre nerveux.

Justin Moreward Haig, entré dans ma vie il y a une vingtaine d'années, s'est éloigné de moi dix ans plus tard, pour aller travailler sur un autre continent. Quoiqu'il m'eût, alors, autorisé à écrire ces impressions, il me pria d'éviter toute description pouvant trahir son identité et celle des êtres auxquels il était associé. Me trouvant ainsi très limité, je ne puis que laisser aux lecteurs le soin d'identifier ce remarquable personnage si jamais, au cours de leurs déplacements, ils ont rencontré quelqu'un qui lui ressemble en Sagesse et en Amour.

J'expliquerai encore comment ces impressions ont été écrites, sans quoi mes lecteurs pourraient m'attribuer une mémoire fabuleuse, que je ne prétends pas posséder. Quand je compris que j'étais entré en contact avec un être d'exceptionnelle sagesse — du moins à mes yeux — je sténographiai au jour le jour un grand nombre de ses réflexions. Mais je fus fréquemment obligé de compter sur ma mémoire, ne pouvant pas exhiber un carnet de notes en présence d'autres auditeurs. Il est donc juste de prévenir le lecteur que mon souvenir peut m'avoir une ou deux fois trompé et fait mettre, dans la bouche de Moreward, des mots qu'il n'a pas prononcés. C'est pourquoi j'ai donné à cet ouvrage le titre modeste d'*Impressions*, de préférence à tout autre nom plus présomptueux.

Quant à mon anonymat, il est sans doute superflu de m'en excuser. En révélant mon identité, je risquerais fort de trahir celle de mon « héros ». D'ailleurs, dans une œuvre de philosophie morale, l'élément personnel est non seulement inintéressant, mais peut devenir un obstacle, par le fait qu'aucun être humain n'est tout à fait sans ennemis. Bien souvent, j'ai entendu cette remarque : « Si tel ou tel livre est écrit par cet individu-là, je ne le lirai certes pas ! » — On sent donc, par là, combien tout élément personnel est désavantageux. Un homme qui écrit exclusivement pour ses amis et non pas tout aussi bien pour ses ennemis, est loin d'être un philosophe authentique : car toute philosophie digne de ce nom a manqué son but, si elle n'apporte avec elle la Paix.

L'Auteur.

CHAPITRE II

LE SAGE INNOCENT

On se tromperait fort en croyant que le romanesque ne peut découler que d'un enchaînement de circonstances spécifiquement romanesques, car un certain genre de romanesque jaillit du plus total imprévu. Découvrir un grand sage qui vit sur le versant solitaire d'une montagne, c'est trouver le romanesque prévu, évident à tous les yeux; mais rencontrer ce grand sage dans le plus mondain des salons de Londres, c'est bien là le romanesque de l'inattendu ! La montagne solitaire serait un cadre naturel à ce tableau, tandis que le frivole salon de Londres lui confère un relief très spécial : c'est là toute la différence.

Comment Justin Moreward Haig se trouvait, ce soir-là, dans le salon d'une des femmes les plus mondaines de Londres, c'est ce que je dévoilerai plus loin. Qu'il suffise de dire que c'est à l'hospitalité de Lady Eddisfield que je dois la plus précieuse amitié de ma vie. Aucun détail de cette étrange rencontre n'est sorti de ma mémoire. A la fin d'une séance musicale des plus médiocres, je me trouvai encombré d'une compagne du type le moins sympathique — une malchance due à cette regrettable habitude qu'ont les maîtresses de maison d'assortir leurs hôtes par couples, sans le moindre souci de savoir s'ils se conviennent.

C'est ainsi que nous nous trouvâmes assis, elle et moi, à l'une des tables rondes où l'on servait le souper en compagnie de quatre autres convives: l'homme que j'ai nommé dans cet épisode le *sage Innocent*, et trois femmes qui me frappèrent, à ce moment-là, comme une trinité de superlatifs. L'une me parut la plus corpulente, la seconde la plus gigantesque, la troisième la plus noire de teint — négresses à part — de toutes les femmes que j'ai rencontrées.

Cet homme disait aux trois dames, qui se penchaient vers lui avec une vive curiosité, des choses qu'elles semblaient regarder comme pleines d'une haute signification, et qui m'apparurent seulement extraordinaires, tout d'abord.

« Considérer les choses d'un *certain point de vue*, disait-il, c'est employer un remède prophylactique contre toute espèce de chagrin. (Je crus comprendre que l'une de ces dames entendait pour la première fois le mot *prophylactique)*. Acquérir ce point de vue juste, c'est le but de toute pensée ayant quelque maturité. Or, selon le point de vue que je défends, la douleur morale ne résulte que d'une sorte d'infantilisme : une âme adulte serait aussi incapable de souffrir de ce dont vous venez de me parler qu'une grande personne le serait de la destruction d'une poupée. »

« Vous entendez, je suppose, par une âme adulte, un philosophe ? » demanda la dame grasse.

« Précisément. Un sage, un saint ou un philosophe. En d'autres termes, un être dont l'esprit s'identifie au Bonheur inconditionné qui est au-dedans de nous et que chaque âme humaine possède en propre. »

Je dressai l'oreille et regardai attentivement l'homme qui parlait ainsi; puis je posai à mon tour une question :

« Vous prétendez que toute douleur morale est une forme

d'infantilisme : pourquoi, alors, le bonheur n'en serait-il pas une autre ? »

Il tourna vers moi ses yeux étrangement doux, mais pleins de force :

« La douleur, reprit-il, fait partie des choses illusoires de la vie, et c'est la caractéristique des enfants que d'aimer les illusions. Leurs jeux consistent à « faire semblant » d'être des rois, des soldats ou mille choses encore... Le contentement, en revanche, est l'un des attributs de la maturité, et... »

« Je ne sais réellement pas, interrompit l'une des dames, où vous voyez *l'illusion* dans le fait que la femme de Wilfred a cessé de l'aimer et qu'elle est tombée amoureuse d'un autre homme ? »

« Mais, dit-il, avec un sourire tranquille, l'illusion n'intervient que s'il se laisse bouleverser par ce fait. »

« *Vraiment !* » s'étonna la grosse dame.

« La jalousie, poursuivit-il, est évidemment aussi une forme de puérilité. »

« Mais Wilfred n'a jamais été jaloux », insista la dame.

Il lui sourit avec une amicale bonté.

« La jalousie existe à deux degrés différents : on est jaloux sans cause, ou l'on est jaloux lorsqu'il en existe une. Un homme n'est au-dessus de la jalousie que lorsqu'il demeure paisible là même où il y aurait matière à jalousie. »

« Comme je détesterais épouser un homme que ne tourmenterait pas le moindre sentiment de jalousie ! » remarqua vivement ma voisine en se tournant vers moi.

« Eh oui, dit-il, en lui adressant un sourire indulgent; il y a beaucoup de femmes qui en disent autant. Elles pensent, voyez-vous, que la jalousie est encore un hommage qu'on leur rend — mais ceci est une illusion de plus. Ce qui serait réellement flatteur pour une femme, ce serait qu'un homme l'aimât assez pour placer toujours son bonheur *à elle* au-dessus du sien propre. »

« Je pense qu'il existe fort peu de maris de ce genre », remarquai-je.

« Et s'il y en avait, reprit ma voisine, ils auraient l'air d'amphibies plutôt que de maris... Ne me parlez pas d'un époux de cette sorte ! »

« C'est seulement, répliqua l'inconnu avec douceur, que vous n'avez jamais réfléchi particulièrement sur ce sujet. Voyez-vous — et il y avait dans son accent une note chevaleresque — la femme douée de noblesse ne désirera jamais que son mari soit torturé par la jalousie, uniquement pour satisfaire sa vanité féminine. »

A ce point critique de l'entretien, ma voisine trouva refuge dans un rire. « Vous êtes très intelligent ! » dit-elle.

Il fit de la main un geste qui semblait écarter le compliment.

« Je suis un de ces êtres, fortunés ou infortunés, qui ne peuvent s'empêcher de voir les choses exactement comme elles sont. »

« Alors il vous manque le sens de l'art, fit l'une des dames. Vous ne sauriez, comme un peintre moderne, voir, dans une cheminée d'usine, la tour d'un antique manoir ! »

« Hélas ! Peut-être mettez-vous le doigt sur la plaie, admit-il. En fait, je suis affligé d'une naïveté qui me rend difficilement capable de comprendre comment les gens *peuvent* croire des choses qui sont manifestement fausses. »

« Par exemple ? » demandai-je.

« Eh bien, par exemple, qu'un homme ne puisse pas être réellement amoureux s'il n'est pas jaloux ? »

« Evidemment, vous n'êtes pas marié vous-même ? » fis-je, avec une pointe de malice.

« J'ai *été* marié », fut sa réponse, après un temps de silence.

Le mot : *divorcé* me vint à l'esprit. « Tu as gaffé ! » pensai-je. « Je suis veuf, poursuivit-il. (Nous échangeâmes, mes voisines et moi, de furtifs regards). Cela étant, mes idées matrimoniales ne sont pas purement des théories. »

« Alors, fit l'une des dames, vous avez dû être un époux très magnanime. »

« J'ai été simplement un mari doué de bon sens; car j'ai toujours senti que cela ne me rapporterait rien d'être autre chose que ce que vous appelez flatteusement « un époux magnanime ». D'ailleurs, ajouta-t-il, le sens de la possession est encore un attribut de l'enfance. »

« Qu'entendez-vous par là ? » questionna ma voisine.

« Eh bien, que vous pourriez aussi bien essayer de posséder la lune, que d'essayer de posséder un autre être : chaque âme ne s'appartient qu'à elle, à elle-même uniquement. »

« Alors, pourquoi jamais se marier ? » objectai-je.

« Pour pouvoir vivre avec la personne que vous aimez sans l'exposer au scandale », fut la simple réponse.

Ici, nous fûmes interrompus par la voix d'un laquais. Je l'entendis, sans grand plaisir, me dire à l'oreille que notre hôtesse m'attendait pour compléter une partie de bridge. Je me levai donc, et pris congé dans les formes.

Ce ne fut qu'à une heure très tardive, alors que, debout dans l'antichambre, j'attendais un taxi, que ma vive curiosité de la soirée fut — sur quelques points — satisfaite, grâce à l'une des trois dames, qui attendait aussi une voiture.

« Qui, au monde, était cet extraordinaire jeune homme ? » m'enquis-je à demi-voix.

« Jeune ! dit-elle. Je crois savoir qu'il a bien plus de cinquante-cinq ans ».

« Cela le rend d'autant plus extraordinaire... mais qui, encore une fois, peut-il bien être ? »

« Eh bien, son nom est Justin Moreward Haig, et il est arrivé de Rome il y a deux mois... C'est tout ce que je sais à son sujet », répondit-elle.

Ce maigre renseignement ne me contentait nullement; je sentais que cette grosse dame, dont l'extérieur ne semblait guère annoncer le complet détachement de toute curiosité, devait certainement me cacher ce qui se disait dans le public. Un homme de ce genre n'avait guère pu être vu, et surtout *entendu,* dans les diverses sociétés de Londres (où les langues se démènent avec une inconcevable vélocité) sans que, de manière ou d'autre, quelques « histoires » ne se fussent répandues à son sujet. Plus ou moins fausses, exagérées ou inadmissibles, sans doute. Quoi qu'il en fût, quelqu'un devait avoir lancé un certain nombre de « canards » sur les eaux toujours agitées du bavardage mondain; le contraire eût été incroyable. De plus, cette dame de vastes dimensions, quand je l'avais questionnée sur l'âge de l'inconnu, avait employé l'expression : *Je crois savoir,* qui me paraissait significative. Bien que je n'eusse vu l'étranger que vingt minutes au plus, et que je l'eusse entendu condamner sans rémission quelques-uns de nos plus précieux préjugés (manière de faire qui, à cette époque de ma vie, me semblait un peu vaine), il émanait de sa personne une douceur et, en même temps, un magnétisme qui m'attiraient vers lui d'une façon invincible. Si peu d'accord qu'on fût avec les choses qu'il disait, il vous faisait sentir qu'il était foncièrement sage; et, d'autre part, le fait d'exprimer ces choses dans une soirée mondaine et devant de complets étrangers, révélait quelqu'un d'étrangement naïf... J'eus même l'idée subite (qui devait me revenir à notre deuxième rencontre) qu'il était peut-être bien un peu fou, étant doué de cette sincérité qui est précisément le signe de la folie. Ce ne sont, en effet, que les aliénés qui peuvent faire les déclarations les plus énormes en toute sincérité, convaincus qu'ils sont de l'absolue vérité de ce qu'ils affirment.

Ces réflexions occupaient mon esprit pendant que je faisais face à la grosse dame, qui me gratifiait d'une conversation à laquelle je ne voyais pas la nécessité d'accorder grande attention (elle déplorait de ne pouvoir « voler » ou, plus simplement, pousser des boutons électriques, pour être transportée, ce qui lui aurait épargné l'affreuse attente du cab, dans les soirées et *at homes*). J'attendais la fin de ces discours superflus, dans l'espoir de tirer d'elle toute autre confidence qui m'intéressât au sujet de l'étrange personnage dont elle « croyait savoir qu'il avait bien passé cinquante-cinq ans ».

« Pour en revenir à ce monsieur, dis-je, *comment* savez-vous qu'il est aussi âgé que cela ? »

« Il a une fille mariée qui paraît trente-huit ans bien sonnés. »

« Etait-elle ici ce soir ? »

« Elle est repartie pour Rome il y a une quinzaine. »

« Mais êtes-vous certaine qu'elle soit sa fille ? »

« Il la présentait comme telle; mais, naturellement, on ne peut jamais être sûr de rien... dans ces questions de parenté », ajouta-t-elle peu charitablement.

« La voiture de Mrs. Jameson ! » cria une voix du dehors. Là s'arrêta donc mon interrogatoire, comme s'arrête l'histoire de ma première rencontre avec l'homme que j'ai paradoxalement nommé « le sage Innocent », parce que, dans cette soirée et dans la suivante, il me frappa comme étant la personnification de ces deux qualités opposées.

CHAPITRE III

LA SECONDE RENCONTRE

J'avoue que, plusieurs jours après cette première rencontre, je me surpris à penser à la soirée Eddisfield et à son personnage principal avec une fréquence et une persistance qui ne sont pas dans mes habitudes. A part la question non résolue : « Qui est-il ? » (puisque son nom ne me disait rien) s'ajoutait une série d'autres questions rebelles à toutes mes déductions. Les quelques amis et connaissances que j'approchai ne purent m'apporter d'autres clartés que celles de la grosse dame questionnée chez Lady Eddisfield : leurs réponses étaient aussi évasives que les siennes. Qu'on sache bien que je voudrais me mettre aussi peu en avant que possible dans ce récit touchant un être noble et singulier, mais que je risquerais, sur certains points, d'en donner une fausse idée, si je gardais un complet silence sur mes réflexions. La façon dont il avait jonglé avec le mot « infantilisme » me fit me demander s'il ne souffrait pas d'un immense orgueil... Puis, je me rappelai qu'il l'avait prononcé avec autant de détachement qu'on parlerait d'un temps clair ou d'un temps nuageux, et l'idée d'orgueil fut bannie de mes conjectures.

Or, un jour, il arriva que nous nous rencontrâmes par hasard à Kensington Gardens. C'est de cette rencontre que date l'amitié qui rendit sans objet tous mes points d'interrogation.

J'étais assis, contemplant rêveusement cette partie de la *Serpentine* qui ressemble à une rivière rustique coulant entre de paisibles et verdoyantes prairies, lorsque, soudain, à ma grande surprise, je le vis venir à moi et s'asseoir à mon côté.

« Nous sommes prédestinés à devenir deux amis, me dit-il, posant un instant sa main sur mon bras; cela étant, le plus tôt nous débuterons dans cette amitié, le mieux ce sera. »

Je murmurai quelque chose sur « l'honneur et le plaisir... » car son entrée en matière me flattait, bien que je la trouvasse un brin singulière.

« *Nous* n'usons pas, vous le voyez, notre souffle en banalités préliminaires, poursuivit-il; *nous* allons droit au but. Parler pour le plaisir de parler est chose rarement recommandable. »

Je convins qu'en général les gens parlent trop, mais je me demandais en moi-même ce que son *nous* signifiait, car il ne semblait pas me désigner.

« Je me souviens, reprit-il, que lorsque je vous dis adieu, en Egypte, dans des circonstances plutôt tragiques... il y a quelques milliers d'années, j'essayais de vous réconforter par l'assurance que nous nous retrouverions dans des circonstances plus heureuses : vous étiez dans ce temps-là une *femme*... »

« Ah, vraiment ! » fis-je avec une présence d'esprit dont je ne me serais pas cru capable, car l'idée d'être en compagnie d'un fou m'avait traversé l'esprit. Après tout, il y a des fous qui sont charmants ! Il me regarda un moment, une étincelle amicale dans les yeux.

« Vous rappelez-vous une tante à vous, qu'on appelait tante Jane : Mrs. Wibley, de son nom de famille ? » demanda-t-il.

J'admis que je me la rappelais (elle passait pour la « toquée » de la famille).

« Je la connais », dit-il.

« La connaître ! répétai-je, mais il y a vingt ans qu'elle est morte ! »

« Ce n'est pas un obstacle à nos relations », répondit-il sans embarras.

« Voyons, repris-je en riant, mais intérieurement un peu agacé, vous voulez plaisanter ? »

« Je vous pardonne ce soupçon, fit-il en riant aussi; mais un peu de patience ! Vous rappelez-vous que votre tante était quelque peu tournée en dérision à cause de ses tendances spirites ? »

Je m'en souvenais en effet.

« Vous souvenez-vous aussi qu'elle fit le vœu, après une certaine discussion de famille, qu'elle confondrait une fois ses adversaires en leur adressant un « message de l'Au-delà ? »

Je me le rappelais parfaitement.

« Eh bien, donc, elle *vous* a envoyé ce message. »

« Et quel est-il ? » demandai-je avec quelque scepticisme.

Il me le communiqua tout au long... — « Je suppose que vous êtes vous-même spirite ? » dis-je après cette explication.

« Pas précisément dans le sens où vous l'entendez. Je suis cela comme je suis toutes choses ou rien, si vous préférez. Car, s'il est bon d'être né dans une certaine croyance, mourir dans cette même croyance est désastreux. Les croyances sont les béquilles à l'aide desquelles on s'avance en boitant vers la Vérité. Vous éclaire-t-elle ? Alors vous rejetez vos béquilles. Un grand nombre de dévots *croient;* mais croire, ce n'est pas forcément *savoir*. Seul celui qui pratique l'occultisme *sait.* »

« Vous êtes donc un occultiste ? »

« Oui, je pense qu'on peut m'appeler ainsi », dit-il modestement.

« Dites-moi, fis-je avec une curiosité accrue, comment il se fait qu'un homme tel que vous puisse trouver le moindre plaisir à faire le tour de ces ennuyeux salons londoniens ? »

Il rit. « Une chose est ennuyeuse ou plaisante selon ce qu'on y apporte soi-même. Si vous voulez réellement le savoir — je suis à la recherche d'aventures spirituelles. »

Je lui dis que je ne saisissais pas très bien.

« J'admets que cette phrase est ambiguë, reprit-il, mais il est difficile de m'expliquer autrement sous une forme succinte. »

« C'est que cela m'intéresse réellement; sincèrement, je voudrais comprendre ! »

« Bien. Alors voici. J'ai une manie, qui peut vous sembler étrange; je m'efforce de transformer le « point de vue » des gens afin de les aider à résoudre leurs difficultés. Si vous vouliez me donner un nom plaisant, vous m'appelleriez une sorte de philanthrope, de dispensateur d'aumônes morales. »

Je commençais vaguement à comprendre.

« Votre doctrine, s'est l'idée de *donner* », conclus-je.

« Oui, fit-il; mais il y a deux sortes de dons: celui qui passe et celui qui dure. »

De nouveau je ne le suivais plus.

« Si vous donnez dix sous à un mendiant paresseux et famélique, dit-il, en moins d'une heure il a dépensé ses dix sous, et il a de nouveau faim. Mais si vous lui faites entrevoir un horizon tout nouveau, qui le rende sincèrement désireux de travailler, ce que vous lui avez donné est inestimable. »

Je lui dis que sa philosophie me paraissait pleine de sens pratique.

« Une masse de gens charitables, poursuivit-il, s'en vont dans les taudis de la grand'ville distribuer des secours en argent; mais *qui* va dans ce qu'on pourrait appeler les « taudis » de la bonne société apporter le réconfort aux femmes délaissées, aux jeunes filles en mal d'amour, aux amoureux repoussés, aux maris restés seuls, à la multitude d'infortunés dont cette société regorge ? »

« *Vous*, évidemment », dis-je.

« J'essaye, du moins », fit-il en souriant.

Sortant mon étui à cigarettes, je lui en offris une qu'il accepta. Mais je m'aperçus que j'avais oublié mes allumettes. Il tira de sa poche une petite boîte en or. Une forte brise printanière soufflait, éteignant d'une façon agaçante chaque allumette qu'il enflammait. J'observais avec amusement qu'il ne manifestait pas la moindre impatience, ce qui me semblait phénoménal.

« N'êtes-vous donc jamais impatient ? » demandai-je enfin.

Il sourit d'un air interrogateur. « Impatient ? Pourquoi le serais-je ? J'ai l'Eternité devant moi... » Et il alluma ma cigarette avec la dernière allumette de sa boîte.

« Revenons, dit-il, à votre question d'il y a un instant: vous savez, à présent, pourquoi je fais la tournée des salons de Londres ! »

« La société de Londres ne peut qu'y gagner », dis-je.

Il fit son geste coutumier, qui semblait balayer le compliment.

« Mais il y a une chose que vous ne savez pas », ajouta-t-il.

Je demandai laquelle.

« C'est que je déteste parler de moi-même ! »

Sur cette remarque il se leva pour partir. Je me mis à rire.

« A propos, fis-je en me levant pour lui serrer la main, je ne crois pas que vous sachiez mon nom: nous n'avons jamais été présentés l'un à l'autre. »

« Vous oubliez votre tante... » dit-il en clignant de l'œil.

Je ris encore. C'était réellement là une présentation d'un nouveau genre.

« Nous nous verrons mercredi, chez Mrs. Darnley », ajouta-t-il en s'en allant.

« Mais je ne suis pas invité chez elle, dis-je. D'ailleurs, j'ai ce soir-là un autre engagement. »

« Nous nous y retrouverons tout de même ! » Et il se dirigea vers le sentier.

« J'aime cet homme », pensais-je en moi-même en le regardant s'éloigner.

Chose étrange, en rentrant chez moi, je trouvai un message qui contremandait ma soirée du mercredi, tandis que le courrier suivant m'apportait une invitation de Mrs. Darnley !

CHAPITRE IV

LES PRÉJUGÉS DE MRS. DARNLEY

Je découvris bientôt, chez J. Moreward Haig, une idiosyncrasie d'un genre d'ailleurs inoffensif: il se plaisait à choquer son prochain, et cela, en quelque sorte, à ses propres dépens. La majorité des gens répugne à faire des déclarations par trop inattendues et, lorsqu'elle y est forcée, prélude à ses assertions par de si abondantes justifications que l'inattendu se transforme finalement en banalité. Or, mon nouvel ami avait un double mobile en lançant ses bombes orales au milieu de l'aride bavardage de la société mondaine; d'une part, il y trouvait un évident plaisir; d'autre part, il obligeait ainsi à *penser*. « Il y a deux moyens de faire impression, me disait-il un jour: l'un, c'est de parler très fort — procédé souvent critiquable — l'autre, c'est d'énoncer une vérité tout à fait inouïe comme si l'on disait la chose la plus naturelle du monde... » — Et, certainement, cette méthode portait ses fruits, car je puis dire que j'ai retenu chaque parole de notre fameux entretien de Kensington Gardens, ainsi que la plupart de ses autres « discours », si je puis les nommer ainsi. Mais, en revanche, il ne se permettait pas de faire des déclarations surprenantes uniquement pour produire de l'effet. Il *croyait* à tout ce qu'il disait, et l'exprimait avec une simplicité convaincue qui semblait impliquer que ses auditeurs y croyaient aussi. Ce trait donnait à sa personnalité un air d'innocence et de naïveté qui ne pouvait manquer de charmer, de subjuguer, même, ceux qui entraient en rapport avec lui. En fait, ceux qu'il choquait étaient agréablement choqués, et jamais d'une manière qui suscitât en eux le moindre ressentiment; car jamais il n'attaquait ni ne jetait le plus léger ridicule sur leurs croyances sacrées. Sa méthode pour redresser l'erreur consistait rarement à prouver à quelqu'un qu'il avait tort, mais bien plutôt à lui faire voir qu'une autre chose était juste. Cette règle adoptée par lui comportait, toutefois, une exception: elle touchait ceux qu'il nommait les « modernes pharisiens ». « Là, disait-il, je dois, avec répugnance, user du marteau pour briser les faux dieux. »

Mrs. Darnley était une vieille connaissance à moi, dont l'hospitalité s'exprimait le plus souvent par l'organisation de petits dîners intimes. Aussi ne fus-je pas surpris — mais bien charmé — de n'y trouver, en arrivant ce certain soir, d'autre convive que Moreward Haig. Notre petit cercle comptait donc Mrs. Darnley, sa juvénile et très attrayante fille Sylvia, et nous deux. Il se resserra davantage après le dîner, Sylvia ayant pris congé de nous avec quelques excuses pour aller faire de brèves apparitions dans une série de *at Homes*, où elle risquait d'être retenue jusque après notre départ.

Le bonsoir qu'adressa Mrs. Darnley à sa fille sentait ouvertement la « convention » plutôt que le véritable amour maternel. Cependant, elle suivit sa sortie d'un air préoccupé, trahissant des pensées qui — pour notre bénéfice — ne devaient pas tarder à se faire jour en paroles.

« Cette enfant me cause du souci, observa-t-elle d'un air méditatif. Les choses n'ont guère bonne façon... »

Nous manifestâmes notre sympathie, tout en nous enquérant de ses motifs d'anxiété. « C'est un poète qui cause, en ce moment, mon souci », fut sa réponse.

« Une amitié avec un poète ? » interogea Moreward, et nous rîmes tous les deux.

« *Vous* l'appelez une amitié ! dit-elle. Mais je ne crois pas aux amitiés entre jeunes gens et jeunes filles. »

De nouveau nous nous laissâmes aller à rire, mais discrètement. « Voyons, lui dis-je, *amitié* est le seul terme qui convienne dans ce cas; si l'on n'est pas la femme, la fiancée, ou la... »

« Non ! n'articulez pas ce mot, coupa-t-elle, ou vous me choquerez terriblement: *naturellement*, elle n'est aucune de ces choses. »

« *Amitié*, dit Moreward en souriant à la dame, c'est un fort beau mot, et une chose bien plus belle encore. Mais pourquoi vouloir en contester l'existence ? »

« Je ne nie pas qu'elle n'existe parfois; mais... Sylvia est si sentimentale — pour ne pas dire faible... »

« Est-ce que *faiblesse* serait, dans votre vocabulaire, le synonyme d'*amour ?* » demandai-je.

« Vous savez parfaitement ce que j'entends. »

« Oui, mais êtes-vous bien sûre de savoir ce que *vous* entendez ? » insistai-je.

« Que vous êtes impertinent ! dit-elle. Vraiment, j'ai toutes les raisons de savoir ce que je dis ! »

« Sans nul doute, dit Moreward, interrompant ce petit duel oratoire, le sentiment tendre s'ajoutant à l'amitié est un élément des plus heureux: il rend l'amitié plus complète. N'êtes-vous pas heureuse que votre fille ressente une émotion qui ajoutera à son bonheur ? »

« Je ne crois précisément pas que ce sera pour son bonheur,

répliqua-t-elle. En outre, je ne trouve pas cela tout à fait convenable... »

« Mais, alors, vous ne trouverez jamais *convenable,* pour votre fille, de s'attacher à quelqu'un d'autre qu'à vous ou à elle-même ! »

« Ne soyez pas ridicule, Broadbent ! » dit-elle, riant en dépit d'elle-même.

« Mais c'est ce que cela revient à dire. »

« Jugez-vous, demanda Moreward, sans la moindre note de sarcasme, qu'on ne devrait aimer *que* ses ennemis ? »

« Non. Bien sûr que non ! »

« J'ai entendu quelque part, fis-je d'un air malin, un précepte qui dit: *Aime ton prochain comme toi-même.* Je suis sûr que vous le pratiquez. »

« J'essaye, du moins », fit-elle, avec un accent de piété momentanée.

« Cependant, vous ne jugez pas que votre fille doive aimer son prochain — spécialement si c'est un homme, et singulièrement un poète ? » poursuivis-je avec la même malice.

« Vous savez parfaitement bien, dit-elle, se sentant battue, qu'il ne s'agit pas de la même sorte d'amour. »

« Mais, n'est-ce pas justement *là* que vous faites erreur ? fit Moreward avec une gravité pleine de douceur. En réalité, il n'y a qu'*une seule sorte* d'amour. Cette différence que vous, et beaucoup d'autres gens n'ayant jamais réfléchi profondément à ce sujet, établissez entre deux sortes d'amours, c'est une différence de *degré,* mais non pas d'espèce. »

Elle lança de mon côté un regard qui disait: « Cet homme-là, du moins, je puis l'écouter: il ne se moque pas de moi ! »

« Vous dites que vous ne pouvez croire à l'amour platonique, poursuivit Moreward, du moins j'ai cru le comprendre. Mais, si vous pouviez y croire, en admettriez-vous la valeur ? »

« Peut-être que oui, acquiesça-t-elle après réflexion.

« Très bien. Mais, qu'est-ce, en somme, que l'amour platonique ? Simplement une combinaison de sympathie spirituelle et d'indifférence physique. »

« La meilleure définition que j'aie entendue », interrompis-je.

« Je crains de n'être pas assez intelligente pour saisir... » fit Mrs. Darnley avec un modestie un peu feinte.

« Eh bien, expliquai-je, cela signifie qu'un homme jouit vivement de la conversation d'une certaine femme — mais aussi longtemps qu'il peut demeurer à l'autre bout du sofa... parce qu'appréciant son esprit, mais n'aimant pas son corps, il répugnerait à toute espèce de rapprochement. N'est-ce pas cela ? demandai-je à Moreward.

« Un peu crûment défini — c'est bien cela ! » convint-il en riant.

« Cela ne me paraît pas quelque chose de très joli... » remarqua Mrs. Darnley.

« C'est peut-être un brin monotone... » ajoutai-je malignement.

« Et cependant, reprit Moreward, jamais Platon n'a conçu l'amour « platonique » dans ce sens-là. Il pensait bien plutôt à un amour qui se maîtrise, qui refuse de s'abandonner à la complète expression de la passion physique. »

« Il en est de ce terme comme de beaucoup d'autres, remarquai-je. Les pharisiens en ont plié le sens originel à leurs mesquines conventions. »

« Les *pharisiens !* » répéta-t-elle; « mais ils n'existent plus, de notre temps ? »

J'eus sur le bout de la langue de lui dire: « Et vous, donc ? » Mais je me contins.

« Ne croyez-vous pas, Madame, dit Moreward, que ce sont précisément les *pharisiens* qui vous hypnotisent jusqu'à vous faire croire qu'il est « inconvenant », autrement dit, presque mal — de la part de votre fille — d'avoir de l'attachement pour l'homme à qui vous pensez ? Considéré du point de vue spirituel, le mal serait qu'elle ne l'aimât pas ».

« Vraiment, Mr. Haig, vous avez une façon de retourner les choses ! »

« Ce sont les pharisiens qui le font, remarquai-je. Ils disent: « Tu n'aimeras *pas* ton prochain ! »

Elle rit, d'un rire faible.

« Aimeriez-vous, Mrs. Darnley, que votre fille possédât un cœur peu aimant ? » demanda Moreward avec une calme simplicité.

« Je voudrais qu'elle aimât, un jour, quelqu'un qui fût vraiment *le bon* », fut sa réponse.

« Le *bon*, du point de vue pécuniaire ? » insinuai-je.

« Le *bon* à tous les points de vue ! » corrigea-t-elle.

« Oui, mais le *bon* pour vous pourrait être le *mauvais* pour elle », objectai-je.

Elle feignit de ne pas comprendre, quoiqu'elle eût fort bien saisi.

« Vous êtes-vous jamais demandé, Mrs. Darnley, fit Moreward avec déférence, pourquoi il y a tant de mariages malheureux ? »

« A vrai dire, je n'y ai jamais beaucoup pensé.... »

« Ne croyez-vous pas que cela pourrait venir de ce que trop de mères regardent toutes les amitiés de leurs filles du point de vue matrimonial ? »

« Peut-être. Mais c'est justement ce que je ne fais pas. »

« Pardonnez-moi, dit-il courtoisement, mais c'est précisément ce que vous faites. Vous oscillez, pour ainsi dire, entre les deux pôles du dilemme matrimonial: j'entends que vous craignez que votre fille désire cet homme, et que vous êtes tout aussi effrayée qu'elle puisse ne pas le désirer. En somme, votre attitude à l'égard de l'amour, c'est: le mariage ou *rien.* Cette attitude, chère amie, est la cause de la plupart des infortunes conjugales, car, grâce à elle, les jeunes gens épousent trop souvent une « connaissance » très mal assortie à eux, au lieu de s'unir à un ami ou à une amie véritable. »

« Il vous est facile de discourir ! » dit-elle, peu convaincue; « mais, voyez-vous, je ne puis permettre à ma fille d'avoir une série d' « affaires amoureuses ». Et qu'en penserait donc le monde ? »

« S'occuper des racontars d'autrui, c'est de la vanité, dit Moreward avec douceur; mais penser au bonheur de sa fille, Mrs. Darnley, c'est de l'*amour.* Je sais très bien que vous choisirez le dernier parti », ajouta-t-il en posant la main sur son bras.

« Nous verrons, nous verrons », fit-elle, flattée du compliment, quoique doutant un peu de le mériter.

Ici la discussion prit fin, car Miss Sylvia, à notre grande surprise, rentrait déjà dans la chambre.

« Je n'ai pas pu prendre sur moi d'aller à la seconde réception, dit-elle. La première était si atrocement ennuyeuse ! Alors, je suis revenue. »

Peu après, Moreward et moi prenions congé de nos hôtesses.

CHAPITRE V

LE GARDEN-PARTY

Nous nous retrouvâmes dix jours plus tard au *garden-party* de Lady Appleyard. J'avais, dans l'intervalle, revu une ou deux fois M. H., et il m'avait dit qu'il se proposait de rendre, si possible, à Miss Sylvia, un léger service. « Son *aura* révèle de très belles qualités, dit-il. S'il lui est donné d'aimer et de vivre un peu intensément, elle fera de grands progrès dans son incarnation actuelle. »

Soit dit en passant, cette remarque, et d'autres du même genre, ne me frappaient plus comme particulièrement mystérieuses, bon nombre de discussions sur la philosophie occulte m'ayant, entre temps, amené à mieux comprendre ce sujet si captivant.

Nous avions conduit Mrs. Darnley, qui se laissa volontiers faire, dans un coin ombreux du vaste et beau jardin de Mrs. Appleyard. Si conventionnelle que fût Mrs. Darnley, elle admirait et aimait particulièrement mon sage ami; quant à moi — eh bien ! je puis dire que, tout au moins, je l'amusais.

« Et que devient la poétique amitié de votre fille ? demanda Moreward. J'aime à croire que vous n'y mettez aucun obstacle ? »

« Quels obstacles pourrais-je bien lui opposer ? » fit-elle.

« Le manque de sympathie », dit Moreward.

« On ne peut guère attendre de moi de la sympathie pour une chose que je désapprouve. »

« La sympathie véritable est celle qu'on accorde à ce qu'on n'approuve *pas*, dit-il doucement, mais gravement; c'est la sympathie par excellence, inspirée de l'amour. »

« Peut-être n'aimez-vous pas votre fille ? » fis-je, poussé par un malin démon.

« Comment *pouvez-vous !* » s'exclama-t-elle.

« Vous avez correspondu avec ce poète, je crois ? » dit Moreward en me jetant un regard qui signifiait: « Pour l'instant, soyez sérieux. »

« Comment au monde, pouvez-vous le savoir ? Sylvia elle-même l'ignore ! »

« Il y a bien des manières de savoir les choses qu'on ne vous dit pas », répondit-il en souriant. « Vous avez, je crois, une de ses lettres dans votre petit sac ? »

Mrs. Darnley, de plus en plus stupéfaite, ouvrit son réticule, et lui tendit une lettre.

« Merci. Maintenant, supposons que je vous décrive cet homme et que nous jugions son caractère estimable: modifieriez-vous votre attitude ? »

« Je ne sais pas... » fit-elle, indécise.

« Eh bien, voyons un peu, poursuivit-il, tâtant doucement la lettre entre le pouce et le médium. Nous avons affaire à un homme grand et noir, vigoureux, au visage rasé; le front est haut, les cheveux rejetés en arrière, les yeux pénétrants, de couleur gris-vert... Est-ce bien cela ? »

« Absolument... Mais, comment... »

Il fit mine d'ignorer son étonnement « Le caractère correspond au visage. C'est un esprit élevé, un tempérament altruiste, au total un être sympathique, dont le contact ennoblit... Je vous félicite, Mrs. Darnley, pour cette amitié de votre fille ! »

« Maintenant, voyons ce que nous réserve l'avenir. » Il se tut un moment.

« Votre fille n'épousera pas cet homme, dit-il enfin lentement. Mais il suffirait que vous les contrariez dans leur amitié pour qu'ils deviennent passionnément amoureux l'un de l'autre, et cela vous réserverait des ennuis à tous trois. Permettez-leur de se voir autant qu'ils le veulent — et les choses s'arrangeront à votre satisfaction, Mrs. Darnley. »

L'étonnement, l'amour-propre et les préjugés se livraient une rude bataille en elle...

« Mais, si je suis votre conseil, dit-elle enfin, comment pourrai-je empêcher les gens de bavarder ? »

« Se laisser émouvoir par le jacassement de quelques perroquets, c'est un enfantillage dont je ne puis *vous* croire capable, Mrs. Darnley », fit-il, sans sévérité, toutefois. Il y eut un silence. Mrs. Darnley se rendait compte qu'elle en serait, hélas, très capable.

« Aimez-vous la poésie ? » demanda-t-il, pour dévier l'entretien et lui rendant en même temps sa lettre.

« De toute mon âme ! » fit-elle avec ferveur.

« Mais pas les poètes ! remarquai-je. Le poète est honoré tant qu'il ne se fourvoie pas dans une famille comptant de belles jeunes filles. »

« Ne pourriez-vous pas lui apprendre à être sérieux ? » dit-elle à Moreward sur un ton de prière.

« C'est sa manière d'être, dit-il généreusement; il vous sert une vérité profonde sous une forme délicate. »

« Une chose remarquable chez les hommes, fit-elle en riant, c'est que, contrairement aux femmes, ils ne manquent jamais de se soutenir entre eux ! »

« Alors, je puis être pardonné de prendre, en ce moment,

le parti d'un poète ? » fit Moreward suavement. Et, après un silence: « Suivrez-vous mon conseil, Mrs. Darnley ? »

« Vous avez beau jeu de parler, répliqua-t-elle; vous n'avez pas de fille, vous, sinon, vous raisonneriez différemment. »

« Pardonnez-moi, dit-il en souriant, *j'ai* une fille. »

Mrs. Darnley parut très surprise. « Mais, en tout cas, elle est encore très jeune », objecta-t-elle.

« Au contraire, elle est adulte ».

« Et vous ne me l'aviez pas dit ! » riposta-t-elle de plus en plus étonnée. « Comme c'est peu aimable à vous de ne me l'avoir pas amenée ! Mon Dieu, mais à quel âge vous êtes-vous donc marié ? »

« Pas si jeune que cela, dit-il, amusé de sa stupéfaction. Après tout, l'apparence juvénile n'est souvent que le résultat du calme de l'âme joint à la pureté de l'alimentation. Un vieux moraliste a dit: *Le cœur aimant fait le corps jeune.* »

« Eh bien, vraiment ! constata Mrs. Darnley, nous ne sortons pas des miracles. »

« Nous n'en sortons pas, en effet, parce qu'ils n'existent pas », rectifia-t-il en souriant. « Ce qui paraît miracle aux yeux de l'un est chose normale aux yeux de l'autre. Si je vous ait étonnée, il y a un moment, par une petite séance de « psychométrie », c'est que vous n'avez jamais entendu parler de cela; et, cependant, rien ne paraît plus naturel à ceux qui cultivent cette science. »

« Le seul véritable péché, c'est l'ignorance », fis-je, avec une feinte sévérité.

« Parfaitement juste », acquiesça Moreward.

« Ah ! je voudrais bien être savante ! » soupira Mrs. Darnley en s'apprêtant à nous quitter. Nous nous levâmes pour lui dire au revoir. « Vous n'oublierez pas mon conseil ? » insista Moreward en lui tapotant la main.

« Nous verrons », répliqua-t-elle, avec une obstination toute féminine. Il s'inclina courtoisement, et la regarda s'en aller.

« *Ouf !* soupira-t-il d'un air de bonne humeur, lorsqu'elle fut hors de vue; j'avoue que l'atmosphère d'une pharisienne est particulièrement étouffante... Le départ de cette femme est comme la fuite d'un épais nuage noir. »

Je ris. — « Réellement, dit-il, les pharisiens sont bien loin du Royaume de Dieu: voir l' « inconvenant » dans toutes les choses innocentes et belles, c'est vivre dans un enfer préparé par soi-même. »

« Je suppose que Sylvia et son poète sont déjà amoureux l'un de l'autre, observai-je, et que vous devez le savoir, bien que vous ne les ayez pas trahis ? »

« Oui, dit-il, une excellente chose aussi. Il a besoin d'elle pour stimuler ses facultés créatrices et elle a besoin de lui pour développer des qualités encore latentes. Le côté sentimental cèdera tôt ou tard, mais l'amitié demeurera. »

« Pensez-vous que la mère sera... »

« Pendant un temps, oui. Le respect du conventionnel, mon ami, est une des pires formes de la vanité, parce que très insidieuse. Mrs. Darnley, la pauvre créature, est lâche par pure vanité; son unique peur, c'est le jugement du monde. Elle ne vit pas dans le large univers de l'amour, mais dans une sorte de prison. A propos, ajouta-t-il, vous voyez Miss Sylvia plus souvent que moi: s'il se présente pour elle des difficultés, voulez-vous m'en avertir ? »

« Certainement », dis-je.

CHAPITRE VI

UNE APPARITION

Le chapitre précédent aura fait comprendre que J. Moreward Haig était doué de certains pouvoirs que l'on ne trouve pas chez le commun des hommes, bien qu'ils se rencontrent plus fréquemment de nos jours qu'au temps où se passe mon récit. Il était naturel que ces pouvoirs m'étonnassent et que j'eusse essayé de sonder Moreward à leur sujet. Mais, quant à l'amener à en faire montre en présence d'autres personnes pour leur en *prouver* l'existence, c'était là une toute autre question. En fait, il m'avait prié de garder un silence absolu sur ses facultés extraordinaires; il m'avait dit que, chaque fois qu'il se sentait appelé à en faire usage pour venir en aide à son prochain, les commentaires qui s'ensuivaient lui étaient si désagréables, qu'il souhaitait qu'on ne les provoquât pas inutilement.

« Les êtres les plus évolués de cette planète, disait-il, quand nous discutions le sujet, ne se servent pas de ces pouvoirs, même de la manière inoffensive dont je l'ai fait à l'occasion, quoique, sur le terrain de la psychométrie, ce soient des performances aussi banales que de jouer du piano avec dextérité ou de prononcer un beau discours. En réalité, ces pouvoirs, et d'autres, supérieurs encore, ne sont, pour le disciple de la sagesse occulte, que les marches par lesquelles il monte vers la foi; je pense à cette foi d'essence unique et précieuse qui lui inspire l'héroïsme nécessaire pour marcher sur le sentier ardu menant à l'émancipation finale. Voilà pourquoi l'Adepte de la science occulte communique à ses élèves quelques-uns de ses pouvoirs dits miraculeux, mais ne songera jamais à les révéler à d'autres humains, ce qui ne serait ni moral, ni sage, ni prudent, — car les hommes ne sont pas encore préparés à les comprendre. »

Un jour que quelques personnes curieuses de ces questions et moi-même encouragions Moreward à nous exposer les mystères de l'occultisme, on se mit à parler de la possibilité de lire les pensées d'autrui, et de la légitimité d'un tel acte. Il nous raconta alors une histoire qui, si elle fût tombée des lèvres d'un autre, nous eût semblé dans sa triste scélératesse presque invraisemblable.

« Je dois, bien entendu, adopter des noms fictifs, nous dit Moreward, certains personnages de cette histoire pouvant encore être en vie et le héros principal — un de mes élèves — résidant actuellement à Londres. Ceci se passe à l'époque où cet élève était en train de se « réveiller », c'est-à-dire au moment où ses facultés psychiques latentes commençaient à se manifester, sans qu'il eût encore appris à exercer sur elles un contrôle suffisant. Nous le nommerons Sinclair. C'était un homme de trente-huit ans, très vigoureux d'allure. Trois autres personnes entrent en jeu: deux frères, que nous nommerons Henry et Charles Thompson, et une femme, Ethel, l'épouse d'Henry.

« Ethel et Henry n'étaient pas heureux en ménage, et nul ne l'ignorait, car ni l'un ni l'autre n'avait la faculté de donner le change; c'était, entre eux, un échange de politesses glacées, plus significatives que d'occasionnelles et franches querelles. On savait, en outre, qu'Henry se droguait, poussé à cela, disait-on, par le caractère désagréable de sa femme; je pense que son tempérament de névropathe était surtout à l'origine de cette faiblesse. Henry, le fils aîné, était, de par le testament de son père, possesseur d'une fortune immense, comprenant un magnifique domaine, une belle maison de ville, et énormément d'argent, toutes choses qui devaient à sa mort — selon ledit testament — passer à son frère puîné. On devine facilement, dès lors, pourquoi la femme d'Henry n'exigeait pas la séparation. Ayant, s'il fallait en croire ses prétendues « amies », épousé Henry uniquement pour son argent, elle ne pouvait consentir à perdre la plus grande part du bénéfice visé par cette union. Une autre raison lui conseillait la prudence; Henry, avec toute sa richesse, était déplorablement avare. Elle savait trop bien que vivre séparée de son mari, ce serait être réduite à une pension des plus parcimonieuses. D'ailleurs, *lui* répugnait à verser aucune espèce de pension, préférant la supporter, elle et sa mauvaise humeur, plutôt que de la voir entretenir un ménage auquel il ne participerait pas... Telle est l'essence de l'avarice: elle jetterait son trésor à l'eau plutôt que de le partager.

« Quant à Charles, il ressentait pour son frère le mépris qu'ont pour les faibles certains hommes vigoureux et doués de puissants appétits. Il regardait ce névropathe comme la honte de la dynastie familiale, mais il enviait son patrimoine. Il haïssait son frère dans son for intérieur, tout en jugeant opportun de rester en bonnes relations avec lui, car il avait ainsi l'occasion de jouir du luxe et des amusements (tir, chasse...) que permettent la fortune et un vaste domaine.

« Quant à Sinclair, son intérêt pour cette famille était purement altruiste, et basé sur d'anciennes relations avec Henry: ils avaient été camarades d'école, puis étudiants ensemble à Oxford. Henry, de son côté, aimait Sinclair autant que pouvait aimer un être de nature si mesquine; et Sinclair, espérant faire tant soit peu de bien à son ami, cultivait, au lieu d'y renoncer, une amitié qui, sans cela, fût morte de sa belle mort.

« Le dramatique incident que je vais relater se passa dans la maison de campagne des Thompson, où Sinclair et Charles se trouvaient en visite, et seuls hôtes d'Ethel et d'Henry. L'effet produit sur Henry par les drogues qu'il absorbait devenant de plus en plus apparent, Ethel répugnait à inviter d'autres personnes, qui eussent été témoins de ce spectacle dégradant. Lorsqu'elle était à ses affaires et Henry trop agité de corps et d'esprit pour supporter la compagnie des autres, Sinclair et Charles, laissés seuls ensemble, sortaient à pied et à cheval, ou lisaient au coin du feu.

« C'est alors que Sinclair commença à ressentir une singulière impression: dès qu'il se trouvait seul avec Charles, sans qu'aucun d'eux parlât, une certaine image se dressait devant lui — une horrible image, en vérité ! La première fois qu'il en prit conscience, elle était encore si vague et si mal définie, qu'il la repoussa comme une de ces absurdes rêveries qui s'insinuent parfois dans les états de demi-conscience. Mais, comme, avec le temps, l'apparition persistait, devenant toujours plus nette et plus précise, il se prit forcément à croire qu'elle devait avoir une étrange, voire une funeste signification. Circonstance curieuse: chaque fois qu'elle s'imposait très fortement à lui, Charles, son compagnon, semblait spécialement *distrait* et fixait l'espace devant lui, d'un air concentré, tandis que lui-même se sentait la conscience comme envahie par une sensation de haine et de ruse... que, le voulût-il ou non, il ne pouvait arriver à bannir. »

« Mais, cette vision, interrompis-je, quelle était-elle donc ? »

« C'était l'image de Charles, debout au chevet d'Ethel, l'étouffant dans un coussin, puis lui versant dans la gorge le contenu d'un petit flacon bleu. »

Nous poussâmes des exclamations diverses. « Ce n'était là qu'une *partie* de la vision, continua-t-il. Vous en saurez le reste plus tard; vous la décrire maintenant serait gâter mon histoire.

« Trois jours se passèrent; la vision meurtrière s'imposait de plus en plus à Sinclair et devenait une telle obsession, qu'il en eut enfin la certitude d'être en face non pas d'une simple pensée, mais d'une *intention* diabolique. Comment agir ? C'était le problème qui torturait son esprit. Accuser un homme de vouloir assassiner sa belle-sœur est chose hasardeuse... En effet, — à quel mobile eût obéi cet homme en se débarrassant d'Ethel ? Car je vous rappelle que la grosse partie de la fortune d'Henry devait échoir, à sa mort, à Charles lui-même. En outre, on n'avait pas le plus léger motif de croire que Charles et Ethel n'étaient pas en termes amicaux; le bruit avait même couru, depuis peu, que Charles semblait témoigner à Ethel un peu plus d'égards que la correction n'en exigeait de la part d'un beau-frère.

« Il y avait toutefois, pour Sinclair, un moyen d'intervention possible: avertir Ethel qu'il avait à son sujet un terrible pressentiment et la prier d'être spécialement sur ses gardes ou, mieux encore, de trouver quelque excuse pour s'en retourner à Londres immédiatement. Par malheur, il avait affaire à une femme non seulement très positive (et ayant, pour les impressions occultes, l'indulgent dédain que donne la complète ignorance du sujet), mais encore à une femme effroyablement entêtée. La première allusion qu'il fit à ses inquiétudes fut accueillie par les sarcasmes, d'ailleurs sans méchanceté, d'Ethel, qui l'accusa de se complaire dans des superstitions de vieille fille et des imaginations d'un romanesque démodé. Quant à formuler des conseils, il y renonça presque d'emblée, tant il y avait peu de chance qu'elle les suivît; il n'insista donc pas.

« En essayant d'avertir Ethel, il obtint cependant un résultat: la certitude qu'il ne se méprenait pas sur les intentions de Charles. Ethel ayant, pour taquiner Sinclair, reparlé à table des pressentiments de celui-ci, il put constater l'effet produit sur Charles par ce genre d'entretien. Les yeux sans soupçon d'Ethel et d'Henry n'observèrent rien d'insolite, parce qu'ils ne *cherchaient rien;* mais l'embarras manifeste de Charles n'échappa point au regard pénétrant de Sinclair.

« Je vous ai dit qu'Ethel et Henry n'étaient pas en bons termes: vous ne serez pas étonnés qu'ils fissent chambre à part, logeant même aux deux extrémités de la maison. La chambre de Sinclair se trouvait à côté de celle de Mrs. Thompson, et la chambre de Charles à mi-chemin entre celles des deux époux. Toutes les pièces ouvraient sur le même long corridor. En dépit de sa conviction toujours accrue du danger qui menaçait Ethel, Sinclair — étant donné la manière dont avaient été accueillis ses « pressentiments » — savait qu'il serait vain de l'engager à verrouiller sa porte la nuit. Il sentait tout argument inutile. En revanche, il fit une chose qui peut paraître étrange et illogique; il se creusa la cervelle, pour trouver un moyen de persuader Henry de s'éloigner de chez lui plusieurs jours consécutifs. »

« Mais la vie d'Henry Thompson n'était pas menacée ! » objectèrent plusieurs d'entre nous.

« C'est justement le singulier côté de cette histoire. Attendez, vous verrez. D'abord, il songea à faire en sorte qu'un ami d'Henry lui adressât une dépêche fictive, réclamant, sous quelque prétexte, sa présence à Londres pour un temps assez long. Mais le prétexte étant trop difficile à trouver, Sinclair dut y renoncer. Quant à implorer Henry de quitter la maison simplement parce que lui, Sinclair, avait le pressentiment d'un danger menaçant son ami, le procédé eût été aussi inefficace qu'auprès d'Ethel. En fin de compte, il ne lui restait qu'une unique chose à faire: attendre et voir venir — mais en passant, cela va sans dire, des nuits blanches à faire le guet près de sa porte, pour le cas où les pas de Charles viendraient à se glisser sournoisement vers la chambre d'Ethel.

« Même ainsi, la vie d'Ethel demeurait en danger. Si Sinclair empêchait Charles d'entrer dans la chambre — ce qui ne serait pas bien difficile — il n'aurait plus en mains de quoi fournir la preuve évidente de ses intentions criminelles. Quant à l'y laisser pénétrer pour le prendre, ensuite, en flagrant délit de meurtre, ce dernier moyen laissait à Charles la faculté de s'enfermer à clef avec Ethel et, s'il était dérangé, de se retrancher derrière l'aveu, bien moins grave, d'un prétendu adultère.

« Pendant trois interminables nuits, Sinclair fit le guet, en apparence inutilement. Il n'y eut rien d'anormal. Il avait mis son fauteuil tout près de sa porte, qu'il poussa suffisamment pour que, du dehors, elle parût fermée. Puis, il s'était installé de façon que son oreille, placée contre l'entrebâillement, pût saisir le moindre son dans le corridor.

« Au cours de la quatrième nuit, alors que, cédant à la fatigue, il était tombé dans une demi-torpeur, il lui sembla entendre une voix parler dans sa propre tête... et, cependant, par un étrange phénomène, *extérieure à lui-même.* Cette voix disait, d'un accent impérieux: *Eveille-toi, et agis !* Il ouvrit les yeux dans un sursaut d'épouvante, car sa faiblesse eût pu coûter la vie à Ethel — et son regard rencontra, en face de lui, la silhouette d'un homme qui lui était bien connu... « Tu dois les sauver tous trois ! » commandait cet être. « Glisse-toi dans sa chambre à elle, dissimule-toi derrière son lit — puis attends ! Ferme ta porte et la sienne. Sois prompt, ne fais aucun bruit ». Ce fut l'affaire d'un instant que d'exécuter cette injonction. En entrant dans la chambre d'Ethel, il comprit, à son souffle régulier, qu'elle était, sans nul doute, plongée dans le plus profond des sommeils. C'était, heureusement, une nuit de pleine lune; il pouvait distinguer chaque objet dans la chambre et ne risquait pas de buter contre un meuble et de réveiller la jeune femme. Très doucement, il rampa vers l'extrémité du lit la plus éloignée de la porte, et s'allongea à terre pour attendre.

« Il passa cinq ou dix minutes à écouter « les battements de son cœur dans sa poitrine », comme disent les romans-feuilletons. Alors la porte s'ouvrit et se referma doucement... et des pas s'approchèrent du lit. Puis, ce fut le bruit mat d'un coussin de plumes appliqué sur un visage... En moins de trois secondes il s'était redressé, jeté sur Charles par derrière et, d'un coup brusque, avait précipité à terre le petit flacon bleu — tandis qu'Ethel elle-même, rejetant l'oreiller de sa face, se dressait violemment, sous le coup de la plus complète surprise... Ce qui se passa tout de suite après, Sinclair s'en souvient à peine, car il était engagé dans un double pugilat, en gestes et en paroles, son principal effort visant à empêcher Charles de se ruer hors de la chambre avant qu'Ethel eût pu découvrir son identité. Il se rappelle le confus mélange de trois voix posant toutes la même question, tandis qu'Ethel bondissait hors de son lit pour faire jaillir la lumière. Puis, il se voit, débarrassé de Charles, le dos appuyé contre la porte de la chambre dont il garde l'issue, et se souvient qu'il implorait les deux autres de baisser la voix, pour éviter de réveiller les domestiques et de provoquer un scandale.

« Vous devinez le reste: Charles, acculé, tenta de *bluffer* et s'y prit fort mal. Aux questions indignées d'Ethel concernant l'oreiller et le flacon de laudanum, il se tourna sans hésiter contre Sinclair, l'accusant d'une tentative de meutre. Lui, Charles, avait perçu un léger bruit et, croyant à la présence de cambrioleurs, était sorti dans le corridor, juste pour voir Sinclair pénétrer dans la chambre d'Ethel. Alors il l'avait suivi... Mais Sinclair ne se laissa nullement intimider. S'emparant de l'oreiller gisant à terre, il le tint d'un bras ferme comme un étau. « Cela ne prend pas, dit-il; cet oreiller vient de la chambre rouge; il est même marqué: *Chambre rouge.* Ce flacon sort de la chambre d'Henry, et vous l'avez volé sur sa table de chevet. Niez, si vous l'osez: il sera facile d'appeler Henri pour le prouver ! »

« Mais Charles essaya encore de « crâner ». « Bonté divine, cria-t-il, pour quel motif aurais-je voulu assassiner ma belle-sœur? Supposez-vous qu'un jury va croire une pareille absurdité ! »

« Vous m'avez bien accusé, *moi,* il y a un instant, et cependant, quel mobile eût pu me pousser ? Après sa mort, l'argent de la famille ne passera certes pas *à moi !* » — Telle fut la tranquille réponse de Sinclair.

« Et croyez-vous que j'hériterais d'elle, imbécile ! » ricana Charles. « Si j'avais voulu tuer quelqu'un pour avoir son argent, c'eût été plutôt mon frère ! »

« *C'était* précisément votre frère que vous vouliez atteindre ! Vous alliez tuer votre belle-sœur, articula lentement Sinclair, en escomptant que votre frère serait pendu pour ce crime. »

« Ici, Charles, vaincu, s'effondra. »

Moreward fit une pause, comme s'il cherchait à se rappeler le reste de l'histoire.

« Je ne vois pas très bien, dit l'un de nous, le rapport qu'il y avait entre cet oreiller et ce laudanum ? »

« Vous saisirez quand je vous aurai relaté ce qui se passa plus tard, répliqua Moreward en souriant. Ethel n'était rien moins qu'une femme émotive: les femmes émotives n'ont guère l'habitude d'épouser les hommes pour leur argent. C'était au contraire un type de femme dure et froide qui n'avait jamais donné le moindre signe de poltronnerie ou d'hystérie. Elle se montra simplement furieuse, pleine de la « colère du juste ». Elle voulait que justice fût faite, mais ne désirait pas exercer une vengeance ouverte, car elle répugnait beaucoup à ce qu'on la sût la belle-sœur d'un assassin. Dès le début il fut clair pour elle que Charles était coupable, à tout le moins, d'un acte extrêmement lâche, car le contraste entre l'attitude des deux hommes était par trop frappant. Toutefois, jusqu'à ce que Sinclair lui eût expliqué le sinistre enchaînement de circonstances qui l'avaient amené à faire l'effort de la sauver, elle ne fut pas totalement convaincue de la foncière vilenie de son beau-frère.

« La vision qu'avait eue Sinclair, et dont je ne vous ai décrit que la première partie, était l'image de Charles se glissant dans la chambre d'Henry, tandis que celui-ci sommeillait lourdement sous l'empire des drogues, dérobant le flacon de laudanum, étouffant Ethel dans son oreiller et lui ingurgitant le poison. Venait ensuite une scène de tribunal: Henry assis au banc des accusés, inculpé du meurtre de sa femme, et menacé de la pendaison. L'issue du procès eût-elle été la condamnation de cet innocent ? Cela est difficile à dire, mais bien des faits parlaient contre lui. Henry et Ethel étaient connus pour vivre dans une discorde presque déclarée. En outre, Charles avait eu, les derniers temps, des attentions marquées pour sa belle-sœur, ce qui pouvait faire croire à la jalousie d'Henry et lui donner des raisons de vengeance contre sa femme. Si Sinclair n'était pas intervenu, on eût sans doute assisté à l'une des plus terribles erreurs judiciaires de notre temps.

« Ce qui se passa fut, heureusement, différent. Sinclair, ayant enfin convaincu Henry et Ethel de la culpabilité de Charles, on persuada celui-ci de quitter le pays en échange de la promesse de ne pas porter plainte contre lui. — Tel fut le dénouement de cette tentative d'assassinat, inspirée par la seule cupidité, génératrice de bien des tragédies; — et c'est ici que finit mon histoire. »

« Pas tout à fait ! dit l'un de nous, car vous avez omis de nous dire *qui* était la forme humaine apparue dans la chambre de Sinclair ? »

« L'apparition ? fit Moreward d'un air pensif; mais ceci me semble de peu d'importance... »

« Comment ! mais c'est la moitié de l'histoire ! »

« Puis-je me fier entièrement à votre discrétion ? » demanda-t-il d'un ton grave.

Nous lui en donnâmes l'assurance.

« Eh bien, l'apparition, c'était *moi-même.* »

CHAPITRE VII

L'ÉCHEC DE DAISY TEMPLEMORE

J'ai connu Daisy Templemore lorsqu'elle n'avait encore que neuf ans et, dès cet âge tendre, j'avais prédit, et d'autres avec moi, qu'elle serait plus tard audacieusement « flirt ». Il en fut bien ainsi. Dès l'âge de dix-sept ans, et jusqu'au moment où se passa cet épisode — dix ans plus tard — elle fut occupée par une série de flirts extrêmement poussés, auxquels ses fiançailles, à l'âge de vingt-six ans, avec un officier anglo-italien, ne mirent nullement le point final.

Ce jeune homme, revenu des Indes, avait obtenu la main de Daisy — avec une bien petite portion de son cœur. Puis, il s'en retourna d'où il était venu, la laissant libre de poursuivre tranquillement son existence de flirteuse. Bien que j'eusse environ douze ans de plus que Daisy, et qu'elle fût une coquette fieffée, nous nous traitions en bons *camarades;* j'ajoute que j'étais l'un des très rares hommes auxquels elle daignait accorder son entière confiance et auxquels elle faisait l'honneur de ne pas flirter avec eux. Très recherchée dans une certaine société londonienne — où personne n'eût songé à contester son esprit et sa joliesse — Daisy devait inévitablement y faire, tôt ou tard, la connaissance de mon ami au large cœur. Je ne fus même pas surpris d'apprendre qu'elle avait entamé de savantes machinations pour attirer à elle ce personnage si fort apprécié, mais si difficile à enjôler...

Ici, je dois dire un mot de l'attitude de Moreward envers les femmes. Imaginons un instant la femme comme un beau paysage qui, en dehors de son charme, aurait l'humaine faculté de parler, d'éprouver de la joie, de souffrir... Moreward était, devant ce paysage, le spectateur qui *contemple* avec admiration et sympathie, mais sans nul désir de possession — qui, en d'autres termes, ne demande au paysage *que d'être ce qu'il est*. Telle était l'attitude de cet homme hautement évolué en face du beau sexe. Envers tout ce qui vit, il était animé de cette intense bienveillance que définit le mot *amour;* Mais il ne demandait, à ceux avec qui il entrait en contact, rien de plus que *d'être eux-mêmes*, excepté, toutefois, lorsqu'il s'agissait d'une relation de maître à élève: là, il demandait (mais en usant d'une patience et d'une indulgence sans égales) certaines qualités qui devaient profiter avant tout au disciple lui-même.

Et voivi qu'à ma vive indignation, Daisy Templemore s'essayait vilainement à le séduire ! En effet, voyant ses coquettes avances accueillies avec l'affectueuse cordialité qu'il témoignait au beau sexe. mais insatisfaite d'un traitement qui la mettait au niveau de n'importe quelle autre, elle recourut au moyen douteux de s'enrôler parmi les élèves auxquels Moreward enseignait la sagesse occulte.

Moreward n'avait pas cette rigide fierté de certains Anglais qui redoutent de laisser voir leurs sentiments tendres. Lorsqu'une âme humaine pouvait retirer quelque bien du témoignage direct de son affection, il n'hésitait pas à la manifester, fût-ce à un homme, à une femme ou à un enfant. D'où les jugements sévères que portaient sur lui les pharisiens de salon; mais leurs propos calomnieux exerçaient sur son calme esprit autant d'effet que le bêlement de quelques moutons. « La paisible et belle sensation d'aimer les autres, me disait-il un jour, perd quelque chose de sa valeur si nous ne leur en faisons pas part. Le contact d'une main sympathisante, l'étreinte d'un bras affectueux, peuvent réconforter un être qui souffre, plus que de nombreuses paroles; l'absence d'expansion n'est trop souvent que de l'orgueil mal placé, dérivant de cette idée qu'aimer, c'est, en quelque obscure façon, s'abaisser. »

Daisy parviendrait-elle à prendre Moreward dans ses filets ? Voilà une question qui me préoccupait énormément: j'allai même jusqu'à mettre mon ami en garde contre ce caractère intrigant. Il se borna à rire, assurant qu'il ne se laissait pas facilement éblouir par la séduction féminine. Puis nous abandonnâmes le sujet.

Mais, un jour, je rencontrai une certaine Miss Dickenson, qui se disait la seule amie féminine que possédât Daisy Templemore. Elle me tint un langage qui me replongea dans mes perplexités.

« Votre ascétique ami ne semble pas aussi invulnérable qu'il le prétendait », commença-t-elle.

« Vraiment ? Que se passe-t-il donc ? »

« N'avez-vous rien entendu dire au sujet de Daisy et de lui-même ? »

« Rien de particulier, non. »

« Eh bien, mon cher, vous retardez beaucoup ! »

« Peut-être, convins-je, feignant de n'être que médiocrement intéressé. »

« Ne savez-vous donc pas qu'il est amoureux d'elle et que Daisy en est, ou feint d'en être très troublée, à cause de son fiancé ? »

J'étais, intérieurement, furieux. « Qui vous a rapporté cette histoire ? » demandai-je vivement.

« Mon Dieu, mais tout le monde en parle ! »

« Tout le monde clabaude, alors ! » rétorquai-je.

« Vous n'avez pas besoin de vous fâcher », répondit-elle.

« Daisy continue donc son stupide petit jeu; réellement, cela a cessé de m'amuser, repris-je avec irritation. C'est très gentil de flirter — mais lorsqu'elle veut nous faire croire, premièrement qu'un homme l'aime, et secondement qu'elle en est bouleversée, cela devient plus que ridicule ! Je suppose que c'est elle-même qui vous a mise au courant de ce prétendu amour ? » ajoutai-je plus tranquillement.

Miss Dickenson hésita. « Oui, je vois ce qui en est », conclus-je. « Eh bien, je vous parie, moi, tout ce que vous voudrez, que Moreward ne songe pas à être amoureux d'elle ! »

« N'en soyez pas trop certain ! » fit-elle.

Je changeai alors d'entretien.

La première fois que je revis Moreward Haig, je lui rapportai cette conversation sans lui cacher ma réelle inquiétude. Une fois de plus, il rit, d'un air de tranquille amusement et comme s'il n'eût vu que le côté comique de cette affaire. « Mon ami, dit-il enfin, votre indignation est généreuse, mais vaine; pourquoi prendre la peine de vous tourmenter pour moi alors que je ne vois pas là le moindre sujet de trouble ? »

« Je ne savais pas... dis-je. Pareille ingratitude de la part de Daisy mériterait pourtant d'être châtiée. »

« La loi de cause à effet se charge, par elle-même, de châtier les gens, dit-il calmement, en sorte que personne n'a besoin de punir son prochain par sa colère ou par tout autre moyen. »

« Mais je ne puis laisser quelqu'un tromper un de mes amis... » persistai-je.

« Il peut être parfois utile d'intervenir, mais pourquoi prendre la chose au tragique ? Si un chat miaule dans une chambre, sortez-le de la chambre, mais ne maudissez pas le chat: c'est dans sa nature de miauler, comme c'est dans la nature de certaines personnes d'être ingrates. »

« Je voudrais bien être à la hauteur de votre philosophie », dis-je avec admiration.

Il sourit en signe d'acquiescement, mais parut ignorer le compliment. « Rien n'est bouleversant en soi-même, poursuivit-il d'un ton pensif. Ce qui trouble un enfant ne trouble pas un adulte, parce qu'il est plus près du Bonheur absolu. Identifions notre esprit avec ce bonheur, qui est *au-dedans de nous,* et rien en ce monde ne pourra nous causer ennui ou chagrin. »

« Idéal difficile à atteindre », fis-je sceptiquement.

« Le temps et l'inclination peuvent tout accomplir. Quant à Miss Daisy, votre sympathie lui sera plus utile que votre indignation. »

« Comment cela ? » fis-je étonné.

« Elle souffrira bientôt de sa propre colère et de sa vanité blessée: car ses actes portent en eux-mêmes leur châtiment. »

Et il en fut bien ainsi, comme je ne devais pas tarder à l'apprendre. N'ayant pas revu Daisy depuis un certain temps, je me rendis chez elle un après-midi, et fus introduit dans son boudoir, où ne se trouvait heureusement pas d'autre visiteur. Elle était de méchante humeur et ne se donnait pas la peine de le dissimuler. Je lui demandai ce qu'il y avait: avec une perversité toute féminine, elle nia qu'il y eût quoi que ce fût. Je changeai donc de sujet, et cette simple tactique eut l'effet désiré. Après avoir découragé, par ses répliques monosyllabiques, tous mes essais de conversation, elle révéla brusquement le secret de son mécontentement.

« Eh bien, il est *gentil*, votre ami ! s'exclama-t-elle; jamais je n'ai été traitée aussi indignement ! »

Je l'informai que je possédais un grand nombre d'amis, et qu'elle ferait bien de préciser.

« Oh ! je parle de votre *sage*, de votre *mystique*, de votre *philosophe*, ou je ne sais quoi encore ! » répliqua-t-elle violemment. « Regardez cela ! » Et, fouillant dans son petit sac, elle me tendit une lettre dont je reconnus sur-le-champ l'écriture. La lettre était ainsi conçue:

« Mon amie, je crains que nos relations n'aillent à fin contraire si nous ne nous expliquons pas clairement sur nos intentions respectives. Plusieurs fois, ces dernières semaines, je vous ai donné — à mots couverts — de discrets avertissements que j'espérais que vous saisiriez sans autre: je voulais vous éviter le désagrément et l'humiliation d'une explication trop crue. Mon espoir a été déçu, et me voici contraint de vous écrire cette lettre, que je vous demande de me pardonner, pour vous dire que, désormais, vous ne serez plus mon élève en science occulte et recherche de la vérité spirituelle: car vous avez fermé de vos propres mains la première porte, qui conduit au Sentier de la Connaissance. A vrai dire, votre intention n'a jamais été de trouver cette porte, mais seulement d'arriver à une intimité plus grande, de nature spéciale, avec moi-même, en prenant pour atteindre votre but le prétexte de la recherche de la Sagesse Divine. Cette intention, bien que déloyale, eût été plus ou moins excusable (je parle de façon relative, car toute faiblesse humaine est compréhensible à un esprit vraiment tolérant) si c'eût été le véritable amour qui vous eût incitée, et non pas une indéniable et immense vanité. Cela étant, malheureusement, je ne saurais en aucune façon encourager un trait de caractère qui, inévitablement, vous conduira tôt ou tard à votre perte. Je me vois donc contraint de vous parler, cette fois, sans ambiguïté. Vous m'avez écrit trois fois des lettres pleines de reproches sur la rareté de mes visites, et aussi de mes invitations, soulignant que j'étais un professeur d'une part trop peu fervent à votre égard, d'autre part trop zélé à l'égard de Mrs. H., cette dernière — comme vous le donnez à entendre si généreusement — étant une élève peu intéressante, en raison de ce que vous et d'autres appelez « son passé ». Mon amie, laissez-moi vous faire observer qu'il y a « passés » et « passés », et qu'il *sera beaucoup pardonné à ceux qui ont beaucoup aimé.* Car j'ajoute qu'un cœur réellement aimant est la première des qualités requises pour trouver le sentier de la Connaissance. Vos innombrables flirts (je vous demande pardon d'y faire allusion) ne sont pas des « affaires d'amour », mais seulement des « affaires de vanité »: là est la regrettable distinction à faire.

« Vous vous êtes complue à exciter les passions amoureuses des hommes sans avoir la moindre intention d'y répondre, et vous avez essayé le même jeu avec moi, mais sans succès, parce que les passions ne « mordent » pas sur celui qui place son intérêt dans des préoccupations plus profondes. Ce « passé » même, que vous jetez inconsidérément à la face d'une autre personne, est justement la chose que votre incapacité d'élan et d'oubli de vous-même vous a interdit de vous créer. Votre vanité vous pousse, en quelque sorte, dans deux directions opposées: d'une part vous avez l'incessant besoin d'entendre des paroles d'amour, mais d'autre part le besoin de ne rien donner en retour, afin de garder votre réputation intacte en posant à la reine inaccessible.

« Les choses étant ainsi, puis-je, en tant que membre — d'ailleurs très modeste — d'une Confrérie qui travaille au progrès spirituel de l'humanité, et rien qu'à cela, consacrer mon temps à vous enseigner une sagesse que vous n'avez aucun désir d'acquérir ? Si vous aviez ce sincère désir, votre vanité même ne serait pas un obstacle à mon effort d'initiation, car tôt ou tard elle tomberait d'elle-même. Comme cette aspiration vraie n'habite pas en vous, je dois, à regret, me contenter d'être non plus votre « instructeur », mais simplement, et, malgré tout, sincèrement

Votre ami,
J. M. H. »

« Une lettre remarquable, fis-je brièvement, après l'avoir lue d'un bout à l'autre, si remarquable que j'aimerais bien la conserver. Mais, je suis surpris que vous me l'ayez montrée, car c'est vous, et non lui, qui en ressortez un peu noircie ! »

Or, à ce moment-là, Daisy Templemore fut si absorbée par l'extrême dépit que lui causa ma réflexion, qu'elle en oublia de me redemander sa lettre, laquelle repose aujourd'hui encore dans mon bureau...

Quand je revis Moreward, je mentionnai le fait que j'avais lu sa lettre et fis quelques commentaires sur les reproches si mérités qu'elle contenait. Son attitude à l'égard de cette lettre et de Daisy elle-même me montra que si le blâme était sous sa plume, il n'était pas dans son cœur; car, après m'avoir parlé d'elle avec une extrême gentillesse, il me conta une petite histoire de l'Inde:

« Il y avait une fois un gros serpent qui vivait dans un arbre au bord de la route, s'amusant à attraper et à tuer tous les passants. Un jour, passa par là un grand sage, qui lui demanda pourquoi il se complaisait à de si cruelles actions, lui expliquant qu'elles ne pouvaient que lui attirer, tôt ou tard, la souffrance à lui-même. Le serpent promit de ne plus attaquer les gens, et le sage reprit sa route. Mais quelques mois plus tard, le sage, repassant par là, trouva le serpent dans un pitoyable état, et lui en demanda la raison. Le serpent dit: « O Grand Sage, j'ai suivi ton conseil, et vois-en le résultat ! Dès que j'ai cessé d'attaquer les passents, eux m'ont attaqué et réduit à l'état où tu me vois. » — « Ah ! fit le sage avec un sourire de compassion, je t'avais recommandé de ne pas les molester; mais je ne t'ai pas défendu de les effrayer s'ils essayaient de s'en prendre à toi ! »

« Donc, votre lettre n'était destinée qu'à effrayer Daisy ? fis-je en riant. Mais, sûrement, vous avez dû deviner, dès le début, sa véritable nature ? »

« Oui, mais les déductions et les pronostics psychiques ne sont jamais infaillibles, dit-il doucement. Si, emmenant à la promenade un chien très belliqueux, vous en apercevez un autre à distance, vous parierez presque à coup sûr qu'un combat va s'ensuivre. Puis, après tout, rien ne se passe... car dix choses peuvent intervenir pour empêcher ce combat. »

Je ris de la comparaison.

« Ainsi, poursuivit-il, nous ne fermons jamais la porte définitivement sur quelqu'un, nous admettons que nos pronostics ont une chance de se montrer faux. — Malgré tout... je risque encore un pronostic: c'est que Miss Daisy sera, d'ici peu de temps, encombrée d'un « passé ». Elle va épouser son officier et sera divorcée dans moins de trois ans. »

Et ce fut bien ainsi que les choses se déroulèrent.

CHAPITRE VIII

LA PIÉTÉ PEU CHRÉTIENNE DE L'ARCHIDIACRE WILTON

Le Révérend Wilton était bien l'Archidiacre-type que l'on trouve décrit dans les romans anglais à six shillings: il avait coutume de faire, le soir, un excellent dîner arrosé de deux verres du meilleur vin rouge, était, conséquemment, d'une imposante prestance et entretenait un certain nombre de flirts spirituels avec les plus plaisantes de ses paroissiennes. J'ajoute qu'il s'exprimait avec une emphase tout ecclésiastique, ou, pour parler plus franchement, qu'il avait une haute idée de lui-même.

L'Archidiacre n'était pas un apôtre du célibat, car il avait pris femme à l'âge précoce de vingt et un ans. A l'époque où je fis sa connaissance, c'était un veuf, fort consolable, vivant avec sa fille, qu'au dire de ses paroissiennes, il chérissait comme « la prunelle de ses yeux », mais dont la présence dans sa maison avait eu malheureusement pour effet de développer chez lui un égoïsme peu compatible avec les vertus chrétiennes. En fait, son attachement à sa fille se traduisait en continuels essais de l'emprisonner entre les quatre murs de ses propres et fort étroites idées en matière de religion, de politique, d'art ou de littérature, tandis que, d'autre part, il opposait une su ile, mais absolue résistance à toute occasion qu'aurait eu sa fille de jouir de plaisirs moins abstraits, écartant d'elle toute intimité féminine (sans parler, cela va de soi, des intimités masculines). Ainsi que le disait Moreward, « il n'aimait pas sa fille, mais s'aimait lui-même à travers elle ». Aussi, bien qu'il attendît d'elle une grande affection et de fréquentes démonstrations de dévouement, tout ce qu'il en obtenait, c'étaient les peu sincères élans d'un sentiment assez tiède. Pour parler franc, Miss Wilton trouvait son père insupportable, car les pauvres petites joies qu'elle arrachait à la vie, elle ne les obtenait que par des efforts en sous-main, ou en affrontant le mécontentement paternel et ce qu'elle appelait familièrement d'« horribles attrappées ».

Tous les soirs (à moins qu'une bonne fortune n'intervînt sous forme de la maladie d'un paroissien), l'Archidiacre, prenant le prétexte d'une affectueuse sollicitude, exigeait de sa fille l'énumération détaillée de ses actes de la journée, narration qui, on le croit aisément, se compliquait, si la nécessité s'en faisait sentir, d'un grand nombre de faux-fuyants, pour ne pas dire de mensonges. Cet état de choses sautait aux yeux de chacun (même des domestiques, qui adoraient Miss Wilton et l'aidaient de leur mieux), excepté aux yeux du père lui-même, qui vivait dans la félicité d'une paisible ignorance.

Venons-en, maintenant, au détail important — pour moi du moins — de ce récit. J'étais un peu amoureux de Miss Wilton, et, trouvant les travaux d'approche très difficiles, en pareilles circonstances, j'appelai à mon aide l'ami toujours sympathique et secourable: Moreward. En vérité, cet inestimable ami s'astreignit à écouter les discours souvent pharisaïques, et plutôt ennuyeux, de l'Archidiacre, avec une constance qui excita ma plus vive et reconnaissante admiration. A chacune de nos visites, il s'arrangeait pour retenir l'Archidiacre dans la salle à manger, afin de me laisser en tête à tête avec Miss Wilton. De quoi s'entretenaient-ils tous deux ? Il ne m'en disait que peu de chose: je sais seulement que l'Archidiacre sortait de ces entretiens avec la figure très rouge.

Je désire, je l'ai déjà dit, ne pas parler de ma personne. Le lecteur ne doit donc pas s'attendre au récit de mes amours avec Miss Wilton. Il s'agit ici, de la conversion de l'Archidiacre accomplie par Moreward et de la façon dont il s'y prit, d'après les renseignements que j'ai pu obtenir de lui.

Nous avions coutume, après nos soirées à *Ashford Gardens*, où vivaient les Wilton, de rentrer à pied à travers le Parc. A la suite de notre premier dîner, Moreward me communiqua quelques-unes de ses réflexions. C'est un trait singulier de certains caractères, dit-il, que si vous leur donnez la preuve *rationnelle* de leur croyance, ils en sont véritablement choqués. »

Fort intéressé, je poussai mon ami à en dire davantage.

« Eh bien, j'ai passé une heure à tâcher de démontrer à l'Archidiacre la justesse de ses croyances. Au lieu d'être heureux qu'elles fussent de nature à comporter des preuves, il m'a simplement regardé comme un individu malintentionné. »

Je me mis à rire.

« Il est convaincu qu'il y a une vie future; mais chercher à s'enquérir où, quand et comment sera cette vie, lui apparaît une iniquité. Même la parole de saint Paul que je lui ai citée, sur la foi, qui est bonne en soi-même, mais meilleure encore quand elle s'allie à la raison, n'a pas eu le pouvoir d'ébranler son opinion. Il est, comme on pouvait s'y attendre, tout à fait ignorant du sens véritable des textes bibliques. »

« Continuez, dis-je. Que lui avez-vous encore expliqué ? »

« Eh bien, il y a aussi la question de l'Amour. Non seulement l'Archidiacre n'a pas réellement l'amour dans son cœur — je puis le voir par son *aura* — mais encore, au fond de lui-même, il va jusqu'à penser qu'il n'est pas tout à fait bienséant d'aimer beaucoup qui que ce soit, excepté peut-être sa femme et ses enfants. »

« Et qu'éprouve-t-il à l'égard de Dieu ? »

« Ah, c'est justement là le *hic*: il prétend qu'on ne doit aimer *que* Dieu. »

« Et le fait-il réellement ? »

« Comment le pourrait-il ? Comment donnerait-on ce qu'on n'a pas en soi ? »

« Cela crève les yeux », dis-je.

« Pour le retrouver sur son terrain, j'ai souligné que selon les paroles mêmes de sa religion, Dieu *est* amour; qu'en conséquence, plus on accueille et cultive d'amour dans sa propre âme, plus on témoigne de Dieu et plus on est un avec Lui. »

« A-t-il saisi cela ? »

« Je crains que non », dit Moreward en souriant. « J'ai tenté de lui faire comprendre qu'aimer Dieu, c'est s'identifier avec l'Amour absolu, qui doit forcément embrasser tous les humains, puisque l'Humanité est partie de Dieu. Mais même le beau verset: « *A cela que vous vous aimez les uns les autres je saurai que vous êtes mes disciples* », ne l'a pas convaincu. »

« Et sa fille ? » demandai-je.

« Sa fille ! il s'imagine qu'il l'aime, mais son amour n'est que pur égoïsme. Jamais il ne songe un instant à son bonheur à elle; il est perpétuellement à trembler qu'elle ne se marie et le laisse seul... Il redoute même ses amitiés féminines. J'ai grand'pitié de lui, car c'est un homme malheureux; je vous suis reconnaissant de m'avoir fourni l'occasion de tenter quelque chose pour changer sa triste conception de la vie. »

Lors de notre promenade suivante au travers du parc, je compris d'après les remarques de mon ami, que sa conversation avec l'Archidiacre avait porté sur la charité.

« La charité, me dit-il pensivement, est peu comprise, dès qu'il ne s'agit plus de donner de l'argent. Le verset biblique devrait être rendu par: « *Mais la plus belle de toutes est la tolérance* », car la tolérance, le respect d'autrui, est la plus précieuse de toutes les qualités. Il y aurait beaucoup à dire en chaire, il est vrai, sur la question du pardon; mais si l'on prêchait davantage la tolérance, le pardon ne serait même plus nécessaire. L'homme véritablement tolérant n'a jamais besoin de pardonner dans le sens où l'entend le prédicateur, car son attitude envers les autres n'est qu'un incessant pardon: il les absout de leurs erreurs avant même qu'elles aient été commises. »

Il réfléchit un moment, puis reprit:

« L'amour parfait et la tolérance parfaite sont inséparables. Personne ne saurait aimer réellement quelqu'un et nourrir en même temps, à son égard, des sentiments de condamnation. Ce serait là une franche contradiction, car le blâme qui *condamne* n'est autre qu'un sentiment — quelque léger et momentané qu'il soit — de haine. La Bible le certifie: « Celui qui dit *Raca* à son frère est passible de la géhenne du feu. »

« Et que pensez-vous du péché ? » demandai-je.

« Le péché ? C'est, pour ainsi dire, une forme d'infantilisme; pécher, c'est prendre, pour arriver au bonheur spirituel, le chemin détourné au lieu du chemin direct. Mais, qui condamnerait un enfant pour s'être conduit puérilement? »

Je le priai d'être plus explicite.

« L'enfant ignorant met son doigt dans le feu, et il se brûle: il commet une erreur et apprend sa leçon par la souffrance. Pourquoi met-il son doigt dans le feu ? Pour trouver un plaisir, qu'il cherche dans la mauvaise direction... L'adulte est à peine plus sage; il ne met pas son doigt dans le feu, mais il commet des faux... Puis, son crime découvert, il souffre, lui aussi. Le péché n'est rien autre que la recherche du bonheur sur une voie d'erreur; les pécheurs ne sont rien de plus que des enfants — qui finiront par grandir. La tolérance, c'est l'acceptation de ce fait. »

« Que pensez-vous du châtiment ? » demandai-je.

« Le châtiment n'est qu'une sorte de vengeance. Vouloir sévir contre son prochain, ce n'est qu'ajouter le mal au mal. Quant aux sanctions légales, je pense que les criminels devraient être réfrénés, réformés par la bonté et les bons exemples — mais jamais punis. »

« Est-ce tout cela que vous racontiez, ce soir, à l'Archidiacre ? » demandai-je, un peu amusé.

« A peu près », dit-il tranquillement.

Or, le dimanche qui suivit cette conversation, on me rapporta que le sermon de l'Archidiacre avait été le meilleur qu'il eût prononcé... Le fait est que Moreward avait opéré une conversion chez cet homme, et, lorsque je revis Miss Wilton, elle me raconta avec une joie naïve qu'un grand changement s'était fait chez son père. « Il devient beaucoup plus humain ! » me dit-elle.

Puis, un soir, un incident des plus désagréables se produisit, alors que nous passions la soirée à *Ashford Gardens*. J'étais, à vrai dire, si absorbé par Miss Wilton, que Moreward et l'Archidiacre purent entrer dans la chambre où nous nous tenions, elle et moi, peut-être un peu trop près l'un de l'autre, sans qu'aucun de nous deux s'aperçût de leur arrivée. L'Archidiacre eut l'air à la fois atterré et furieux. Sous quelque prétexte futile il envoya sa fille se coucher, puis laissa déborder une colère qu'il s'efforçait, mais en vain, d'empreindre de dignité.

« Dois-je comprendre, bégaya-t-il, que vous profitez de mon hospitalité pour faire la cour à ma fille ? Vous êtes-vous seulement informé de mes vœux à cet égard ? »

Je me sentais, et avais, j'en suis certain, l'air extrêmement penaud, — tant et si bien que Moreward, me jetant un regard qui disait: « Laissez-moi faire ! » prit ma cause en mains.

« Voyons, voyons, fit-il, en posant sur le bras de l'Archidiacre une main pacificatrice; un peu d'affection n'est pas un crime... Il faut la regarder plutôt comme une vertu. »

Cette remarque déconcerta totalement le pauvre homme, qui marmotta quelque réponse incohérente. Puis, s'avisant d'autre chose: « Et la tromperie, Monsieur, qu'en faites-vous ! s'exclama-t-il. Vous rendez-vous compte que ma fille et cet homme me trompent depuis bien des semaines ? »

Mais Moreward avait sa réponse prête, et la présenta avec la plus exquise tranquillité.

« La tromperie, mon cher Archidiacre, n'est que l'arme que certaines personnes se voient contraintes d'employer pour leur défense, lorsqu'on exige par trop d'elles... »

L'Archidiacre fit cliqueter son dentier en signe d'impatience. De nouveau, il se trouvait à bout de réplique.

« N'avez-vous pas exigé de votre fille par trop de sacrifices et d'abnégation ? continua Moreward du même ton très doux. N'avait-elle pas dû se priver de choses qui étaient à *ses* yeux parfaitement innocentes ? Vous ne sauriez la blâmer de votre propre incapacité à la persuader que ces choses étaient nuisibles. Avec votre connaissance de la nature humaine, vous pouvez, j'en suis sûr, vous mettre à sa place. N'est-il pas probable qu'elle a pensé en maintes occasions: « Je ne vois pas la raison pour laquelle je ne ferais pas ceci ou cela; mais, comme mon père et moi nous ne pouvons nous mettre d'accord sur ce sujet, le mieux est que je ne lui dise rien, afin de ne pas l'agiter. »

L'Archidiacre se calmait peu à peu, car personne ne pouvait demeurer longtemps fâché en présence de Moreward.

« Dois-je croire, fit-il, sur un ton de reproche attristé, que *vous* avez été son complice ? »

« Oui, dit Moreward avec une feinte confusion, j'avoue que je suis aussi coupable. Je me suis efforcé — et il souriait — de faire, en quelque sorte, d'une pierre trois coups ! »

L'Archidiacre ne comprit pas l'allusion.

« Mon cher Archidiacre, me pardonnerez-vous si je vous dis que j'étais navré pour votre fille, mes observations m'ayant prouvé qu'elle n'était pas heureuse et se sentait une prisonnière ? »

« Pas heureuse ? Une prisonnière ? » répéta l'Archidiacre avec quelque surprise.

« Oui, bien que je sois sûr que vous êtes le meilleur des hommes, *votre* idée de ce que doit être le bonheur de votre fille diffère énormément de *son* idée à elle... »

« J'ai toujours été un père tendre et remplissant tout son devoir; j'ai toujours versé à ma fille une très large pension. Que peut-on me demander de plus ? »

« De lui accorder la jouissance de certaines choses que

vous-mêmes n'êtes *pas* à même de donner », dit Moreward d'une voix persuasive.

« Je ne comprends pas... » fit l'Archidacre.

« Vous pourriez, par exemple, lui accorder l'affection des autres, la liberté de pensée, quelque liberté d'action... En somme, vous pourriez lui permettre d'assurer son bonheur par ses propres moyens. »

« Mais si je juge que sa manière de s'y prendre n'est pas la bonne ? »

« Alors conseillez-lui très affectueusement de se ranger à votre façon de voir; mais, au cas où elle ne suivrait pas ce conseil, ne faites rien de plus. »

L'Archidiacre se taisait, à court de réponse.

« Quant à ma culpabilité en cette affaire, reprit Moreward, j'ai cherché premièrement à modifier votre conception des choses, parce que je sais qu'un changement de point de vue apporte souvent une certaine paix; secondement, à prouver ma sympathie à mon ami en recherchant votre agréable société; enfin, à rendre votre fille plus heureuse, en faisant en sorte qu'elle pût jouir de la tendre amitié d'un homme de noble caractère. Ce sont ces menus services auxquels je pensais, en disant que j'avais fait « d'une pierre trois coups ». Voulez-vous me pardonner ? demanda-t-il en souriant, mais, avant tout, *leur* pardonner, à lui et à elle ? Je ne doute pas un seul instant de votre indulgence, car savoir pardonner est le trait qui dénote le véritable chrétien. »

Qu'eût pu faire l'Archidiacre — sinon pardonner ? Ou, tout au moins, faire semblant de pardonner ? La discussion avait été menée de façon qu'il ne pouvait garder du ressentiment sans se classer parmi les mauvais chrétiens.

Quant à moi, j'étais assis, muet, admirant cette habile manœuvre d'apaisement, et bénissant le sort qui me donnait ce calme champion pour prendre en mains une cause que j'eusse si mal défendue ! — En fin de compte, je fus congédié avec quelques reproches, et l'on me donna à entendre qu'il n'était plus question, pour l'instant, de poursuivre mes avances.

Inutile de dire que lorsque Moreward et moi nous rentrâmes à travers le parc, je débordai d'expressions de gratitude, gratitude qui devait encore grandir sous peu, à la suite d'une nouvelle intervention de mon ami.

« Vous n'avez pas un désir particulier d'épouser Miss Wilton, ni elle de s'unir à vous, je suppose ? » me demanda Moreward quelques jours plus tard.

Je lui dis qu'il devinait juste. « En d'autres termes, il s'agit d'une affection sentimentale, et non pas d'une passion ? »

J'acquiesçai encore.

« Alors, la seule chose à faire, c'est de parler encore une fois au père, et nous verrons comment les choses s'arrangeront. »

CHAPITRE IX

LA PHILOSOPHIE DE LA MORT

Après plusieurs entrevues entre Moreward et l'Archidiacre, au cours desquelles mon ami l'assura que je n'avais nulle intention de lui enlever sa fille, il fut décidé qu'aucun obstacle ne serait mis à notre amitié, à condition qu'à l'avenir « je me conduirais décemment ». En effet, nulle entrave apparente ne nous fut plus opposée; mais, en revanche, un grand nombre de petits empêchements, dont le principal était que je ne fus plus invité à dîner chez le Révérend. On ne défendait pas à Miss Wilton de recevoir mes visites, de répondre à mes lettres, ni de me parler si nous nous rencontrions chez d'autres personnes — mais elle était tenue d'en informer chaque fois son père. De plus, pour prévenir les défaillances de mémoire de sa fille, l'Archidiacre lui demandait tous les soirs si elle m'avait vu, si elle avait reçu quelque chose de moi, etc., etc. La réponse était-elle *oui*, il manifestait sa mauvaise humeur durant toute la soirée; était-elle *non*, il n'ajoutait plus rien. En bref, l'Archidiacre se comportait comme un enfant — ou plutôt, dirons-nous, comme une femme sottement déraisonnable souffrant de jalousie conjugale. Les choses allèrent ainsi quelque temps, jusqu'à ce qu'un léger incident leur donnât une autre tournure. Miss Wilton m'avait acheté un présent d'anniversaire, mais avait omis, à dessein, d'en informer son père. Or, ce dernier connaissait par hasard la date de ma naissance, à laquelle j'avais fait allusion, certain soir, parce qu'elle coïncidait avec un événement historique intéressant vivement l'Archidiacre.

« As-tu fait un cadeau d'anniversaire à Broadbent ? » demanda-t-il fortuitement à sa fille, instruit par cette trop fidèle mémoire. Elle ne put répondre que par l'affirmative: il s'ensuivit un déluge de reproches qui la poussa, finalement, à s'insurger contre son père et à lui dire très nettement ce qu'elle avait sur le cœur.

Lorsque Moreward lui rendit visite, il trouva l'Archidiacre gonflé de ressentiment à l'égard de sa fille, dont il stigmatisait l'impardonnable dissimulation. Moreward l'écouta avec grande sympathie, puis — comme il me le dit plus tard — il entreprit de pousser plus avant l'éducation de l'Archidiacre.

« Je n'ai pas mis d'opposition à cette amitié, disait celui-ci, avec amertume, et c'est tout le remerciement que j'en recueille. Je suis devenu un étranger pour ma fille. »

« L'opposition peut prendre deux formes différentes, dit Moreward en lui souriant gentiment: elle peut être ouverte ou, au contraire, très subtile; peut-être la vôtre était-elle de cette dernière sorte ? »

« Comment cela ? » dit le père, feignant l'incompréhension.

« Eh bien, ne faites-vous pas expier à votre fille toutes ses confidences par votre... comment dire ? par votre manque de sympathie ? »

L'Archidiacre garda le silence.

« Voyez-vous, il lui faut payer l'amitié qu'elle a pour Broadbent de l'inconfort que répand votre perpétuel déplaisir et de l'impression de votre mécontentement redoublé, lorsqu'elle vous fait les révélations qui lui sont arrachées par vos incessantes questions. En un mot, et, pour employer un terme d'argot, la pauvre fille est « refaite » sur toute la ligne. »

« *Hum !* » toussa l'Archidiacre.

« Aussi me pardonnerez-vous, je suis sûr, de vous dire que c'est *votre* attitude qui est responsable de l'éloignement de votre fille pour vous; Charles n'est, en l'occurrence, qu'une quantité négligeable. »

Cet argument sans réplique et le ton gentiment persuasif de Moreward laissaient peu de chose à répondre. Aussi l'Archidiacre se contenta de regarder le feu avec une expression méditative.

« Voyons ! fit Moreward, encourageant et enjoué, tout ceci ne serait-il pas, en somme, une heureuse occasion qui vous est offerte de vous rapprocher l'un de l'autre, votre fille et vous ? Accordez-lui de jouir pleinement de l'amitié à quoi elle tient tant; vous avez tout à y gagner: son amour accru, sa gratitude, son admiration. Défendez-la lui — et vous perdez tout: car personne ne saurait aimer réellement quelqu'un qui agit en geôlier — fût-il même son père ! »

Le résultat de cette entrevue (que j'ai pu reconstituer d'après les récits de Moreward) fut qu'après quelques débats intérieurs, l'Archidiacre vit la sagesse de ses discours et résolut d'essayer de suivre ses conseils. Y serait-il parvenu ? Personne ne saurait le dire, car, une semaine plus tard, une attaque d'apoplexie l'emportait en moins de deux jours.

Moreward lui-même m'apporta la nouvelle et s'y prit avec précaution, sachant qu'elle serait pour moi un choc; puis il me tendit la lettre de Miss Wilton. Celle-ci disait:

« Cher et bon ami, je viens vous apprendre une terrible nouvelle. Père a eu une attaque, et les docteurs disent qu'il n'en a plus que pour deux jours. Je vous en prie, venez.

C'est *vous* qu'il demande. Prévenez Charlie. J'aimerais beaucoup le voir, mais ne puis lui demander de venir maintenant; je sais que cela blesserait père. Demandez-lui de m'écrire, de me réconforter. Je ne puis en dire plus, je suis trop émue...

« Toute à vous. *Gertrude Wilton.* »

J'étais plein de pitié pour Gertrude, et d'une sorte de remords pour le chagrin que j'avais causé à son père. Moreward devina mes sentiments.

« Ne vous tourmentez pas, mon cher, dit-il, posant la main sur mon épaule, vous avez fait, indirectement, un grand bien à cet homme. »

Lui parti, je me mis à écrire page sur page à Gertrude.

C'est ainsi que le grand dignitaire de l'Eglise d'Angleterre, au lieu de faire appeler l'un de ses collègues pour l'assister dans ses derniers moments, réclama la présence d'un homme qui ne professait aucune religion spéciale, bien qu'il crût en *toutes.* Car Moreward possédait la véritable philosophie de la mort, qui est force et consolation. Il croyait à l'état de pleine conscience où nous sommes après la vie, parce qu'il le *connaissait* et avait le pouvoir de se transporter sur ce plan, tandis que son corps restait sur la terre. Bientôt, je compris pourquoi, indirectement, j'avais pu faire un réel bien à l'Archidiacre. C'était moi qui avait introduit Moreward dans sa vie, bien que ce dernier, toujours modeste, n'eût fait qu'une légère allusion à ce fait, dans son désir de me rassurer. Il me dit, plus tard, que j'avais servi de stimulant pour ouvrir l'esprit de l'Archidiacre, lui enseigner à voir la vie d'un point de vue moins restreint — donc moins égoïste, ce qui lui serait d'un grand secours sur le plan de conscience où il se trouvait maintenant.

Je ne puis décrire la mort du père de mon amie, puisque je n'assistais pas à ses derniers instants; mais Moreward me dit que, vers la fin, le père de Gertrude perdit toute crainte de la mort: quand il fut face à face avec elle, il se montra heureux d'apprendre tout ce qui touche à l'après-vie. Les spéculations du clergé, reposant sur de seuls ouï-dire, pâlirent devant la conaissance directe de l'occuliste.

« Nous mourons pour ainsi dire chaque nuit, à l'heure du sommeil, me dit à ce sujet Moreward, et revenons à la vie au matin. L'homme ordinaire ne se souvient pas du lieu où il est allé, mais l'occultiste exercé le sait. Lui seul, en établissant — par la force de son entraînement spécial — le lien entre son cerveau physique et son corps astral, arrive à se rappeler tout. »

Je lui demandai quelle sorte d'existence le père de Gertrude avait désormais devant lui.

« Une existence relativement monotone, dit-il. Sans manquer de charité, nous devons constater les faits: les jouissances de l'Archidiacre ici-bas ont été surtout matérielles; les quelques plaisirs qu'il avait provenaient des sens ou de la vanité. Il va de soi qu'il n'est plus question de nourriture ou de boisson dès que nous avons rejeté notre corps grossier, et que personne, sur l'autre plan, n'a de titres spéciaux à l'adulation des autres. Aussi, vivre ici-bas sans aimer est une infortune, qui poursuit l'homme après sa mort. Le credo de l'égoïste, mon ami, est le credo le plus redoutable, car, être privé d'amour dans la vie future, c'est à peu près comme être privé de respiration dans celle-ci: une demi-vie ! C'est pourquoi la femme adultère est plus près du Royaume des cieux que le pharisien sans amour. La mort ne transforme nullement le caractère d'une personne. »

« Continuez », demandai-je.

« Le corps physique est pareil au manteau dont on aurait

fait présent à un misérable mendiant. Quand le manteau est écarté, toute la misère apparaît dessous: le manteau n'était qu'un trompe-l'œil. Ainsi, l'homme intérieur peut se trouver revêtu d'un corps admirable; mais, une fois cette enveloppe rejetée, toute sa pauvreté d'âme est mise à nu. Seuls les riches en amour ne seront pas des mendiants après la mort. C'est pourquoi j'encourage chacun à aimer, ainsi que je l'ai fait pour vous et pour Gertrude. Bien entendu, les pharisiens ignorants diront que je ne fais qu'encourager le flirt; laissons-les parler, car là où l'ignorance abonde, abondent les jugements qui condamnent. »

Les funérailles de l'Archidiacre furent célébrées en grande pompe, et Moreward me confia avec une expression amusée qu'il pouvait voir le corps astral du défunt, contemplant ce spectacle avec grande satisfaction.

« Si l'on était logique, me dit-il après la cérémonie, on trouverait ce morne déploiement de tristesse ridicule, du point de vue chrétien. C'est un peu comme si les gens s'habillaient de noir et versaient d'abondantes larmes lorsqu'un des leurs part en vacances. Regardez ces paroissiens, qui pensent que l'Archidiacre est monté dans la félicité éternelle: ils se lamentent sur ce qui devrait les réjouir ! Mieux encore: ils recouvrent de fleurs ce corps qui n'est plus *lui*, en dépit du fait que, toute leur vie, ils ont entendu répéter que le corps n'est qu'une enveloppe de chair et l'âme de l'homme son être véritable. J'avoue que l'illogisme des humains me confond... »

Quel profond réconfort la présence de Moreward dut être pour Gertrude dans les semaines qui suivirent, seul un occultiste peut se l'imaginer ! Par l'occultisme, il entra en communication avec le défunt, et transmit à Gertrude des nouvelles qui bannirent bientôt, pour elle, toute idée de séparation.

« Comme tout est différent, ici, de ce que j'attendais ! dit, un jour, l'Archidiacre à Moreward. Le seul fait d'être délivré de ce corps encombrant est déjà en soi-même un délice ! Malgré tout, je regrette de ne m'être pas fait plus d'amis sur la terre. Les gens d'ici sont environnés d'un tel rayonnement d'amour, qu'ils me donnent l'impression d'être moi-même presque un pauvre. Pendant un temps assez long, je n'ai pas compris que j'étais mort... puis je me suis rappelé ce que vous m'aviez dit là-dessus. Dites à Broadbent que, bien qu'il m'ait fait souffrir, je suis heureux, maintenant, qu'il *vous* ait fait connaître à moi. Après tout, il avait raison, d'aimer Gertrude ! Ma mère et ma chère femme sont ici, très affectueuses pour moi; et puis, *vous* venez souvent me trouver, ce qui me semble le plus étrange de tout, puisque vous êtes encore ce que les gens de la terre appellent un « vivant ». Or, sur mon âme, c'est bien *nous*, qui sommes réellement en vie ! »

Ici finit l'histoire de la mort de l'Archidiacre. Quant à sa fille et moi-même, nous sommes demeurés de loyaux camarades, le côté sentimental de notre affection étant tombé. La vérité est que je suis resté longtemps aveugle au fait qu'elle s'était profondément attachée à Moreward; et, même son récent mariage avec un avocat ne l'a pas empêchée de me confier qu'elle aimait toujours « l'homme le plus sage et le plus noble qu'elle eût jamais connu... »

CHAPITRE X

L'AFFLICTION DU MAJOR BUCKINGHAM

Mon vieil ami, Wilfred Buckingham, ayant été très éprouvé par un drame conjugal, l'idée me vint que si un être vivant pouvait lui apporter réconfort et conseil, cet être était Moreward. Je lui demandai donc d'intervenir dans cette affaire: après quelques hésitations de la part de Buckingham, je mis en rapport les deux hommes, qui furent bientôt en termes amicaux.

Voici ce qui s'était passé: Buckingham avait épousé assez jeune une femme du même âge que lui, avec laquelle il avait vécu seize ans d'un bonheur passable. Les jours avaient coulé de manière assez unie, et sans que l'un ou l'autre des époux eût jamais « regardé quelqu'un d'autre » comme l'on dit. Mais vint le dangereux âge de quarante ans et Mrs. Buckingham se prit soudain d'une passion pour un intime ami de son mari: on imagine aisément les complications qui s'ensuivirent. Les amants purent se voir pendant quelques mois sans être découverts; mais la situation devenant inextricable, Mrs. Buckingham avoua tout à son mari, quitta le foyer et — comme elle n'était pas sans argent — prit un petit appartement de son côté, de façon à vivre une existence sans entraves. Comme on le suppose,

Buckingham, délaissé, fut la proie de mille émotions: jalousie, rage, vanité blessée et autres sentiments moins définissables déchiraient cette âme encore assez peu évoluée. A l'instar de ceux qui voient mourir, autour d'eux, sans jamais songer que cela leur arrivera aussi, il avait assisté à d'autres tragédies domestiques sans supposer un instant qu'il pût jamais être la victime d'un malheur analogue. En sorte que, lorsque le coup le frappa, il se trouva tel un enfant jeté dans une eau impétueuse: incapable de nager.

Moreward eut comme première idée d'encourager le Major à venir chez lui autant qu'il le voudrait pour déverser librement ses chagrins dans l'oreille sympathique de son hôte — et dans la mienne aussi, lorsque j'étais présent. C'est à ces entrevues que je dois de connaître les vues remarquables et — à mon sens — noblement dépourvues d'égoïsme, de mon ami Moreward sur le mariage. Je ne me dissimule pas que ces opinions peuvent scandaliser les esprits orthodoxes, car, ainsi que Moreward le disait lui-même, les gens du type conventionnel s'accommodent mieux d'un désordre plus ou moins admis par l'opinion publique que d'une vertu peu ordinaire. Mais, en chroniqueur sincère, je ne saurais rabaisser mes impressions à des platitudes afin de plaire à la majorité: mon devoir est d'être fidèle à mon maître — puis à moi-même.

Dans la petite maison de Moreward, qui avait — avec le confort en plus — quelque chose de la paisible atmosphère d'une cellule de moine, nous étions assis le soir, regardant le feu, car c'était l'automne, jusque bien tard dans la nuit. Le Major, lorsque le récit de ses malheurs lui inspirait un accès d'éloquence, se levait pour marcher fièvreusement de long en large. Moreward, assis dans son fauteuil à dossier droit, les extrémités de ses longs doigts élégants se touchant, semblait, comme cela lui arrivait si souvent, incarner l'esprit d'amour et la sérénité d'âme. Il m'arrivait de croire que le Major était un enfant de six ans, bien qu'en réalité il eût l'air plus âgé que Moreward — et Moreward lui-même un homme de soixante ans contemplant, avec une tendre indulgence, un bambin qui conte ses puérils chagrins. Je dois même avouer qu'à l'occasion d'une des explosions de Buckingham, je ne pus m'empêcher de sourire. Après quelques mois de liaison avec mon imperturbable et philosophique ami, les manières de voir du Major me frappaient comme quelque chose d'essentiellement primitif. C'étaient des sentiments que notre race eût dû avoir dépassés, un enfantin sens de la possession nettement incompatible avec l'évolution humaine. Mais comment transformer cet homme ? C'était là le problème — et, un jour, Moreward se risqua dans cette hasardeuse entreprise.

Le Major, après avoir de nouveau vidé son cœur et répété pour la centième fois ses intentions, conclut en disant: « C'est assommant pour vous autres, d'avoir à écouter tout cela; mais cela m'a fait un bien insensé de pouvoir me « dégonfler », et je suis bien reconnaissant de vous avoir. D'ailleurs, je vais faire la croix sur cette histoire; en parler n'avance à rien. Mais si vous, mes amis, avez quelque chose à me suggérer, je suis prêt à en tenir compte. »

« Cela va donc mieux ? dit Moreward doucement. Nos pensées et nos émotions sont un peu comme les singes: il faut à tout prix les laisser s'ébattre quelque temps; puis, quand elles sont fatiguées de s'agiter, l'instant est venu de saisir l'occasion. »

Le Major eut un sourire amer.

« Vous savez que vous avez notre profonde sympathie, reprit Moreward; mais elle ne vous servira de rien si l'on n'y joint quelque chose d'effectif. Voyons si nous pouvons vous aider ! »

« Et comment, au nom du ciel ! » fit le Major, l'air bourru.

« Eh bien, n'avez-vous jamais observé qu'une certaine manière de prendre les choses vous garantit contre beaucoup de tourments ? »

« Non », fit le Major.

« C'est pourtant ainsi, et ce que nous voudrions essayer de faire, c'est de changer votre conception des choses. »

« Ce sera diablement dur ! » observa le Major.

« Mais cela vaut bien l'effort. Vous êtes un homme brave, Major. Vous vous êtes montré un héros dans la guerre des Boers, où il fallait le courage physique: vous allez aussi agir en héros, dans cette guerre conjugale, qui exige le courage moral. »

« Je ne saisis pas... », fit le Major.

« Eh bien, voici: Vous êtes-vous jamais demandé si votre femme vous aimait toujours ? »

« A quoi bon se le demander ?... Puisqu'elle est tombée amoureuse d'un autre homme ! »

« Alors, selon vous, si Broadbent, ici présent, s'amourachait d'une femme, il perdrait toute affection pour *moi*, par exemple ? »

« Les deux choses n'ont aucun rapport ! » fit le Major brièvement.

« Exactement la réponse que j'attendais. Pardonnez-moi d'être un peu cru, mais, comme beaucoup d'autres, vous êtes hynoptisé par les vieilles rengaines de ceux qui n'ont jamais vu le vrai fond des choses. La différence n'est pas si grande que vous croyez: si vous et votre femme avez vécu vingt ans ensemble, un élément d'amitié doit s'être formé entre vous deux ? »

« Oui, je le crois. »

« Quand vous êtes devenu amoureux de votre femme, vous

rappelez-vous à qui vous l'avez dit en premier lieu ? »

« Je suis allé trouver mon vieux Wilkins. Pauvre diable, il a été tué près de Ladysmith ! »

Moreward sourit. « Vous avez été tout de suite chez votre meilleur ami et vous vous êtes ouvert à lui ; et loin de perdre votre affection pour lui en devenant amoureux, vous avez senti que vous ne l'aviez jamais si bien aimé ? »

« Maintenant que vous en parlez... je crois que c'était bien ainsi. »

« Mais, à supposer que votre ami, au lieu d'accueillir votre confidence avec sympathie et compréhension, l'ait entendue avec irritation ? »

« Eh bien, je l'aurais envoyé à tous les diables ! »

« C'est exactement ce que vous avez fait à votre meilleure amie — à votre épouse, dit Moreward avec un sourire aimable. Major, reprit-il plus vivement, vous avez laissé échapper l'une des plus belles occasions de votre vie conjugale... mais il n'est pas trop tard pour réparer. »

Le Major, plutôt lent d'esprit, eut l'air étonné.

« Vous avez manqué la plus belle occasion de sympathiser avec votre femme... », expliqua tranquillement Moreward.

« Sympathiser !... éclata le Major. Ah bien oui ! Je veux être plutôt pendu ! »

Nous nous mîmes à rire tous les deux. « L'idée est peut-être un peu... renversante pour vous, dit Moreward. Mais, croyez-moi, je suis sérieux. Sympathiser avec votre femme, ce serait agir vraiment en héros moral ; et il y a plus : je puis vous assurer que vous en recueillereriez la récompense. »

« Vous voulez dire que je devrais, sans même sourciller, permettre à ma femme d'avoir un amant ? Merci beaucoup ! J'aurais l'air d'un splendide âne. Et quelle sorte de moralité impliquerait un tel geste, je vous prie ? »

« Il faut faire une grande différence entre un homme qui permet à sa femme d'avoir un amant, dit Moreward doucement, et celui qui, lorsqu'il apprend qu'elle en a déjà un, lui pardonne, parce qu'il sait que la passion a été plus forte qu'elle. Pourquoi, cher ami, condamnez-vous sa faiblesse à elle, qui la rend incapable de renoncer à cet homme, et ne condamnez-vous pas la vôtre, qui vous rend incapable de lui pardonner ? »

Devant cette question sans réplique, le Major garda un silence un peu honteux.

« Vous avez peur de passer pour un âne, poursuivit Moreward avec calme; je crains qu'aux yeux du monde il n'y ait, entre le sot et le héros, que l'épaisseur d'un cheveu... Mais le vrai héros n'en a cure, ayant la vérité pour lui. Voyez-vous s'il plaît au sot, gonflé de vanité, de passer pour un héros, il ne déplaît pas au héros, parce qu'il est *sans* vanité, de passer pour un âne. »

Ce truisme, ingénieusement présenté, plaçait le Major devant un dilemme embarrassant... Aussi, avec tact et promptitude, mon ami changea-t-il de sujet. « Mais mon cher ami, vous êtes au bout de votre cigare ! Je manque à tous mes devoirs. Laissez-moi vous en doner un autre. » Et il alla chercher sa boîte à cigares.

Ce soir-là, après le départ du Major, Moreward me dit:

« Les subtiles notions de la vertu doivent s'instiller goutte à goutte: si vous en donnez trop à la fois, le sujet est incapable d'assimiler. Tout au moins, avec celui-ci, avons-nous déjà fait une première avance. »

Le jour suivant, je fus envoyé en mission auprès de Mrs. Buckingham. La connaissant assez bien, je me rendis chez elle sans grande appréhension. Elle n'était pas femme à m'en vouloir de lui parler tout à fait franchement. Il était même probable — si j'avais justement deviné — qu'elle accueillerait avec soulagement cette occasion de libérer son cœur. Je ne m'étais, heureusement, pas trompé. Elle me reçut très cordialement, entama d'elle-même le sujet brûlant et me donna, sur l'ensemble de la question, des informations dont je lui fus très reconnaissant, désireux que j'étais d'aider Moreward à arranger cette triste affaire.

Comme il l'avait justement supposé, Mrs. Buckingham gardait à son mari beaucoup d'affection, tout en étant, momentanément, emportée par l'intensité de sa passion. C'est de mon chef que j'écris « momentanément », car elle n'eut pas un mot qui pût faire penser qu'elle entrevoyait une fin possible de son grand amour. Ses sentiments pour les deux hommes étaient, dit-elle, profonds et durables, bien que de qualité différente. L'amitié résultant de vingt ans de vie commune ne pouvait mourir en un jour, et si son mari eût fait le moindre effort pour comprendre son état d'esprit présent, les relations eussent pu être tout autres entre eux. Au lieu de cela, il s'était rendu insupportable à vivre. Elle me donna même à entendre que, son sentiment pour son mari étant moins égoïste et moins sensuel que le sien pour elle, le nouvel amour entré dans sa vie ne lui nuisait en rien. Elle était très irrésolue quant à l'avenir, mais déclara qu'il y avait une chose qu'elle ne ferait jamais — c'était de vivre ouvertement sous le même toit que son amant. Le Major habitant la campagne, il ne paraîtrait pas très singulier que sa femme eût un appartement en ville... Je savais qu'il était vain de lui suggérer de renoncer à son amant et de tenter de reprendre la vie avec son époux, aussi n'en soufflai-je pas mot. Elle me remercia chaleureusement d'avoir eu le tact de m'en abstenir, disant qu'elle n'avait pu agir autrement, que c'était *plus fort qu'elle.* Elle souffrait de ce que son mari la regardât comme une ennemie et souhaitait ardemment qu'ils pussent « redevenir amis ».

Je rapportai cet entretien à Moreward, qui téléphona au Major, le priant à dîner chez lui quelques jours plus tard. Quand le Major eut appris de ma bouche — car j'étais aussi présent — ce qui s'était dit entre sa femme et moi, et lorsqu'il eut donné libre cours à ses émotions contradictoires, Moreward tenta de poursuivre son éducation en *supramoralité.*

« Voyez, cher Major, votre femme vous aime encore, et son affection doit être vraie et profonde, si elle peut tomber amoureuse d'un autre et tenir encore *à vous.* Comme je vous l'ai dit l'autre soir, vous vous êtes laissé hypnotiser par l'idée qu'un amour en tue forcément un autre. Ce n'est pas exact. Le critérium de l'amour vrai, c'est qu'il survit à la naissance d'une nouvelle passion. »

Le Major trouva le raisonnement très ingénieux, mais il se laissait difficilement convaincre.

« Vous pouvez tabler sur les paroles mêmes de votre femme », insista tranquillement Moreward.

« Comment sais-je si elle ne ment pas ? » fit sèchement le Major.

« D'abord, m'interposai-je, il est assez difficile de déceler le mensonge, et, ensuite, je ne vois pas dans quel but elle mentirait. »

Le Major haussa les épaules. « Vous pouvez avoir raison... », dit-il, malgré tout sceptique.

« Allons, mon ami, reprit Moreward toujours plus persuasif, essayons d'envisager la chose d'un point de vue héroïque et pratique à la fois ! Tout d'abord, votre profonde détresse montre que vous ne désirez certes pas perdre votre femme. Ensuite, vous voudriez éviter un scandale: or, vous m'avez dit que l'homme dont elle s'est éprise a déjà eu plusieurs histoires de ce genre et que, tôt ou tard, il la plantera là, sans doute. Ainsi vous avez, de plus, le désir de lui venir en aide. »

« Je ne trouve pas qu'elle le mérite », marmonna le Major d'un air grognon.

Moreward sourit, et parut ignorer la remarque.

« Avant tout, vous aimeriez regagner son amour. Alors, il n'y a qu'une chose à faire: la reprendre avec vous, lui témoigner de la sympathie, de l'affection, de la compréhension — et puis attendre que votre heure vienne... »

« Ne croyez pas que je vais faire cela ! » cria le Major.

« A votre place, mon ami, j'y serais enclin. Il n'y a réellement que cette solution, à moins que vous ne vouliez la perdre pour toujours, et, en créant un scandale, la mener à sa ruine (puisque, vous me l'avez dit, vous refusez le divorce). »

Le Major regardait le feu d'un air sombre.

« Je suppose que vous avez réellement aimé votre femme ? dit Moreward après un silence. (Le Major fit un signe d'assentiment). Alors, n'avez-vous jamais pensé que l'amour vrai se préoccupe avant tout du bonheur de l'aimée ? Et cela, même si ce bonheur, elle doit le trouver auprès d'un autre ? »

« Je ne suis pas un saint », fit brièvement le Major.

— Et pourquoi ne pas en *être* un ?

— C'est trop infernalement difficile.

— Non pas, si vous savez trouver le juste point de départ ! »

Le Major se tut. Son esprit se refusait à atteindre de pareilles altitudes morales; il ne voyait, dans ce point de vue, qu'immoralité: si souvent les extrêmes se touchent !

Moreward n'insista plus ce soir-là, mais reprit le sujet en une autre occasion — et, cette fois-ci, il mit si bien en œuvre toute son éloquence persuasive, qu'il gagna enfin la partie.

« Qu'est-ce, en somme, que le mariage, dit-il, après quelques préliminaires, et que devient-il avec le temps ? L'homme ordinaire entre dans cet état avec un mélange de sentiments romanesques et de passion physique; puis, le romanesque meurt, la passion décroît, se transformant en une simple habitude des sens. A leur place s'installe l'amitié ou l'indifférence. Si c'est l'indifférence, ne semble-t-il pas absurde qu'un homme se laisse bouleverser par le fait que sa femme tombe amoureuse d'un autre ? Si c'est l'amitié, n'est-ce pas tout aussi déraisonnable, puisque la véritable amitié se trouve considérablement augmentée du fait qu'elle assume le rôle de confidente ? Vous-même avez admis que vous n'aviez jamais si bien aimé votre ami (celui qui est mort près de Ladysmith) que le jour où vous avez pu lui confier votre roman sentimental. Que faut-il en conclure ? — Que si vous aviez su sympathiser avec votre épouse et l'encourager à vous parler sans crainte de son nouvel amour, elle, de son côté, n'eût jamais ressenti pour vous autant de tendresse que durant cet échange de confidences et de sympathie. »

Bien que Buckingham ne dît presque rien, j'eus, pour la première fois, l'impression qu'une lumière se faisait en lui.

« Et tel serait son état d'âme actuel, poursuivit Moreward, parce qu'elle ressentirait toute la noblesse de votre pardon inexprimé, qui éveillerait sa gratitude autant que son admiration. Or, rien n'augmente l'affection comme la reconnaissance jointe à l'admiration. Aussi ne crois-je pas avoir eu tort en vous disant, l'autre soir, que vous aviez laissé échapper la plus belle « chance » de votre vie d'homme marié. »

Le Major, silencieux, tambourinait sur un meuble, l'air méditatif, et déjà à demi-consentant.

« La plus belle chance qui soit offerte à celui qui aime véritablement c'est la possibilité de pardonner — de manifester ainsi sa noblesse de caractère, d'être grand devant celle qu'il aime... Et ce pardon, s'il ne se traduit pas en paroles, sera d'autant mieux ressenti et d'autant plus éloquent. Oui — l'amour, le vrai, absout *toujours* l'objet aimé, lui fait grâce avant même qu'il ait failli. On peut dire que deux amis véritables s'aimeront toujours plus quand l'un aura eu quelque chose à pardonner, quand l'autre aura eu à se faire pardonner. »

Le Major gardait toujours le silence.

« Ainsi, mon ami, pour être héroïque, pour être pratique aussi, n'est-ce pas évident que vous n'avez qu'une chose à faire ? Reprenez votre femme, montrez-lui que n'ayant pas, vous-même, agi jusqu'ici aussi noblement que vous l'auriez pu, elle aussi a quelque chose à vous pardonner. Elle vous jugera d'autant plus grand — et ce sera bien le cas — que vous lui confesserez cette erreur, et le résultat sera que vous nagerez tous les deux dans la félicité du pardon ! »

Mais le Major semblait encore avoir des doutes...

« Vous n'êtes pas entièrement convaincu ? — Moreward souriait. Pourtant, si refuser de pardonner est, sans conteste, puéril, on ne peut douter que pardonner soit la plus habile des politiques, et, qui plus est, la plus pure des joies... »

« Vous me demandez bien plus que le simple pardon, dit enfin le Major. La reprendre chez moi en sachant tout le temps qu'elle poursuit ses relations avec cet autre... Diable ! c'est un peu plus que je n'en puis avaler ! »

« Et pourquoi ? » interrogea Moreward.

« Pourquoi ! Eh bien, n'est-ce pas à moi, en définitive, qu'elle appartient ? » s'exclama le Major.

Une fois de plus Moreward eut recours à son éloquence. « Le sens de la possession, le sentiment du *tien* et du *mien*, mon ami, voilà la source de presque tous les maux. C'est le cas pour vous — c'est le cas pour tant d'autres ! Vous vous dites : « Elle est *ma* femme », négligeant de faire une distinction pleine de sagesse entre son corps et son âme, oubliant qu'elle n'est pas complètement, et indéniablement, *vôtre*. L'âme d'un individu lui appartient uniquement et en propre: désirer le contraire est aussi puéril que de vouloir posséder le soleil et la lune; se lamenter qu'il en soit ainsi, c'est perdre son temps, c'est gaspiller les forces de son cœur et de son esprit. Et si, rejetant l'âme, vous n'aspirez à posséder que le corps de votre femme, vous ne serez pas plus avancé, car vous ne pouvez la tenir en prison, ni épier ses mouvements du matin au soir: elle est libre, aussi, de disposer de son corps, et si vous exigez d'elle plus qu'elle ne peut donner, vous n'aboutirez qu'à ceci: elle vous trompera et ajoutera des torts à ceux qu'elle a déjà. Quelle est, au fond, si vous y regardez de près, la vraie cause de votre chagrin ? Quelques baisers ici et là valent-ils tant de détresse ? Ces gestes physiques, qui ont une telle importance aux yeux du monde, ne sont-ils pas infiniment moins que l'amour de deux âmes, que l'affection qui se soucie à peine du corps ? Le monde est aveugle lorsqu'il veut punir une faute par une autre, lorsqu'il fait d'un péché l'excuse d'un péché plus grave encore ! Allez-vous, parce que le monde vous encourage à manquer de noblesse, parce qu'il vous permet de rejeter votre épouse sous le prétexte d'une passion qui, tôt ou tard, s'éteindra d'elle-même (tout, ici-bas, étant transitoire), allez-vous succomber, et perdre ainsi un grand bien pour un petit ? En vérité, ce ne serait pas là le geste d'un héros — aussi prendrez-vous, je le sais, la voie la plus noble. »

Ici, Moreward fit une pause. Le Major le regardait avec un mélange de curiosité et d'admiration.

« Puis-je demander, dit-il, si vous avez mis en pratique ces étonnantes idées à l'égard de votre épouse ? »

« Oui... je l'ai fait », avoua modestement Moreward.

« Voulez-vous dire qu'une aventure pareille vous est arrivée ? » interrogea le Major, intéressé au plus haut point.

« A peu près la même », convint Moreward.

« Et vous ne nous en aviez jamais rien dit ! »

« Je ne pense pas que mes propres affaires soient spécialement intéressantes pour les autres. »

Mais, le Major et moi, nous déclarâmes que nous ne pouvions le dispenser de ce récit; et c'est ainsi que nous veillâmes tard dans la nuit pour entendre l'unique épisode important de sa vie que j'aie jamais pu arracher à l'extrême réserve de Moreward. Mon seul regret est de ne pouvoir reproduire son style inimitable, empreint, comme toute sa personne, d'une singulière poésie, non plus que l'harmonie de son langage, qui fascinait les auditeurs.

CHAPITRE XI

GRANDEUR D'AME

« Je vais essayer, dit-il, de rassembler des souvenirs déjà si lointains que j'en ai oublié bien des détails, d'ailleurs de peu d'intérêt. » Se levant, il arpenta la chambre d'un air méditatif.

« Nous avions alors une villa près de Florence; c'était dix ans après mon mariage. Le nom de cet homme ?... Soyons discret: nous le nommerons Henshaw, pour la circonstance. C'est, maintenant, un respectable mari et le père d'une nombreuse famille, et il ne conviendrait pas de le trahir. » Se rasseyant dans son grand fauteuil près du feu, Moreward reprit: « Henshaw était en visite chez nous depuis un mois car, ainsi que vous l'imaginez facilement, je n'invitais pas mes amis à faire le long voyage d'Angleterre pour l'espace de deux jours; j'avais d'ailleurs une grande affection pour lui. De plus, il se montrait un agréable compagnon pour ma femme pendant les heures de la journée où j'eusse dû, sans cela, la laisser à sa solitude, car elle avait peu d'amis et ne voyait pas volontiers de simples connaissances. Une étroite amitié devait tout naturellement se former entre ma femme et lui: mais, chose singulière, je ne devinai pas, jusqu'à la fin de son séjour, combien intime elle était devenue. C'est le jour même du départ de Henshaw que je découvris leur secret si bien gardé: étant rentré plus tôt que je n'avais pu le prévoir, je les surpris dans un moment où ils étaient certains de pouvoir se faire librement leurs amoureux adieux. Je vis alors... ce dont ils eussent voulu, pour tout au monde, m'épargner la révélation. Ma femme, en m'apercevant, devint blanche de terreur et d'embarras; quant à Henshaw, tout son être criait la culpabilité, le remords, le chagrin, la pitié...

« Il ne me restait qu'à battre en retraite. Avec mon plus affable sourire, et sans la moindre note de sarcasme, je leur dis mon vif regret d'être entré si inopinément dans la chambre, puis, confus moi-même, je me retirai hâtivement. Ils essayèrent de s'expliquer; mais, sans écouter, je redescendis l'escalier, allai me choisir un cigare et sortis dans le jardin. Là, je m'assis, et commençai à me faire toutes sortes de reproches.

« Pourquoi n'avais-je pas annoncé par quelque bruit ma rentrée inopportune ? L'idée d'avoir fondu sur eux comme un voleur dans la nuit m'était extrêmement pénible ; ma femme avait eu, en me voyant, un tel air d'effroi, que je m'en sentais le cœur serré. Mais, comment aurais-je pu me douter, avec cette porte entr'ouverte et le complet silence qui régnait dans la chambre ? Ah ! que ne m'avait-elle tout dit ! tout avoué ! Puis, immédiatement, je me représentai combien il lui eût été difficile de le faire. Sans doute, elle s'était figuré que je serais furieux, et c'est pour se défendre de ma jalousie qu'elle m'avait menti, si bien que toute l'affaire était plus ou moins ma faute. En vérité, lorsque Henshaw était devenu l'hôte permanent de ma maison, j'aurais dû prévoir que l'amour naîtrait entre eux; après tout, quoi de plus naturel ? N'était-il pas, lui, digne d'être aimé ? Et quant à elle —

à mon sens, elle appartenait au type le plus attirant qui soit. Je lui avais donné une fausse idée de ce que serait ma réaction dans certaines circonstances, et elle s'était crue obligée de tout me cacher. Je ne m'en sentais nullement blessé, car je savais trop bien qu'elle n'aurait eu aucun besoin de dissimuler si mon attitude eût été autre, et je me promettais la joie de le lui faire comprendre. Ce que nous craignons, et ce qui nous blesse si fort, dans le fait d'être trompé, c'est le choc que reçoit notre vanité, c'est la constatation extrêmement humiliante qu'après tout, nous sommes jaloux, bien que nous prétendions ne pas l'être, que celui qui nous trompe en est certain et a été en quelque sorte contraint, par cela même, de dissimuler. Ce n'était pas mon cas: quels que puissent être mes défauts, la jalousie n'est pas mon fait, et l'opinion de ceux qui pensaient que je l'*étais* ou *pourrais l'être* ne troublait en rien mon équilibre moral. On se froisse rarement d'être taxé de ceci ou de cela lorsqu'on sait que l'accusation tombe à faux, car la méprise est facile à prouver, — tout comme, du reste, il suffit qu'elle tombe juste pour exciter notre irritation. Ma femme, apparemment, m'avait pris pour un de ces époux de la vieille école, qui épient derrière chaque porte, le pistolet déjà braqué sur qui attente à leurs droits, un de ces véritables époux de cauchemar qui sont les perpétuels espions des secrets de leur femme ! Si j'eusse réellement agi de la sorte, le fait qu'on m'en crût capable eût excité ma rancœur: mais je n'avais pas fait ces choses viles, parce que j'aimais ma femme... Il me fallait libérer ces deux êtres de leur anxiété; ils devaient, en ce moment, être des plus malheureux. Devais-je aller en personne leur dire que tout était bien ? Devais-je écrire un billet ? Malgré tout, je trouvais pénible de l'aborder, *lui* — et en quels termes ?...

Me rappelant soudain qu'il nous quittait l'après-midi même, je songeai à disparaître momentanément pour ne pas le revoir avant son départ, puis à lui écrire après avoir arrangé les choses avec elle. En un sens, j'étais heureux que ce qui s'était passé m'eût ouvert les yeux, parce que j'étais, ainsi, en mesure de sympathiser avec elle et de leur rendre à tous deux les choses plus aisées. La continuelle appréhension de me voir découvrir leur secret devait avoir jeté une grande ombre sur leur bonheur, et je souhaitais les en délivrer.

« Mais ici, mes réflexions s'arrêtèrent, car je vis ma femme venir à moi à travers la pelouse, le regard plein de détermination, d'appréhension et de détresse. J'étais assis sous une tonnelle, dans le fond du jardin. Je me levai en la voyant, allai à sa rencontre et l'amenai vers le banc d'un geste affectueux qu'elle était bien loin d'attendre de moi... Sa surprise fut si grande qu'elle éclata en sanglots; je ne pus que la consoler de mon mieux tandis qu'elle s'efforçait d'articuler des mots que je ne saisissais pas. Enfin elle put se faire entendre... Elle me dit que, si fort qu'elle eût lutté pour ne pas devenir amoureuse de cet homme, elle avait été incapable de résister. Elle ne m'avait caché sa trahison que dans le désir de m'épargner de la souffrance. « Je n'ai réellement *pas pu...* » répétait-elle; et je répondais: « Je ne pense pas que qui que ce soit pourrait; aussi tous les reproches que tu te fais sont-ils vains. » Semblable aux autres femmes, elle eut alors un doute. « Je ne puis croire à pareille bonté ! dit-elle subitement. Tu veux m'infliger une sorte de torture, te venger d'autant plus cruellement après... »

« T'ai-je jamais torturée ? » lui demandai-je doucement.

« Non. Mais, jusqu'ici, j'avais toujours été pour toi une femme loyale. »

« C'est précisément pourquoi je ne puis te torturer — par gratitude », dis-je en souriant.

« Oui, mais le mensonge ! reprit-elle, incrédule. Te rends-tu compte à quel point je t'ai menti ? »

« C'est assez malheureux, car tu eusses pu t'épargner cette peine, dis-je sans nulle ironie; mais je pense que tu étais trop effrayée pour agir autrement. »

« Je ne puis y croire, répétait-elle d'un air pensif. Je me demande si tu peux *réellement* m'aimer. C'est la vérité, que tu n'éprouves *réellement* aucun ressentiment ? »

« Pas le moins du monde ! » fut ma réponse très sincère.

« Alors, ce n'est *pas possible* que tu m'aimes ! » s'exclama-t-elle.

« Si tu as l'idée qu'aimer, c'est se conduire de façon à rendre l'objet aimé cruellement malheureux — non, je ne t'aime pas ! Mais, si tu juges qu'aimer quelqu'un, c'est l'avoir continuellement dans la pensée et placer son bonheur avant toute autre chose — oui, je t'aime. La question est très simple: peux-tu voir souffrir un être que tu aimes alors qu'un peu de maîtrise de toi suffirait à éloigner cette souffrance ? A supposer, d'ailleurs, que je rompe avec toi, ou que je te maltraite, ou que je me venge de quelque autre manière enfantine et sans dignité, tu me haïrais, simplement. Et si je te conseillais de renoncer à Henshaw, je serais pareil au médecin qui exhorte le plus impécunieux de ses clients à entreprendre le tour du monde: le conseil serait théoriquement très sage — mais irréalisable... »

« Enfin convaincue, ma femme se répandit en un déluge de paroles d'affection, d'admiration, d'amour... — effusions que je passerais sous silence, si, précisément, mon ami, je ne cherchais à vous prouver que l'effort fait par vous pour sympathiser avec le nouvel amour de votre femme, vous sera payé au centuple. « A ta place, me disait mon épouse, d'autres hommes eussent parlé de leur honneur offensé et de mille autres choses puériles. » Je lui dis que je ne regardais l'honneur que comme un nom poli donné à notre orgueil, et que je n'étais pas comme ces hommes qui, dans certaines contrées, sont assez fous pour préférer une balle dans l'estomac à la moindre blessure de leur vanité. Je lui dis encore que, le jour où elle avait dû jurer de m'aimer, de me respecter et de m'obéir, elle avait à peu près autant de chance de pouvoir tenir sa promesse que si elle eût fait serment de vivre jusqu'à l'âge de quatre-vingts ans... Combien de temps aurait encore duré cet entretien paisible, je ne saurais le dire: nous étions si heureux tous les deux ! Des heures, sans doute, si les prosaïques soucis de la vie domestique n'y avaient mis un terme. Mais je vous avoue qu'en cette heure-là, je bénis dans mon cœur l'homme dont chacun eût dit qu'il m'avait fait une grave injure. En réalité, c'était à lui que je devais l'union d'âme bien plus grande qui venait de naître entre ma femme et moi: tous deux nous savions que, grâce à lui, notre amour avait subi la grande épreuve du feu et en triompherait — ce que, peut-être, aucun autre concours de circonstances n'eût pu réaliser. »

Après un silence, Moreward reprit d'un ton légèrement changé:

« Et quelle fut l'issue de tout cela, mon ami ? Comme vous le supposez, je laissai les amoureux se voir autant qu'ils le désiraient, sans restriction, sans jamais faire de questions, le traitant, lui, en ami et le priant d'être mon hôte aussi souvent qu'il lui plairait. Les choses durèrent ainsi pendant quelques mois. Puis, les circonstances appelèrent cet homme aux Indes, et mirent finalement un terme à l'amour de ma femme, en ce sens qu'il s'éteignit de lui-même sous l'influence de l'éloignement. Mais, auparavant, ce fut à moi qu'il incomba de la réconforter dans la détresse des adieux, et — bien que je fusse réellement triste pour elle — j'eus une grande joie à remplir ce devoir de consolateur, qui sembla rapprocher plus encore nos deux âmes. Il semble presque superflu d'en dire davantage. Avec une nature aussi noble et vraie que celle de ma femme, il ne pouvait se passer qu'une chose: l'intensité de sa passion pour cet homme ayant été surtout de l'attrait physique déguisé, lorsqu'il ne fut plus là pour exercer sur elle le magnétisme de sa présence, elle perdit graduellement son intérêt pour lui — et cet oubli fut réciproque, à en juger par la rareté des lettres qu'il envoyait. Cette affaire s'effaça sans laisser d'autres traces que l'enrichissement de notre amour. Comme je n'avais donné à ma femme aucune cause de ressentiment contre moi, aucune raison de se sentir prisonnière du lien conjugal, ma conduite, au lieu d'affaiblir son amour pour moi, l'avait porté à son plus haut degré. En ne lui opposant aucun obstacle, je lui avais épargné tout scandale, ce dont elle me fut profondément reconnaissante; l'opinion publique — qui n'eût été que trop encline à me traiter de... mari trompé — fut par là-même désarmée.

« Ainsi, mon ami, vous serez, je crois, prêt à admettre que la ligne de conduite que j'ai suivie fut un succès. Or je ne vois pas pourquoi il n'en serait pas de même pour vous. Rappelez-vous que l'époux qui agit envers sa femme selon ce qu'il a de plus vrai et de meilleur en lui gagnera toujours la partie, car les amants sont des êtres instables, se prenant et se quittant au gré de mouvantes circonstances, tandis que la véritable amitié conjugale, basée sur une longue association, sur la sympathie et la compréhension, dure éternellement. »

Moreward se tut. Le Major, le regardant avec une admiration, un respect bien autres que ceux qu'il avait manifestés auparavant, lui demanda: « Vous estimez donc que chaque mari devrait permettre à sa femme d'avoir un amant, lorsqu'elle le désire ? »

Moreward sourit. « A cela, je dois répondre: *Oui* et *non* — car c'est uniquement une question de circonstances et l'on ne saurait, en pareille matière, poser de règles générales. Accorder à sa femme des amants comme on lui accorderait des bijoux ou de belles toilettes, c'est une manière d'agir... C'en est une tout autre que de lui pardonner et d'excuser ses actes lorsqu'elle a *déjà* un amour dans le cœur. Si vous ordonnez à votre femme de renoncer à cet amour, ou bien elle vous quittera — comme cela a été le cas pour votre épouse — ou bien elle vous mentira pour éviter les effets de votre colère, étant donné que vous exigez de la nature humaine plus qu'elle ne peut accomplir. D'ailleurs rien n'exaspère autant le désir que les entraves qu'on oppose à sa satisfaction, de même que rien ne tue une affection comme l'impression qu'on a d'en être prisonnier. Contraindre sa femme, c'est la jeter d'autant plus vite dans les bras d'un autre homme, en raison de la rancune qu'on fait naître en elle; en voulant obtenir son amour par la force, on ne réussit qu'à la perdre tout à fait. »

« Eh bien, s'exclama le Major, tout ce que je puis dire, c'est que vous êtes un extraordinaire individu et que — ce qui est mieux — vous m'avez fait un bien immense ! »

Ici se termina l'entretien. L'affaire du Major tourna bien, puisqu'au bout de quelques semaines, nous apprîmes que Mrs. Buckingham et son mari vivaient de nouveau ensemble et — autant qu'on en pouvait juger — dans une parfaite harmonie.

Quant à Moreward, il me dit, après le départ du Major: « Etrange chose, que de devoir user de *tant* de mots pour convaincre quelqu'un de faits qui éclatent aux yeux ! Me voici, en quelque sorte, obligé de m'entourer d'une auréole de noblesse pour mieux persuader ce brave homme « d'aller et de suivre mon exemple ».

« La grandeur d'âme est chose relative, répondis-je, et ce qui est chose aisée à votre nature, déjà très évoluée, représente pour le Major un geste d'héroïque magnanimité. »

En disant bonsoir à Moreward, je me demandais: est-ce la modestie, qui donne, par moments, à cet être rempli de sagesse, un tour d'esprit si étonnamment ingénu ?...

CHAPITRE XII

ÉTRANGE CHANGEMENT D'ALLURE DE JUSTIN MOREWARD HAIG

L'entière absence de convention qui caractérisait les méthodes d'éducation spirituelle de Moreward Haig me frappa bientôt tout particulièrement. J'eus, en effet, l'occasion de découvrir à quel point cet homme remarquable pouvait renier sa propre personnalité, si raffinée, pour agir sur certains élèves d'un tempérament spécial. Je rencontrai chez lui un « disciple » que je ne puis mieux décrire que par l'épithète anglaise, expressive mais familière, de *Sissy* (être efféminé), et qui, s'il ne manquait pas de vertus très appréciables, comme je l'appris ensuite, paraissait, à première vue, une simple poule mouillée. On eût dit une de ces âmes ultra-féminines, qui ont eu la malchance de s'incarner dans un corps masculin, un de ces êtres sur qui pèse l'obligation de porter la culotte, qui leur fait horreur, au lieu de la jupe, qu'ils eussent tant préférée ! Quelque chose, en lui, suggérait aussi l'idée qu'il était, sinon « trop pur pour la vie », du moins trop pur pour vivre longtemps. Sa féminité se trahissait dans ses habitudes, dans le fait, par exemple, qu'il recousait, outre ses propres boutons, ceux du jeune homme dont il partageait l'appartement. En résumé, si, comme le disait Moreward, il possédait des « qualités de cœur », c'étaient celles d'une vieille fille extrêmement aimable et préoccupée de ceux qu'elle aime, s'agitant autour d'eux avec ces mille petites attentions qu'on peut désigner sous le terme de « maternelles », car, en effet, les vieilles filles ont souvent plus d'instinct maternel — au sens strict du mot, — que les mères.

Toni Bland (prénom et nom de famille lui convenaient particulièrement) avait, d'ailleurs, assez le physique d'une vieille fille: il était petit de corps et de mince ossature, un peu desséché déjà pour ses trente-cinq ans: élégance, précision et délicatesse du langage complétaient ces caractéristiques. Quant à son admiration pour Moreward, j'avoue que je me l'explique mal, car ce dernier semblait, en sa compagnie, devenu un autre être. Il suffisait que Bland apparût pour que tout ce qui, en Moreward, était mesure, spiritualité et douceur, fît place à un tempérament complètement opposé... Son langage devenait dur et criard, son rire bruyant et déplaisant, voire vulgaire, sa conversation semée de gros mots et d'expressions hardies, et ses manières habituellement si courtoises, et même si gentiment cérémonieuses, à peu près celles d'un rustre nonchalant. Je m'aperçus bien vite que la pauvre petite personne de Toni Bland, dont la sensibilité était ainsi piétinée, passait le plus clair de son temps à frémir intérieurement; je m'aperçus aussi qu'avec le temps, celui-ci faisait de grands efforts pour se dominer: il commençait à avoir honte de son émotivité et la cachait. Pour moi, la première fois que je constatai l'étrange changement de Moreward Haig, je fus naturellement ébahi; mais ma surprise se mua en une admiration redoublée, une fois que je connus le sens de cette tactique.

Au cours d'une des nombreuses visites que je faisais au hasard à Moreward, je rencontrai donc Toni Bland. Assis sagement sur le rebord de sa chaise, il avait les mains jointes, tandis que Moreward se tenait adossé à la cheminée, les deux pouces passés dans les entournures de son gilet et — ce qui était tout à fait contraire à ses habitudes — fumait un énorme cigare dont la lourde fumée emplissait désagréablement la chambre. Sans daigner remuer, Moreward me fit, à mon entrée, un signe de tête et nous présenta l'un à l'autre sur un ton bruyant et hâbleur.

« Hallo ! fis-je, depuis quand fumez-vous le cigare ? »

Il rit très haut. « Fumer, mon cher, est un des vices qui me sont nécessaires en tant que médecine spirituelle agissant sur la santé de mes élèves hypersensitifs ». A cette réponse énigmatique, il ajouta: « Bland a ses idées sur le sujet, n'est-il pas vrai, *Antonia ?* »

Mais Bland, comme on pouvait s'y attendre, se borna à sourire d'un air embarrassé, en se frottant doucement les mains.

« N'allez-vous pas nous les exposer ?» insista Moreward.

« Oh — hum ! je pense seulement que c'est regrettable... hum ! que c'est plutôt une habitude déplaisante... hum ! particulièrement si on fait des excès... Voyez-vous, poursuivit-il avec hésitation et se tournant vers moi, Justin fume tout le long du jour: cela ne peut réellement pas être bon... »

La chose était si nouvelle pour moi que je dus laisser voir ma stupéfaction; mais Moreward ne m'offrit aucune explication. « Allons ! fit-il, vous n'osez pas dire ce que vous pensez: c'est que tous ceux qui fument comme des cheminées sont des brutes, spécialement les fumeurs de cigare. Ayez le courage de votre opinion ! Broadbent — un cigare ? »

Je regardai Bland — hésitant à accepter en pareille conjoncture; mais Moreward me lança un regard qui disait clairement son désir: je m'exécutai donc.

« Bien. Voyons, Antonia, de quoi parlions-nous ? »

« Des formes diverses du Yoga », dit Bland d'une voix flûtée, qui contrastait avec celle de Moreward.

« *Yog !* cria celui-ci avec bonne humeur. Ne vous ai-je pas dit que le *a* est muet, que ce mot se prononce comme *Yogue ?* »

« Mais cela sonne bien plus joliment avec un *a* » susurra Toni.

« Au diable le *joli ! Cholmondeley* sonne « plus joliment » (comme vous dites) que *Chumley*, et pourtant c'est ce dernier qui est correct. D'ailleurs, faites ce que vous voulez; l'Inde du Nord prononce *Yog*, celle du Sud *Yoga*: choisissez ce dernier et (pour des raisons que j'ignore) les gens vous taxeront d'ignorant ! »

« N'ai-je pas vu ce mot sur les pancartes promenées par des hommes-sandwiches du haut en bas de *Regent-Street ?* » dis-je.

« Fort probablement, dit Moreward. Les chiromanciens, les « voyants » et autres gens de cet acabit, aiment à profaner la plus sublime des sciences en l'associant à leur métier de bas-étage. »

« Et que penser de ceux qui, en Inde, se barbouillent de cendre et font toutes sortes de tours étranges ? » demanda Toni.

« Un yoghi vraiment *grand* ne fait jamais parade de ses pouvoirs, dit Moreward. Au contraire: plus l'homme est grand, plus il s'efforce de paraître insignifiant aux yeux des non initiés. Ce sont les gens de médiocre sainteté — par exemple, certains de vos pasteurs — qui prennent des voix onctueuses et s'habillent de noir comme pour dire: « Sachez bien que je suis un saint homme ! » et ceci en dépit des injonctions de la Bible, qui blâme tout signe extérieur de piété. En fait, il y a deux formes d'hypocrisie: celle de l'homme grand qui se fait passer pour ordinaire — et celle de l'homme ordinaire qui se fait passer pour grand. Tous les deux nous trompent, si vous voulez, mais le premier par modestie et élévation morale, le second par simple vanité. Les yoghi dont vous me parlez, ma chère Antonia, ne représentent pas plus le véritable Yoga qu'un vicaire timoré et confit en piété ne représente dignement la spiritualité chrétienne. »

« Cela n'empêche pas que j'ai connu de délicieux vicaires », murmura Toni d'une voix à peine perceptible.

Moreward éclata de rire et lui demanda combien de paires de pantoufles il leur avait brodées. Quant à moi, si Toni me semblait un être flasque, voué aux remarques pour vieille fille, je sentais aussi de plus en plus que Moreward n'épargnait rien pour le rendre ridicule, procédé tout à fait contraire à son attitude ordinaire. Sans la deviner encore, je pressentais une raison à tout cela; et c'est là mon excuse pour parler de Toni Bland qui, sans être le héros d'un « épisode » d'intérêt spécial, représentait pourtant un *cas* nécessitant un traitement d'une nature très particulière.

A la dernière attaque de Moreward, il n'avait répondu que par un petit rire embarrassé et peu compromettant. Personnellement, je le jugeais capable — sans doute étais-je injuste — de passer, en effet, une bonne partie de son temps à broder des pantoufles d'ecclésiastiques. Et puis, ce petit homme minaudier m'agaçait, et je me sentais l'envie de lui administrer une grande claque dans le dos, pour faire réagir le peu de masculinité qu'il y avait en lui. Mais une remarque de Moreward me fit, à ma honte, sentir que ces inclinations et réflexions étaient dépourvues de charité. « Dénigrez quelqu'un, disait-il, et vous verrez immédiatement Antonia se lever pour prendre sa défense ! Les apparences, mon cher Broadbent, *sont* trompeuses, si banal que ce soit de le dire. Et *vous*, comprenez-vous cela ? — il se tournait vers Bland. — Non, et c'est là ce qui est malheureux ! »

Il se mit à arpenter la chambre, son pouce gauche toujours passé sous son gilet.

« Oui, c'est bien là l'erreur, cette stupide notion que spiritualité puisse jamais être synonyme de conformisme et pieuse douceâtrerie. Vous rendez-vous compte que le but de l'Humanité, c'est d'atteindre à la Conscience divine, à la Conscience cosmique ? Et peut-on croire un instant que l'état d'esprit d'un pâle ministre ou d'une craintive vieille fille ressemble en quoi que ce soit au sentiment de la Divinité ? Du *cran*, — mon cher ami, voilà ce qu'il faut pour arriver à la Conscience de Dieu ! »

Toni battit des paupières et sourit poliment en joignant de nouveau les mains. « Je ne vois pas très bien, remarqua-t-il à demi-voix, comment l'union avec Dieu pourrait être favorisée par ce tour de force des yoghi consistant à renverser le mouvement péristaltique intestinal ? »

« Vous ne voyez pas ? Eh bien, je vais vous dire ceci », fit Moreward avec une sorte d'agressive bonne humeur: « Quelle que soit la performance remarquable que puisse accomplir un être, elle est toujours un pas de fait dans la direction de Dieu et vers la liberté. Le manque de puissance est la plus forte de toutes les entraves. Parler de ressembler à Dieu, qui a projeté hors de lui-même ce géant Univers, et, en même temps, être incapable de faire mieux que de se tourner les pouces: sur mon âme, en voilà une conception !

Ecoutez encore ceci: il est extrêmement difficile d'arriver à la Conscience divine avec un corps qui ne vaut rien. Une bonne santé est non seulement indispensable, pour atteindre ce suprême degré de la Félicité, mais, encore, elle est un attribut de Dieu. Imaginez Dieu malade ! Dieu misérable ! Dieu en larmes ! » Il rit. « Quant à ces yoghi que vous désapprouvez, parce que vous ne savez rien d'eux, je vous affirme que leur science est, en elle-même, la chose la plus élevée qui soit au monde. Il n'est, pour ainsi dire, pas un seul « miracle » que les *vrais* yoghi ne puissent apprendre à accomplir; mais, c'est précisément parce que ceux-ci se refusent à venir à Londres pour s'exhiber à *St. James Hall* que le public ne veut pas y croire, alors même qu'il est prêt à admettre que le grand Yoghi de Nazareth a accompli des miracles, il y a deux mille ans. Oh ! je vous accorde que certains yoghi de bas-étage exécutent en Inde, devant un public ébahi, des tours à faire se dresser les cheveux sur la tête. Toutefois, celui qui abuse de ses pouvoirs pour satisfaire sa vanité ou pour amasser de l'argent ne réalisera jamais aucun progrès: sa cupidité et sa vanité lui ferment bientôt le chemin qui mène à une conscience plus évoluée. »

S'asseyant dans son fauteuil, Moreward posa les pieds sur le rebord de la cheminée, puis, ayant jeté son cigare, il en alluma un autre.

« Je vous dirai le précieux atout que possède le yoghi, poursuivit-il; ce n'est pas par l'hypnotisme ou par le moyen des drogues qu'il arrive à certains états de conscience, mais par des méthodes physiologiques. Que faut-il en conclure ? Eh bien — que personne ne peut soutenir, à moins d'être ignorant en ces matières, que l'imagination joue un rôle quelconque dans l'affaire. Pour vous hypnotiser vous-même, vous devez demeurer sur telle idée, ou sur telle image, jusqu'à ce que vous voyiez *réellement* la chose à laquelle vous pensez. Le *Yog* procède différemment. Il y a, dans notre corps, certaines puissances latentes: si l'on sait les réveiller, par des processus physiologiques et connus des yoghi, on opère une totale tranformation de la conscience: on commence à voir, à entendre, à percevoir autour de soi des phénomènes dont on était, jusque-là, totalement ignorant. »

« N'importe qui peut-il pratiquer le *Yog ?* » demandai-je.

« S'il parvient à trouver un maître en cette science, ce qui, selon moi, est loin d'être facile », répondit Moreward.

« Je suppose qu'il faut, pour cela, se rendre en Inde ? » dis-je.

Il rit. « Le *Yog* existe en tout pays, mais encore faut-il savoir le découvrir... Il se pratique en Angleterre depuis plus de trois cents ans, et il y a, actuellement, à Londres, un certain nombre d'Adeptes. »

« Tout cela est très intéressant, observa Toni en se levant. Cependant, je crois qu'il faut que je me retire. »

« Vous partez ? dit Moreward sans se déranger. Eh bien, Antonia, avertissez-moi quand vous voudrez revenir. » Il tendit la main à Toni de son siège, et continua à mâchonner son cigare.

Bland prit congé de moi, en ajoutant qu'il espérait me revoir sous peu; puis il s'éloigna, toujours de son air précieux.

« Que signifie tout cela ? » dis-je, quand je fus certain que Bland avait refermé la porte d'entrée.

Moreward, retirant ses pieds du bord de la cheminée, éclata d'un de ces rires joyeux qui lui étaient familiers. « Avant tout, dit-il, en allant ouvrir la fenêtre, chassons cette fumée qui vous a, je le crains, passablement incommodé. Bien que j'eusse cru que vous l'auriez deviné, je vais vous dire exactement ce dont il s'agit ». Il était de nouveau entièrement lui-même, avait repris sa voix et ses manières habituelles, et même ce petit quelque chose de légèrement cérémonieux qui était un de ses traits les plus attachants. « Vous ne saviez pas que j'avais des dons d'acteur ? » demanda-t-il. Je reconnus que je ne m'en étais pas douté.

« A l'égard de certaines gens, dit-il, il est essentiel d'adopter une attitude qui, d'une part, soit une réaction contre leurs fausses conceptions, d'autre part les fortifie contre eux-mêmes. Toni, vous l'avez remarqué, est trop efféminé: il manque de force, et c'est déjà une grande pierre d'achoppement sur la voie de son développement. Mais plus grave encore est sa tendance à croire que la condition première de la spiritualité, c'est cette délicatesse affectée, cette quintessence de perfection... En d'autres termes, la moindre des choses le choque ! Eh bien, le seul moyen de réagir là-contre, c'est de l'endurcir, d'en faire un homme, en froissant continuellement sa sensitivité, jusqu'à ce qu'elle en meure. Vous connaissez les cures systématiques d'endurcissement physique ? Certaines personnes ont besoin, dans le domaine spirituel, de cette cure d'endurcissement. Aucune autre n'est efficace. »

Tout cela me paraissait fort sage; mais, je me demandais si, dans le cas particulier, aucun bien ressortirait du traitement. Toni Bland, d'après ce que j'en avais vu, me semblait un cas désespéré. Je ne pus m'empêcher de le dire à Moreward. « Ce qui m'intrigue parfois, en vous, dis-je, c'est la somme de peine que vous prenez pour... je ne voudrais pas être intolérant — mais... pour des gens complètement stupides. »

« Vous faites injustice à Toni. Il est doublement timide en présence d'étrangers, mais il est loin d'être foncièrement stupide. Lorsqu'il n'est pas gêné par un tiers, il a une foule de choses à dire. Laissez-le faire plus ample connaissance avec vous et il ne vous affligera plus de ses propos banals. Je vous accorde que c'est une âme très féminine et qui, pour cette raison, a beaucoup à lutter contre elle-même. Mais si vous aviez vécu, vous-même, en tant que femme vos quatre ou cinq incarnations antérieures, comme c'est le cas de Toni, vous lui ressembleriez énormément. Il a en partage une destinée difficile. »

« Mais, insistai-je, il y a d'autres personnes aussi insignifiantes que lui, et plus décourageantes encore, pour lesquelles vous vous êtes donné, me semble-t-il, une peine disproportionnée... »

« Vous n'êtes pas encore habitué à penser en mesures d'éternité, expliqua-t-il en souriant. J'ai connu, dans mes vies passées, chacune de ces personnes, et chacune m'a rendu quelque service. Or, comme l'ingratitude ne doit, ce me semble, pas être l'un de nos défauts, je ne puis que souhaiter leur rendre ce bien. Pensez-vous que Toni, par exemple, tolérerait mes manières de rustre s'il n'y avait déjà eu, ailleurs, entre nous, un lien qui nous maintient proches ? Semaine après semaine, Toni vient ici pour ce qu'il me fait l'honneur d'appeler ma sagesse et ma conscience des choses occultes; il s'arrange de mes termes d'argot, de mes gros mots même, parce que, en dépit d'eux... eh bien ! il croit en moi, et il est subconsciemment averti que nous nous sommes déjà connus ailleurs. Vous voyez, mon ami, que la mémoire, en s'élargissant, transforme la perspective des choses et que celles qui semblaient sans signification deviennent riches de portée. Toni a de fort belles qualités d'âme, évidentes pour qui le connaît. Ne les eût-il pas, d'ailleurs, que je m'efforcerais de travailler à son bonheur spirituel, en reconnaissance des services qu'il m'a rendus autrefois.

Et s'il n'était pas encore assez mûr, dans cette vie-ci, pour faire ses premiers pas sur le Sentier, j'essaierais à nouveau dans sa prochaine incarnation; car, vie après vie, un lien d'affection nous unira toujours. »

***

Je ne revis plus Toni Bland. Néanmoins, cette rencontre fortuite avec lui me fit, par des voies indirectes, saisir de mieux en mieux la grandeur d'une Vie qui s'étend sur des milliers d'années, et non pas seulement sur le court espace de trois ou quatre fois vingt ans. Il n'y avait, dans la remarquable philosophie de Moreward, rien qui fût vide de sens: aucune émotion, même la plus subtile, aucune action, si minime fût-elle, n'étaient sans importance. Par son exemple et son enseignement, la vie devenait quelque chose d'infiniment grand. Toute sensation de la vanité des choses était à jamais bannie — et même le gros mot dont cette philosophie pouvait, à l'occasion, dicter l'emploi revêtait, sous son allure déplaisante, quelque sublimité.

CHAPITRE XIII

UNE LETTRE DE MA SŒUR

Pembley Manor, Warwickshire.

Mardi.

Mon cher Charlie,

Tu ne mérites certes pas de recevoir une lettre de moi, car jamais l'idée ne te viendrait de m'adresser même quelques lignes pour demander de nos nouvelles, ce qui est bien négligent de ta part... Mais, je sais que tu es incorrigible sur le chapitre de la correspondance. J'espère au moins que tu es conscient que je te rends le bien pour le mal en n'imitant pas ton superbe silence... Quoi qu'il en soit, si tu ne réponds pas à cette lettre, tu cesseras, je t'en préviens, pour longtemps, d'être dans mes petits papiers! Le fait est, vieux lâcheur, que j'ai rencontré l'homme extraordinaire dont tu es si plein depuis six mois (du moins, c'était le cas quand je t'ai vu, et on me dit que cela dure toujours). Eh bien, il est venu ici pour un *week-end*, et je ne m'étonne plus du culte que tu as pour lui !... D'abord, il ne ressemble à personne — personne que je connaisse, du moins — et tu sais combien c'est rafraîchissant de rencontrer un être entièrement différent de l'ordinaire et ennuyeux troupeau des gens qui fréquentent les salons. Bien entendu, je meurs d'envie de te poser mille questions à son sujet; mais je suppose que tu n'y répondras pas avant que je t'aie donné des nouvelles détaillées d'ici: pour une fois, je suppose, tu seras réellement intéressé par une de mes lettres ! (Espérons que je le serai pour *une* fois, pensai-je.) Eh bien, je suis arrivée ici le vendredi et lui le jour suivant. Avant qu'il ne vienne, je pensais que ce *week-end* allait être mortellement ennuyeux. Il y avait là Julien Smith (que je n'ai jamais pu sentir) et cette assommante Miss Clifford (Dieu qu'elle est laide et impatientante !) et puis le vieux Mr. Sandlands (il est sûrement timbré) et finalement est arrivée Lady Eddisfield... C'est elle qui l'a amené ! Mais comment est-il possible qu'elle soit son amie, ou, plutôt, qu'il soit son ami ? Je n'y comprends rien ! Du moins, je n'y *comprenais* rien; car après l'avoir observé deux jours, j'ai découvert qu'il devient tout de suite l'ami de tout le monde: je n'ai jamais rien vu de pareil. Que ce doit être étrange d'aimer tous ceux qu'on rencontre ! (Pourquoi n'essaies-tu pas ? pensai-je.) Ils sont arrivés juste pour le thé, et quel couple ils formaient, tous les deux ! Elle, excitée, trépidante, tourbillonnante et piaillant à tue-tête — lui, calme comme un étang. On eût dit un visiteur du *Zoo* regardant une bande de singes se démener dans leur cage: il semblait si distant des autres... Je ne veux pas dire par l'orgueil ou par le sens de sa supériorité, mais par cette attitude de simple observateur. Et quand il s'est mis à parler, quelle voix apaisante ! Chaque chose qu'il dit est si extraordinaire, et jamais un mot d'argot ! C'était très drôle de voir qu'au bout d'un petit moment, chacun s'observait sur ce point, comme si on avait honte de se négliger en sa présence. Et chaque fois qu'on commençait à dénigrer quelqu'un, il se taisait, nous regardant comme on regarde une bande d'enfants qui débitent force bêtises et cherchent à se faire remarquer — avec un air pas positivement ennuyé, plutôt indulgent. C'était trop divertissant de les voir au bout d'un instant, et l'un après l'autre, renoncer aussi à dire du mal des gens. — Après le thé, on s'est promené dans le parc, et de là dans les bois; je l'ai alors informé que j'étais ta sœur, et il m'a dit, sur toi, une foule de choses gentilles que tu ne mérites aucunement. (Merci, pensai-je ! A dire vrai, il me connaît mieux que toi.) Puis, il a paru s'intéresser beaucoup à mon humble personne: j'étais extrêmement flattée. Il me regardait d'une façon si affectueuse, que je crus d'abord à un semblant de flirt; puis, j'ai constaté qu'il regardait chacun de la même manière — et alors... Mais qu'importe ce que j'ai pensé ! Je me demandais s'il était un artiste, ou un poète, car, tout en flânant ici et là, il me fit voir une quantité de beaux points de vue et de choses que je n'avais jamais remarqués jusqu'ici. Quand j'interrogeai sur ce point Lady Eddisfield, elle me répondit qu'il n'était *rien,* ou peut-être simplement un gentleman de condition aisée — je ne me rappelle pas bien ses paroles. A dîner, il nous raconta les choses les plus extraordinaires; c'est vraiment le plus brillant causeur que j'aie entendu, et jamais il ne met en avant sa propre personne. Je crois que le *butler* lui-même était si intéressé qu'il en négligea la bonne marche du service, car je vis une ou deux fois Lady Drummond froncer les sourcils sévèrement en le regardant. Ton ami m'a conduite à table; j'étais donc à côté de lui, et je remarquai qu'il refusait tous les plats de viande et ne prenait que du légume et du dessert. Je lui en demandai la raison: il se contenta de sourire, en disant que c'était dommage de tuer des animaux sans défense. N'est-ce pas extraordinaire ? Tu ne m'avais pas dit qu'il était végétarien. Après le dîner, nous nous sommes assis dans le grand hall, autour d'un feu de cheminée (il faisait un peu frisquet). Il nous conta alors toutes sortes d'histoires merveilleuses concernant les Esprits, les Mahatmas et les Fakirs qu'il avait vus dans ses voyages en Inde: c'était réellement très captivant ! Je ne croyais pas, jusqu'ici, à ces sortes de choses; lui, lorsqu'il en parle, c'est tout différent: on *sent* que ce doit être vrai. Nous l'écoutâmes bien avant dans la nuit, et, lorsque nous allâmes enfin nous coucher, Henry l'appela le « charmant toqué ! » Je pensai à ce que tu avais dit de lui: le « sage imbécile » ou « l'enfant », ou « l'innocent », n'était-ce pas cela ? Cela n'empêche pas qu'Henry. bien qu'il le niât, était fortement impressionné... Le dimanche, il se passa une chose singulière. Il descendit pour le petit déjeuner, mais disparut ensuite. De mon côté, je me promenais dans une partie du parc où, généralement, peu de gens passent, lorsque je tombai inopinément sur lui. Il était assis à terre, les jambes croisées, le dos non appuyé, les yeux fermés et aussi immobile que s'il dormait. N'ayant nulle envie de lui adresser la parole, je m'esquivai. Mais la curiosité me ramena à cette place une demi-heure plus tard — et figure-toi qu'il était toujours exactement dans la même posture ! Je suis certaine qu'il n'avait pas bougé d'un fil. Explique-moi donc ce qu'il faisait là ? Je trouve tout cela si étrange, que je mourais d'envie de le questionner plus tard; mais je n'ai pu m'y résoudre. (Et s'il te l'expliquait, tu n'y comprendrais rien, pensai-je.) — Il me semble que cette lettre s'allonge beaucoup, et je vais m'arrêter; mais j'ai besoin de savoir *tout* ce qui le concerne: ce qu'il est, ce qu'il fait, quel âge il peut avoir ? Dis-moi s'il est riche ? Quelle est sa parenté ? Je ne puis rien arracher à Lady E. Elle prend un absurde air de mystère quand je l'interroge; cependant je ne crois pas qu'elle sache quoi que ce soit; elle voudrait simplement dissimuler son ignorance.

Au revoir donc, une bonne fois; et rappelle-toi que si tu ne me réponds pas, je ne te le pardonnerai jamais.

Tendresses de ta sœur affectionnée !

Ethel.

P.-S. — Pourquoi ne viens-tu pas passer un *week-end* avec nous ? Il y a des siècles qu'on ne t'a vu.

CHAPITRE XIV

NOUVELLE RENCONTRE DE GORDON ET DE GLADYS

La lettre que l'on vient de lire m'était adressée par ma sœur mariée. J'en avais une autre, plus jeune, et d'un tempérament si différent qu'en présence de ce fait la théorie de l'hérédité m'avait toujours semblé douteuse. Discutant avec moi ce problème, Moreward m'expliqua que l'hérédité est un effet, et non une cause. Un buveur, par exemple, lors de sa prochaine réincarnation, se fixera dans un milieu où il sera à même de satisfaire son désir. D'après la loi de l'hérédité, il boit parce que son père a bu, parce qu'il a hérité de lui un organisme troublé par cette tendance à la boisson. C'est exact — mais, on ne nous dit pas la *raison* qui veut qu'il hérite de ce penchant-là ? Or, cette raison gît très loin en arrière... Un autre exemple: celui qui a été musicien pendant toute une vie aura besoin, au moment de sa réincarnation, d'un corps et d'un cerveau doués d'une particulière sensibilité: il devra se réincarner dans une famille où la mère, par exemple (voire la grand'mère, en sautant une génération) sera musicienne, en sorte qu'il puisse recevoir d'elle cette structure physique particulière.

La plupart des gens diront sans hésiter: « Cet homme tient son don musical de sa mère », constatation qui ne sera qu'à moitié juste. Son sens musical, il l'avait *bien avant* de rencontrer sa mère, si l'on peut dire; celle-ci n'est que l'instrument chargé de l'aider, dans sa présente incarnation, à manifester, sur le plan physique, son talent musical propre. Bien entendu, la théorie de l'hérédité suffit à satisfaire les gens qui n'ont pas encore acquis la faculté de se remémorer leurs existences passées. Mais, à ceux qui peuvent se rappeler, l'hérédité semble nécessairement un effet et non une cause — et, de là, dérive une attitude d'esprit très différente.

Pour Moreward, la réincarnation était un fait, ainsi qu'il ressortait de notre premier entretien de Kensington Gardens, où il m'avait tant surpris par ses allusions à nos vies passées. Comme je m'étonnais qu'on connût si peu de chose sur ce sujet dans les pays occidentaux: « Voyez-vous, dit Moreward, les gens nient la réincarnation parce qu'ils ont perdu toute mémoire de leurs vies antérieures; cette absence de souvenir est, pour eux, une preuve suffisante que rien ne fut avant. Pourtant, si je vous demandais ce que vous faisiez un certain jour, il y a quinze ans, le souvenir vous en ferait totalement défaut, si convaincu que vous soyez d'avoir été alors en vie ! Remarquez toutefois ceci: à chaque réincarnation, l'*ego* acquiert un nouveau corps, par conséquent aussi un cerveau neuf. Or, seul le cerveau est capable de se rappeler; mais il ne peut avoir enregistré des choses qui se sont passées *avant* sa formation, puisqu'il n'arrive même pas à retenir nombre de choses qui ont eu lieu *après* sa formation. Je parlais, tout à l'heure, d'un souvenir remontant à quinze ans; prenons plus près: A quoi pensiez-vous il y a dix minutes ? Vous êtes obligé de me dire que vous l'avez totalement oublié... Sachez, maintenant, qu'il y a en nous certains organes encore rudimentaires, dont, par un processus connu des occulistes, on peut arriver à déclencher le fonctionnement, et par lesquels nous acquérons une mémoire *indépendante du cerveau physique* — et voilà pourquoi l'initié se souvient de ses existences passées. »

J'ai exposé, ici, les idées de Moreward, en partie à cause de l'intérêt qu'elles offrent, en partie à cause du lien qu'elles ont avec l'épisode qui va suivre. — Nous avions été tous deux conviés pour quelques jours dans une famille où nous devions retrouver Gladys, ma sœur cadette, ainsi qu'un jeune homme pour lequel elle avait, tout au moins, un faible, et qui, de son côté, était sans aucun doute amoureux d'elle. Or, malgré la concordance de leurs sentiments, il régnait visiblement entre eux un désaccord, car Gordon Meller — c'était son nom — avait peine à dissimuler un profond abattement, que l'œil prompt et la fine intuition de mon ami discernèrent immédiatement. Moreward ne tarda pas, d'ailleurs, à être dans les confidences de ma sœur. Celle-ci s'était prise d'emblée pour lui d'une vive, mais sérieuse amitié, qui la poussa à parler franchement en sa présence dès qu'il l'en eût priée.

Personnellement, je savais où se trouvait la difficulté. De son côté, à elle, il y avait un grand orgueil et de la vanité. Tous mes essais pour la raisonner s'étaient heurtés à la remarque que j'étais un homme — donc incapable de saisir le point de vue d'une femme, à quoi il fallait ajouter, déclarait-elle, que j'avais « des idées très spéciales ». Comme nul n'est prophète en sa famille, j'avais renoncé à toute immixtion dans ses affaires de cœur, et cette situation déplorable durait depuis plusieurs mois.

Dès le premier jour de notre arrivée, Moreward parla sur des sujets spirituels, et sur d'autres matières, de façon à éveiller l'admiration de Gladys, — ce que voyant, je saisis la première occasion pour informer mon ami que ma sœur était dans des difficultés qui, à mon sens, nécessitaient son intervention. Comme toujours, il se montra des plus disposés à mettre en œuvre son agissante sympathie, et je fis en sorte que nous pussions nous trouver seuls tous les trois sans risque d'être interrompus — ce que les circonstances me permirent aisément d'arranger. Au cours d'une promenade à travers champs, j'abordai moi-même le sujet.

« Ton ami Gordon ne me semble pas précisément prospérer beaucoup au contact de ton amitié, ma chère Gladys ! »

Elle rougit, et tenta d'éluder mon interpellation — mais sans succès.

« Vous et lui, Miss Broadbent, enchaîna aimablement Moreward, m'intéressez grandement. J'ai des raisons de croire que vous êtes de vieux, très vieux amis... Votre amitié date de plusieurs vies en arrière, si je ne me trompe. »

Ma sœur eut l'air contente, et subitement très intéressée. Elle n'avait pas d'aversion pour les choses occultes, et inclinait plutôt à y croire. « Comme c'est amusant que vous soyez capable de me dire cela ! dit-elle avec enthousiasme. Comment au monde le devinez-vous ? »

« C'est assez simple, dit-il en souriant. L'observation ordinaire permet, généralement, de voir si deux personnes sont en harmonie. On peut discerner aussi à la ressemblance physique la parenté d'une mère et de son fils. Pour reconnaître les parentés d'un genre plus subtil, il faut apprendre à distinguer le corps mental des gens et cette vision-là nous renseigne sur les affinités d'âme qui existent entre certains êtres ».

« Et vous pensez que Gordon et moi, nous avons des affinités d'âme ? » demanda-t-elle.

« Très certainement. »

« Ah ! ah ! m'écriai-je, triomphant. Maintenant que tu sais cela, tu vas peut-être le traiter un peu plus décemment ! »

« Je ne l'ai jamais maltraité ! » déclara-t-elle vivement.

« J'appelle ta façon d'être *maltraiter*, fis-je. Tu sais ce que je pense sur ce sujet, et je parie que si je racontais les choses à Moreward, il partagerait ma manière de voir. »

« Que se passe-t-il donc entre vous, demanda mon ami avec sympathie. Puis-je vous être de quelque utilité ? »

Elle lui jeta un regard de gratitude. « Eh bien oui, il y a entre nous des difficultés... voyez-vous... »

« Il s'agit de choses proprement absurdes ! Ce sont des difficultés très arrangeables, mais la vérité est que tu es une faiseuse d'embarras », dis-je en riant, pour tempérer ce que cette remarque avait de peu aimable.

« Voyez-vous cela ! Ces frères ne vous flattent pas volontiers, n'est-ce pas ? » dit Moreward d'une voix apaisante.

« Oh ! il est très malhonnête », dit-elle froidement.

« La difficulté est, repris-je, que Gladys hait l'idée du mariage, et ne peut se résoudre à se lier; pourtant elle aime cet homme et désire son amour. La question des fiançailles ne pouvant, selon elle, se poser, elle trouve que leurs relations devraient être *absolument* platoniques. Qui plus est, elle ne veut même pas avouer qu'elle aime cet homme, croyant que ce minimum de concession ne serait pas convenable ! »

Moreward rit avec une visible indulgence.

« Ne trouvez-vous pas que j'ai raison ? » dit-elle, en appelant à lui.

« Pas précisément. » Il souriait avec bonté.

« Que t'ai-je dit ? » fis-je, de nouveau triomphant.

« Mais, vraiment, Monsieur Haig, reprit-elle, persuasive,

cela ne se *fait pas*, du moins pas dans la société que je fréquente. Nous ne sommes pas des bohêmes, pour user de telles licences ! »

« Mais que devient, dans tout cela, l'infortuné amoureux ? » dit-il, en la regardant paternellement. « N'est-il pas traité bien durement ? »

« C'est pure cruauté ! » m'écriai-je.

Ma sœur réfléchissait.

« Elle ne veut pas décourager cet homme, dis-je, tourné vers Moreward, mais elle ne veut pas non plus lui accorder la moindre marque d'amour. J'appelle cela du flirt — et de la pire espèce ! »

« Je n'ai jamais flirté de ma vie », déclara-t-elle.

« Ne serait-ce pas, quand même, une forme de flirt, suggéra doucement Moreward, mais si insidieux, qu'on peut se croire dispensé de lui donner ce nom ? »

« Ce qui le rend d'autant plus répréhensible », ajoutai-je.

Ma sœur semblait déroutée. « Je ne comprends pas très bien », dit-elle.

« Eh bien, expliqua-t-il sur un ton de grande cordialité, si vous exigez d'un homme les preuves de son amour sans rien lui donner en retour, en lui imposant, par ailleurs, le supplice de Tantale de votre présence tout en sachant qu'il souffre par vous, — n'est-ce pas ce qu'on peut appeler une insidieuse forme de flirt ? »

Ma sœur gardait un silence embarrassé.

« Je sais, poursuivit-il, que *flirt* est un terme ambigu, et que l'on nomme souvent ainsi ce qui, à mes yeux, n'en est pas. Ainsi, deux êtres peuvent s'aimer très sincèrement, se le montrer ouvertement, sans avoir aucune intention de mariage de part ni d'autre; ceci n'est, à proprement parler, pas du flirt, car si les intentions ne sont pas matrimoniales, elles sont du moins claires. D'autre part, quand deux êtres cherchent à éveiller l'un chez l'autre des sentiments qui ne serviront qu'à satisfaire leur vanité respective — puisqu'ils n'aiment pas — on peut sans nul doute appeler cela du flirt, chacun réclamant, d'une façon déguisée, une chose pour laquelle il ne donnerait rien en échange. »

« Mais cela ne s'applique pas à mon cas ! » protesta-t-elle.

« Hum ! examinons la situation d'un œil un peu critique. En permettant à Gordon de vous voir autant qu'il le veut, vous lui donnez à supposer que vous l'aimez, n'est-il pas vrai ? Vous faites naître en lui des espoirs que vous ne comptez réaliser ni sur le terrain du mariage, *ni d'aucune autre manière*. Le résultat, je le crains, c'est qu'il souffre. En d'autres termes, chère amie, en demandant beaucoup et ne rendant *rien*, n'achetez-vous pas votre plaisir au prix de son tourment ? »

« Mais, aux yeux du monde... » commença-t-elle.

« Les opinions du monde, interrompit-il doucement, sont basées sur l'égoïsme et la vanité, et non sur l'altruisme et l'amour. »

« Ma chère Gladys, intervins-je, il est bien inutile de te défendre; ta conduite est celle d'une flirteuse et d'une orgueilleuse — et plus tôt tu le comprendras, mieux ce sera. »

« Ne vaudrait-il pas mieux être tout à fait loyale avec cet homme ? poursuivit Moreward, et lui dire que vous l'aimez, mais que vos idées sur le mariage vous empêchent de vous unir à lui ? Ceci aurait non seulement l'avantage d'être honnête et direct, mais encore de lui laisser le choix de vous quitter ou de se contenter de votre façon d'aimer. »

« Mais, cela n'est pas possible, objecta-t-elle, car, alors, il voudrait tout de suite m'embrasser ! »

« Tu es la plus stupéfiante mijaurée que j'aie jamais

connue, m'écriai-je rudement, ta fatuité est simplement phénoménale — et tu es calculatrice par-dessus le marché ! Tu tiens un homme, qui soupire après toi, éternellement suspendu entre l'espoir et le désespoir pour la seule satisfaction de ta folle vanité ! Comment peux-tu être assez mesquine pour ne pas lui avouer au moins ton amour et pour lui refuser un baiser qui le mettrait au septième ciel !... »

Moreward me lança un regard qui ressemblait beaucoup à de l'approbation, mais les yeux de ma sœur étaient pleins de colère.

« Asseyons-nous, dit Moreward, et admirons la vue. » Nous nous allongeâmes dans l'herbe; je remarquai alors qu'il étudiait le visage de ma sœur d'un certain air méditatif.

« Voyez-vous, dit-il, au bout d'un moment, il y a deux sortes de vertus: les vraies et les fausses. Les fausses dérivent de la vanité, les autres du désintéressement; mais, pour des yeux superficiels, elles ne sont pas faciles à différencier, car elles se ressemblent beaucoup. Chère Miss Gladys, vous me pardonnerez, j'espère, d'user d'un mot cru: l'attitude que vous adoptez à l'égard de Gordon, si correcte et si louable qu'elle puisse paraître du point de vue mondain, est, si on la regarde du point de vue spirituel... du pur égoïsme. En examinant votre *aura*, au lieu de la trouver large et expansible, je la trouve rétractée et circonscrite. J'y vois, de plus, l'indication que vous avez vécu le même petit drame, avec cet homme précisément, dans plusieurs existences antérieures, que chaque fois il en est résulté beaucoup de souffrance et qu'au lieu de tirer la leçon de cette souffrance, vous n'en avez pas tenu compte, en sorte que vous devez revivre le même drame dans cette vie-ci. L'amour est un lien qui ne se relâche pas entre deux êtres à travers leurs incarnations successives: encore faut-il, pour qu'il leur donne le bonheur, qu'il soit noble et désintéressé; sinon, ce lien cause le malheur plutôt que la joie, ainsi que le démontre votre cas. Votre propre attitude, que vous semblez si peu encline à modifier, est la seule cause du mal. Ce qui est arrivé autrefois doit, je le crains, se passer une fois de plus: car, dans les vies passées, je vous l'ai dit, cet homme vous a chaque fois aimée et chaque fois quittée, renonçant à tout dans son désespoir, parce qu'il avait cherché en vous de la grandeur d'âme, — et s'est trouvé, en fin de compte, désillusionné. »

Comme toujours, lorsqu'il abordait de tels sujets, Moreward s'abandonnait à une sorte d'harmonieuse éloquence, qui lui était très personnelle, et dont je déplore de ne pouvoir donner une idée moins imparfaite.

« Voyez-vous, reprit-il, avec une chaleur mêlée de douceur, en toute cette affaire, vous avez suivi les strictes conventions du monde, sans vous demander si elles étaient justes ou erronées, basées sur l'égoïsme ou sur la noblesse d'âme; ici, comme ailleurs, vous avez estimé qu'un principe était juste parce que le monde le proclamait juste, mais vous avez omis de vous demander s'il était juste en lui-même. Or, les lois et les conventions mondaines s'inspirent de règles qui ne tiennent pas compte des exceptions, ni des circonstances individuelles. Un acte bon en certains cas est parfaitement mauvais en d'autres cas; aussi la stricte observance des conventions humaines peut-elle être parfois répréhensible au regard de Dieu. Se faire esclave de règles que nous savons, au fond de notre âme, n'être pas équitables, ce n'est pas vertu, mais bien lâcheté et vanité déguisées, — sentiments qu'il est indigne de mêler à l'amour vrai et pur, lequel est, par essence, oubli de soi. Et lorsque cette soumission au dogme de la bienséance est non seulement vanité, mais qu'elle doit encore faire souffrir un innocent aux intentions droites et honorables, — ne faut-il pas doublement s'y refuser ? Car l'amour qui ne tient pas compte du bien de l'être aimé n'est pas de l'amour, mais la mascarade de l'amour ! »

Il s'arrêta, regarda ma sœur d'un air de bonté persuasive et, posant la main sur son bras:

« Maintenant, comme en toute chose, il s'agit de choisir: lequel, donc, est le plus doux à ressentir — l'orgueil ou l'amour ? Est-ce vraiment la peine de laisser le puéril et le transitoire prendre la place de ce qui dure, et la médiocre illusion recouvrir la grande réalité ? L'orgueil, en effet, n'est qu'une illusion, l'orgueilleux attachant invariablement son orgueil à des choses qui n'en sont pas dignes — et l'oubliant là où il serait le mieux à sa place. Vous, comme tant d'autres, mettez votre fierté à cacher au lieu d'avouer, à faire montre d'un cœur froid plutôt que d'un cœur aimant. Or, une seule de ces choses vaut-elle tant d'orgueil ? Ne sont-ce pas des erreurs qui font figure de vertu ? Oui — des erreurs, en dépit de tout ce que le monde peut dire. Car l'avarice du cœur est aussi laide que celle de la bourse: s'enorgueillir de l'une ou de l'autre, c'est se louer d'être faible et insensé parce qu'on est incapable d'être sage, c'est-à-dire *fort.* »

Cessant de parler, Moreward regarda ma sœur avec une sorte de doux appel dans les yeux. « Le bonheur d'un homme est en jeu, et votre propre bonheur également; c'est là mon excuse pour avoir un peu prêché, fit-il d'un ton d'apologie. Bien que votre amour ne soit peut-être pas très intense, vous aimez Gordon autant que vous êtes capable d'aimer actuellement; vous souffrirez donc si vous le perdez — ce qui, je le crains, sera prochainement le cas... Et, maintenant, assez de philosophie morale pour un jour ! Nous allons manquer le coucher du soleil derrière les collines — spectacle qui comporte aussi son genre de philosophie ! »

Si convaincante que fût (pour moi du moins) l'éloquence de Moreward, son intervention en cette circonstance, comme en mainte autre, arrivait trop tard, car l'orgueil de ma sœur était le plus fort. Si coupable qu'elle pût se sentir dans son cœur, elle se montra incapable de changer d'attitude.

Nous avions, à vrai dire, perdu de vue cet incident, lorsque environ un mois plus tard, Moreward me tendit une lettre de Gladys, ainsi conçue:

« Cher Monsieur Haig, je suis très malheureuse, et quoique j'aie été assez stupide pour ne pas suivre vos conseils, je suis sûre que, malgré mon apparente ingratitude, vous voudrez bien venir à mon secours. Gordon m'a quittée — comme vous l'aviez prédit. Il a tout simplement dit qu'il ne pouvait plus endurer cette situation, et qu'il préférait ne pas me revoir. Je lui ai écrit à plusieurs reprises, mais il ne répond pas, et je crains qu'il n'y ait aucun espoir que les choses s'arrangent. Ce serait pour moi un immense réconfort si je pouvais m'entretenir avec vous... Je suis sûre que vous me pardonnerez de vous importuner; je sais que vous êtes toujours prêt à venir en aide à ceux qui souffrent. Mon affectueux souvenir et très sincèrement à vous,

Gladys Broadbent. »

« Je ferai tout ce qui est en mon pouvoir, cela va sans dire, dit-il, quand j'eus achevé la lecture de cette lettre; mais je crois que vous feriez bien d'avoir un entretien avec le jeune homme pour vous rendre compte de ses véritables intentions. »

« Je constate que vous avez gaspillé votre philosophie à l'endroit de Gladys, remarquai-je, et jeté des perles devant... le mot est peu flatteur ! »

« Un peu de philosophie n'est jamais entièrement perdue, même auprès de non-réceptifs, repartit-il en souriant. Quoique votre sœur soit appelée à souffrir pour avoir tout exigé et rien donné (persuadée qu'elle était qu'amour est faiblesse et vanité vertu) elle aura cependant acquis une lueur de compréhension, pressenti le *pourquoi* de sa souffrance, et en fera, par conséquent, son profit. Elle n'ajoutera du moins plus à ses erreurs celle de blâmer Gordon au lieu de s'en prendre à elle-même, et, pendant le reste de sa présente existence, elle apprendra peut-être que l'essence de l'amour c'est de se donner, et non de se garder, ni d'avoir toujours les yeux fixés sur soi-même. Lorsqu'ils se rencontreront dans une prochaine incarnation, — ce qui ne peut manquer d'arriver — ils tomberont amoureux l'un de l'autre une fois de plus; alors ce petit supplément d'expérience sera d'un grand secours à votre sœur et ce qui, aujourd'hui, est assombri par la douleur, sera, demain, pénétré de compréhension et de bonheur. »

CHAPITRE XV

LA PRISON DE MRS. BURTON

J'en étais venu à regarder Justin Moreward Haig comme un médecin des âmes, et chaque fois qu'une de mes connaissances me semblait avoir besoin d'un traitement mental et n'être pas totalement incurable, je le priais sans hésitation de m'accompagner chez elle — tout comme l'on amène le médecin chez un malade, avec cette seule différence que Moreward n'acceptait naturellement pas d'honoraires.

Une dame d'un certain âge, que je connaissais depuis quelque temps, Mrs. Burton, me paraissait avoir un spécial besoin qu'on l'aidât à transformer sa conception de la vie. C'était une de ces personnes qui sont en mesure d'avoir tout ce qu'elles désirent, mais qui ne jouissent absolument de rien. En fait, elle avait élevé une barrière autour de sa personne, et vivait dans un état de repliement sur elle-même qui lui causait beaucoup de détresse, sans qu'elle fût capable d'en deviner aucunement la raison. N'étant pas assez habile, moi-même, pour entreprendre cette cure avec succès, j'appelai une fois de plus Moreward à la rescousse. Bien que Mrs Burton ne fournisse le prétexte d'aucun récit dramatique, elle me semble une démonstration de plus à l'appui de cette philosophie génératrice de paix que prêchait mon sage ami.

La première fois que nous allâmes la voir ensemble, dans son spacieux appartement de *Belgravia*, c'était par un de ces grands beaux temps londoniens, que voile toujours une légère brume. Au moment d'arriver à *Belgrave Square*, Moreward remarqua, avec un dégoût nuancé de bonne humeur, que nous entrions en contact avec la pire *aura* qu'il y eût dans Londres: « L'atmosphère mentale, ici, est si étouffante et si dense, qu'elle pourrait presque se couper au couteau », disait-il. Et je riais, car ma mentalité peu sensitive ne pouvait percevoir de différence entre un lieu et un autre, sauf au point de vue de la beauté ou de la laideur. A notre arrivée (je dois confesser, ici, que je tiens à mon thé de l'après-midi plus qu'à tout autre repas), Mrs Burton nous ayant offert le plus délicat et le plus recherché des *afternoon-teas*, je l'avalai d'une façon qui me fit rougir intérieurement et qui, chose plus grave encore, provoqua la remarque (faite par elle à quelqu'un d'autre) que j'étais un fameux gourmand. C'est que, dans la vie, la seule occupation de Mrs. Burton, c'était de critiquer: de cette prison morale qu'elle avait élevée autout d'elle, elle contrôlait et épluchait chacun et toute chose, se figurant voir ainsi la vie sous un jour bien réel et se montrer une femme vraiment capable.

La première idée de Moreward fut de la faire parler et de la « laisser aller ». Je suis parfaitement sûr qu'il n'aurait eu qu'à regarder son *aura* pour connaître à fond son caractère; mais, comme il me le confia, cette méthode n'était, en pareil cas, pas la bonne. « Il faut lui permettre de parler, pour qu'elle se rende compte que j'ai jaugé sa personnalité par des moyens parfaitement normaux et par nul autre. »

« Oui, dit Mrs. Burton, après l'échange de quelques lieux

communs, je ne me fais malheureusement pas beaucoup d'amis... »

« C'est grand dommage, n'est-ce pas ? dit Moreward avec sympathie. La vie devient dès lors de plus en plus solitaire. »

« Elle l'est, en vérité, répliqua-t-elle un peu tristement. Mais, si peu de gens savent être de bons amis ! J'ai connu dans ma vie bien des désillusions. »

« Vous avez eu, peut-être, à faire à des gens indignes de confiance ? » suggéra-t-il.

« Oh ! tout à fait indignes, ratifia-t-elle, et puis, c'est si difficile de trouver des êtres qui vous comprennent vraiment... »

« Certainement, si l'on désire vraiment être compris, c'est, comme vous le dites, extrêmement difficile... »

Il me regarda une fraction de seconde, avec un clin d'œil qui disait à peu près: « Que de niaiseries nous débitons ! »

« Je suppose que, vous-même, vous n'éprouvez aucune difficulté à comprendre les autres ? » ajouta-t-il avec déférence.

« Je ne crois pas en avoir beaucoup, confirma-t-elle, flattée du compliment. Naturellement on ne sait jamais... »

« Et moi qui croyais que vous aviez un si grand nombre d'amis ! » dis-je, hypocritement.

« Pas de *vrais* amis... » rectifia-t-elle.

« Mais s'ils sont peu nombreux, du moins vous aiment-ils ? »

« Sans doute », dit Moreward.

Elle eut un petit rire faussement modeste. « Oui, mais si l'on ne peut les aimer en retour, c'est si peu satisfaisant ! »

« Ce qui flatte la vanité n'est jamais tout à fait insatisfaisant », remarquai-je.

« Seulement, ce genre de satisfaction ne saurait suffire à Mrs. Burton ! » corrigea Moreward de façon flatteuse.

« Pour être tout à fait franche, non cela ne me suffit pas », repartit Mrs. Burton, avec un rire plus modeste encore.

« Je suppose qu'une femme de votre caractère doit attendre beaucoup de ses amis ? » questionna Moreward.

« A vrai dire, répondit-elle, je ne puis guère juger de ces choses... mais, évidemment, on attend un peu... »

« Ce serait, peut-être, un excellent programme que de ne *rien* attendre du tout ? » fit Moreward, comme si cette idée le frappait pour la première fois.

« Ce serait curieux, dit-elle. Mais, je ne vois pas bien comment on le pourrait. »

« Simplement en adoptant, à leur égard, une attitude très tolérante. »

« Mais, ce serait bien mauvais pour eux ! »

« Croyez-vous ? » fit mon ami d'un air pensif.

« C'est un état d'esprit très agréable, observai-je. Moreward m'a appris comment on le cultive en soi. »

« Vraiment ? fit-elle. C'est bien étonnant ! Je n'aurais pas cru qu'on pût enseigner des choses de ce genre. »

« Mais oui, on le peut », insistai-je.

« Bien, bien. Cependant, je craindrais de n'avoir pas la dose voulue de tolérance... Je suis trop... critique, et beaucoup trop réaliste. »

« Etre critique, est-ce réellement synonyme d'être réaliste ? » demanda Moreward d'un air songeur, et comme s'il n'y eût jamais pensé.

« On ne saurait vivre dans le rêve, dit Mrs. Burton. Il faut voir la vie telle qu'elle est. »

« Et pourtant, je me demande s'il existe quelqu'un qui voie la vie réellement telle qu'elle est, dit-il. C'est toujours la question de la paire de lunettes: mettez des lunettes bleues, et tout vous semblera bleu ! »

« Il vaut mieux voir les choses bleues que de les voir irréelles », insista Mrs. Burton.

« Les voir bleues, *c'est* justement les voir irréelles », rétorqua Moreward.

« Croyez-vous ? »

« Certes ! Le paysage n'est guère bleu, me semble-t-il, à moins que vous ne le regardiez au travers de verres bleus. »

« Mais la vie n'est pas un paysage. »

« Je n'en suis pas si sûr ! »

Mrs. Burton sourit sans répondre.

« Je vois ce qui ne va pas... Vous êtes l'une de ces intelligentes personnes à qui il est difficile d'être heureuses. »

Mrs. Burton leva la main pour protester, mais avec un visible plaisir. « Je ne suis pas si malheureuse que cela... »

« Peut-être dans un état d'indifférence ? » s'enquit-il.

« Peut-être. »

« Lady Morton, annonça la femme de chambre, en introduisant dans le salon cet auguste personnage. Peu après, nous prenions congé, non sans que Mrs. Burton nous eût priés de revenir prochainement tous les deux.

« Je crains que votre amie ne soit un cas très épineux, dit Moreward en marchant. Elle s'est entourée d'une sorte de coque mentale, que les pensées les plus chargées d'amour seraient incapables de briser, en sorte que tout son être émotionnel et mental est littéralement obnubilé. La cause de son mal, c'est une combinaison de peur et d'amour-propre — elle a peur de sentir, peur de subir le plus petit échec, peur de la vie, en somme, et je ne vois que peu d'espoir de la libérer de sa prison, du moins dans cette incarnation — à moins que quelque chose d'inattendu ne se produise... »

« Quoi, par exemple ? »

« Eh bien ! une affaire d'amour, un amour profond et passionné. »

« Bonté divine ! » fis-je en riant.

« Ce serait le seul remède, insista-t-il. Son *aura* n'est qu'une masse grise qui révèle la dépression; il faudrait une puissante vague d'émotion pour l'éclaircir. Vous m'avez dit, je crois, qu'elle est veuve, et je lui donne environ quarante-cinq ans. Elle se trouve donc entre l'âge dangereux et l'âge *très* dangereux. »

« Au fait, dis-je en riant, je ne crois pas qu'elle soit veuve. Elle est ou séparée ou divorcée (je suis peu au clair), en sorte que si vous la poussez dans le sens de l'amour, vous risquez de l'engager dans une série de complications... »

Il fit entendre son rire très doux. « Mon ami, vous m'honorez du nom de « médecin des âmes ». Or, le médecin ordonne des potions dont les unes sont douces et les autres amères, les unes toxiques et d'autres inoffensives. Mais leur objet est toujours d'amener la guérison. »

« Oui; et alors ? »

« Alors, lorsqu'il s'agit de guérir les âmes, expliqua-t-il avec sérieux, on est souvent contraint de recommander ce qui paraît mauvais aux yeux du monde. Le monde, en fait, est comme un enfant lâché dans l'officine d'un herboriste et qui goûte à chaque plante sans discernement — la déclarant bonne ou mauvaise selon qu'elle est douce ou amère. Pourtant les substances amères ne sont-elles pas, fréquemment, plus curatives que les autres ? Rien n'est bon ou mauvais *en soi*. »

« Continuez », dis-je.

« Supposez donc que Mrs. Burton ne soit que « séparée »: si scandaleuse qu'elle paraisse au public, une passion amoureuse née dans ces conditions n'en serait pas moins le seul moyen de sauver son âme. *Celui qui veut sauver sa vie la perdra* a plus d'une signification, et pourrait souvent se traduire ainsi: « Celui qui veut sauver sa vertu doit commencer par la perdre. »

« Les non-initiés, répliquai-je, crieraient: « Dangereuse doctrine ! »

« La belladone aussi, dit Moreward, est un poison dangereux; or, les homéopathes la trouvent, en plus d'un cas, précieuse. » Après une pause, il reprit: « Il y avait une fois un jeune homme craintif et irrésolu qui alla trouver un sage de l'Inde et lui demanda comment il pourrait atteindre la libération. Le sage, voyant qu'il était de faible complexion, lui demanda: « Avez-vous jamais dit un mensonge ? » Le jeune homme, horrifié, répondit que non. Le sage lui donna alors ce conseil: « Apprenez à dire un mensonge, et à le faire bien; c'est le premier pas nécessaire ! » Pour ma part, je dirais à Mrs. Burton: « Apprenez à aimer, et à le faire bien ! Développez le côté affectif de votre être; apprenez à ne pas vous soucier du qu'en dira-t-on, à tuer ainsi votre vanité et à développer en vous le courage moral ». Etrange doctrine, si vous le voulez, pour des profanes, mais inappréciable pour ceux qui savent ce qu'elle comporte de vertu curative. »

En dépit du peu d'espoir que semblait offrir le cas Burton, Moreward était prêt, avec son bon cœur et sa patience inaltérable, à revoir Mrs. Burton et à faire un nouvel effort en faveur de son émancipation. Dix jours plus tard, environ, nous nous présentions de nouveau chez elle.

« Mrs. Burton est sortie, nous dit la femme de chambre, mais elle rentrera bientôt; en revanche Miss Mabel et Miss Iris sont ici. »

Nous entrâmes donc, et fûmes reçus par ces espiègles jumelles, que je connaissais, en somme, mieux que leur mère. Elles étaient, d'ailleurs, aussi faciles à « connaître bien » que leur mère était difficile à pénétrer, car elles représentaient un certain type de jeune fille moderne entièrement dépourvue de réticence. Chez elles, parmi d'autres traits de caractère, le respect filial faisait totalement défaut, à part une certaine déférence qu'elles gardaient en la présence de leur mère — et dont elles se débarrassaient dès qu'elle avait tourné les talons. Elles disaient avec franchise à leurs amis que « maman était rudement assommante » et, à dire vrai, je crois qu'elles n'étaient pas loin de regarder son existence comme une mauvaise plaisanterie.

Après un accueil des plus chaleureux et des plus animés (elles parlaient toutes les deux à la fois) Miss Mabel (si c'était elle, car elles se ressemblaient tant !) m'informa que sa mère faisait des visites. « Elle déteste faire des visites, mais elle adore faire des choses qu'elle déteste. C'est bien là maman ! Drôle de goût, n'est-ce pas ? Je voudrais bien que *nous* aimions à faire des choses que nous détestons: nous n'aurions plus besoin de nous entendre dire du matin au soir que nous sommes des égoïstes ! »

Moreward se mit à rire. « Le dévouement, dit-il affablement, ne va nullement de pair avec le martyre, quoiqu'il soit bien difficile de le faire comprendre aux gens. »

« Hourra ! dit Miss Iris, battant des mains; nous avons trouvé une âme-sœur ! »

« Quel être adorable ! » me chuchota Miss Mabel.

« Béni soit le bienfaiteur chagrin ! » telle est l'idée fixe de certaines personnes », ajouta Moreward en souriant.

« Tout à fait ça ! s'exclama Miss Iris. Ayez la mine longue et faites tout avec des airs de grande blessée: chacun vous prendra pour une sainte. Ah ! donnez-moi plutôt une sainte à face ronde comme une pomme !... »

« A propos, comment va votre mère ? demandai-je. On m'a dit qu'elle avait eu un mauvais rhume ? »

« Ah oui ! » s'écrièrent-elles ensemble. Puis Miss Iris laissa à sa sœur le soin de poursuivre. « Maman s'est crue très malade, juste pour se faire plaindre un petit peu, vous savez; mais elle est de nouveau tout à fait bien et très occupée à faire « le bienfaiteur chagrin ! » (elles rirent toutes deux). Des bazars et autres choses de ce genre... »

« J'ai entendu dire de vous des choses merveilleuses, fit Miss Iris se tournant vers Moreward. Les gens disent que vous êtes en train de « retourner » le monde ! »

Il s'inclina en riant. « C'est chose facile, *en théorie*, dit-il. Lorsqu'une chose est ronde, personne ne peut décider où est le dessus et le dessous, n'est-il pas vrai ? »

Miss Iris bondit sur ses pieds et alla tisonner le feu, pour le seul plaisir de donner cours à sa vivacité. Moreward paraissait, par contraste, si profondément calme, que je repensai à la réflexion de ma sœur sur les singes et le Zoo.

« Je vois que vous prenez la vie gaiement, dit-il. Une personne heureuse fait montre de sagesse. »

« Oh ! c'est qu'il faut bien qu'il y ait quelqu'un qui soit heureux ! Maman prend la vie si lugubrement ! Elle a toujours l'air de penser que *tout* va de travers; nous, nous pensons que tout va très bien ! Ça rétablit l'équilibre, et ça rend la vie tellement plus amusante ! »

« Un homme très sage a dit que la vie est trop sérieuse pour la prendre au sérieux, observa Moreward. Peut-être pénétrez-vous la profondeur de cet axiome et le mettez-vous en pratique ? »

« Peut-être que oui, dit-elle; cela veut dire, je pense,

que la vie est si sombre qu'il nous faut y apporter notre propre gaieté ? »

« Vous êtes très perspicace, répliqua-t-il. C'est à peu près cela ».

« Un bon point pour Iris ! » s'exclama-t-elle.

« Prenez encore du thé, me dit Miss Mabel, et beaucoup de choses à manger ! Ici, nous sommes pour les bons goûters de *nursery*, et non pas pour ces maigres petits thés qu'on offre à des visites affamées ! »

M'étant déjà servi avec conviction et persévérance (en l'absence de Mrs. Burton et hors de portée de son œil critique !) je m'abstins de nouvelles friandises. Et, tout à coup, Mrs. Burton entra dans la pièce... Je dois dire qu'à la seconde même, l'animation des jumelles retomba à plat, comme un ballon qui se dégonfle. Après être demeurées un moment assises d'un air maussade, elles se glissèrent, plus ou moins subrepticement, hors du salon. Mrs. Burton nous régala alors — ou plutôt ne nous régala pas — de quelques réflexions conventionnelles et sans intérêt pour personne; puis, Moreward dirigea la conversation vers des fins plus utiles.

« Vos filles, lui dit-il, nous ont reçus d'une façon très agréable en votre absence. Elles sont à la fois intelligentes et amusantes. »

« Je crains que vous ne les flattiez beaucoup, répliqua-t-elle. Personnellement, je trouverais bien désirable de les voir gagner un peu de sérieux. »

« Cela viendra tout naturellement avec l'âge. Pour le moment, elles ont encore des natures si riches d'amour, qu'elles peuvent être heureuses sans être sérieuses — me permettrai-je de dire: l'amour remplace le sérieux ! »

« L'amour ?... » s'étonna Mrs. Burton.

« Comme la plupart des jumelles, expliqua-t-il, elles sont extrêmement unies, et, si étrange que cela paraisse, leur affection mutuelle, qui dure depuis bien des vies, est la cause même de ce que, dans cette présente incarnation, elles se trouvent être des jumelles ! » Il me lança un regard, avec cette étincelle dans les yeux que je connaissais bien, et qui disait: « Maintenant, nous allons la choquer ! »

« Quelle idée saugrenue ! » remarqua Mrs. Burton, avec un scepticisme désapprobateur.

« Cela vous paraît extraordinaire ? fit-il d'un ton conciliant. Mais, est-ce tellement étrange, si l'on considère que l'amour c'est tout simplement le principe d'attraction, et que l'Univers entier ne subsiste que par l'amour ? Rien de plus important au monde que ce sentiment ! »

Mrs. Burton ne fit aucun effort pour se pénétrer de cette idée, qu'elle jugeait évidemment d'un goût douteux. « Je regrette, mais je *n'arrive pas* à voir tant d'amour en elles, dit-elle; elles me semblent parfois déplorablement égoïstes, et je suis bien obligée de le leur dire. Elles n'ont pas encore acquis le sentiment du devoir, qui vous inspire le désir de faire de bonnes œuvres. »

Moreward refoula visiblement un rire.

« Croyez-vous que les bonnes œuvres soient *bonnes*, dit-il, lorsqu'on les fait seulement par devoir ? »

« Je ne vois pas grand mérite à faire une chose que l'on aime », dit-elle d'un air réprobateur.

« Béni soit le bienfaiteur souriant ! » dis-je, dans une malicieuse intention.

« Ce qui veut dire, expliqua Moreward avant que Mrs. Burton pût répondre, que les bonnes œuvres sans amour sont de maigre valeur, tandis que l'amour qu'on a pour les autres est déjà une bonne œuvre en soi — puisqu'il est l'eau que réclament les âmes assoiffées. »

Mrs. Burton avait la physionomie de quelqu'un qui juge ce monde un lieu bien ingrat... Et voici qu'un homme se permettait de lui dire, en quelque sorte, que ses bonnes œuvres étaient de maigre valeur alors que, d'après sa propre estimation, le fait même de l'ennui qu'elle éprouvait à les faire en doublait le mérite...

« Vous avez tous les deux de bien singulières idées », dit-elle avec découragement.

« Voyez-vous, expliqua Moreward, les choses diffèrent un peu de ce qu'elles paraissent. L'homme n'est pas seulement un corps physique; il possède encore un corps émotionnel, un corps mental, un corps spirituel — et tous ces corps et le corps physique s'interpénètrent... En projetant une pensée d'amour vers un autre être, vous enrichissez véritablement ses corps subtils, tandis qu'en faisant de prétendues « bonnes œuvres », vous n'enrichissez que la partie transitoire de son être, les corps subtils étant, en quelque sorte, éternels, tandis que le corps physique meurt en peu d'années. Je vous accorde que nourrir l'homme physique est fort utile; mais nourrir l'homme intérieur, éternel, est bien plus efficace, car plus une chose est durable, plus elle a de valeur. Donner votre argent, une partie de vos possessions, n'est pas sans mérite; aimer est plus: c'est donner une partie de soi-même. Aussi, celui qui aime vraiment n'est-il jamais réellement égoïste. »

Mrs. Burton, ne trouvant aucune réplique à faire, regardait son interlocuteur avec étonnement.

« Egoïsme ou désintéressement — ce sont des mots que les gens se lancent à la tête en n'ayant qu'une très vague idée de leur signification. L'égoïsme est la concentration d'un être sur lui-même; l'amour n'est pas seulement la concentration de notre esprit sur quelqu'un d'autre, c'est encore le don d'une partie de soi-même à l'être aimé. La meilleure des bonnes œuvres, c'est donc de donner tout ensemble notre travail, notre argent et notre amour. Ce faisant, nous récoltons le bonheur, puisque aimer, c'est éprouver la plus enivrante de toutes les sensations. »

Mrs. Burton se réfugia dans ce rire pseudo-bon enfant qui n'est qu'une défaite commode, lorsqu'on est à court d'arguments. Elle riait d'embarras, faute de trouver les mots propres à défendre ses « convictions » — si tant est qu'on pût appeler ainsi ses idées.

« Je vois que ma manière de voir (et moi-même) vous paraissent un peu toqués, fit-il, avec une parfaite bonne humeur; et, cependant, je vous assure que ces idées sont aussi vieilles que la chrétienté, et du plus ordinaire bon sens. Pour être entièrement franc avec vous, Mrs. Burton, reprit-il plus énergiquement, j'ai cru comprendre dans notre entretien de l'autre jour, que vous n'êtes pas très heureuse intérieurement. Or, moi, je le suis, et la première chose que souhaite une personne parfaitement heureuse, c'est de faire partager à d'autres son bonheur. C'est tout naturel, et aussi banal que de recommander à un malade le médecin qui vous a guéri vous-même. »

« Vous êtes fort aimable », répondit, un peu railleusement Mrs. Burton. Mais l'attitude et les intentions de Moreward semblaient si sincères et empreintes d'une si réelle sollicitude, qu'elle sentit monter en elle un léger sentiment de gratitude, et ne put le dissimuler.

« Et quelle est votre prescription ? » demanda-t-elle.

« Plus d'air frais, fit-il simplement. Nous sommes tous environnés de ce merveilleux pays du Bonheur, perceptible à ceux qui tiennent ouvertes les fenêtres de leur esprit, mais inaccessible à ceux qui les referment. » Il resta un moment songeur. « L'esprit qui se borne ne peut être que malheureux, car dans d'étroites limites peuvent s'accumuler un grand nombre de douleurs humaines. Donc: sortez dans l'Infini, dans l'Eternel ! Combien futiles vous apparaîtront alors tous les soucis humains ! C'est comme si, évadé d'un sombre faubourg, on gagnait les vastes sphères du ciel ou de l'Océan: une fois dans ces libres espaces, la divine indifférence envahit notre âme; le besoin de critiquer, de trouver toute chose mal faite, tous ces sentiments de défiance et d'enfantine crainte nous abandonnent; critiquer nous semble, dès lors, sans objet... Votre maladie, chère amie, ajouta-t-il, posant sa main sur la sienne, c'est que vous voyez tout en noir, même la joyeuse insouciance de vos filles. Renversez le processus: voyez tout en beau, et puis, attendez les résultats. Je vous assure que vous ne le regretterez pas ! »

S'étant levé pour partir, il lui donna une chaleureuse poignée de main; bien qu'elle dît peu de chose, je sentis qu'il lui avait fait une réelle impression et que, peut-être... un jour viendrait où, lasse de la prison à laquelle elle s'était elle-même condamnée, elle reconnaîtrait la justesse de ses paroles.

CHAPITRE XVI

LA CONVERSION DE FLOSSIE MACDONALD

Arrivant un soir, chez mon ami, à une heure tardive, je le trouvai à la maison, mais en compagnie d'une personne qui était apparemment une femme de mœurs faciles. Au premier moment, je l'avoue, je fus déconcerté — surtout en me rappelant l'air irrésolu du factotum de Moreward quand je lui avais demande si son maître était chez lui. En vérité, si le prompt accueil de Moreward (« Voici Miss Macdonald, asseyez-vous, cher ami, je suis heureux de vous voir ! ») ne m'avait fait recouvrer mon sang-froid, je fusse demeuré, en face d'eux, fort embarrassé.

« Flossie, dit mon ami, vous m'avez bien souvent entendu parler de M. Broadbent: eh bien ! le voici. »

Elle me sourit un peu timidement, puis tourna vers Moreward un regard visiblement amoureux. Pendant une dizaine de minutes, nous nous entretînmes de choses plaisantes; Flossie, s'étant alors levée pour partir, Moreward l'accompagna jusqu'à la porte d'entrée, où ils conversèrent à voix basse pendant quelques minutes. Puis mon ami reparut et me regarda d'un air amusé. « Ce qui saute aux yeux n'est pas toujours la vérité, remarqua-t-il. Flossie est un cas psychologique du plus vif intérêt; je ne voudrais pas, pour tout au monde, avoir manqué cette rencontre ! »

« Ce qui, en tous cas, saute aux yeux, c'est qu'elle est amoureuse de vous », lui-dis-je, pour tâter le terrain...

« Eh bien oui, peut-être qu'elle me fait cet honneur, répondit-il modestement; mais, après tout, l'amour est un utile auxiliaire lorsqu'il s'agit de conduire quelqu'un sur le chemin de l'évolution spirituelle. »

J'eus l'air de quelqu'un qui ne saisit pas très bien.

« Une jeune femme fera mille fois plus pour un homme si elle est amoureuse de lui que si elle ne l'est pas, expliqua-t-il. Que son influence à lui soit bienfaisante, et il n'aura pas de peine à élever son âme. Etre aimé d'une femme, mon ami, c'est la plus magnifique occasion de faire le bien, même si l'on ne peut lui rendre la même sorte d'amour. »

« Vous essayez donc de ramener Miss Flossie dans le sentier de la vertu ? Comment la persuaderez-vous d'abandonner son genre de vie actuel ? »

« Elle n'aura nul besoin de persuasion: quand le moment sera venu, elle abandonera tout cela d'elle-même. »

« Cela me paraîtrait insolite: ce genre de femme n'agit guère ainsi, en général ! »

« C'est vrai, et pour deux raisons, dont la principale est l'intolérance de la société, qui ne permet pas à ces femmes de se défaire de leur triste profession; en regardant comme un paria la jeune fille qui tourne mal, elle oppose la plus forte des barrières à son retour au bien. Sans parler de l'infantile absurdité qu'implique le refus du pardon, c'est souvent, en outre, la pire des politiques. Pour changer le mal en bien, il faut avant tout pardonner; quand la société refuse d'absoudre une femme tombée, elle ne lui laisse que le choix de mourir de faim ou de faire le trottoir. »

« Et l'autre raison ? » demandai-je.

« L'autre raison est plus rare, bien que plus apparente — c'est le manque d'inclination pour la vie chaste. »

« Et Flossie, alors ? »

« Flossie rentre dans cette dernière catégorie, dit-il, avec un sourire indulgent. Mais, malgré tout, elle a une belle âme — et elle a beaucoup aimé... »

Ceci éveilla mon vif intérêt, et je priai Moreward de me parler d'elle et de la manière dont il espérait amener sa conversion. J'appris ainsi que Flossie entretenait de ses gains une tante devenue veuve et plusieurs jeunes cousins; qu'elle essayait — si étrange que cela pût paraître — d'exercer une bonne influence sur ses amis de passage, les persuadant, avec une douce et bien féminine éloquence, de renoncer aux excès de boisson, d'être moins brutaux, etc... En somme, étant donné le métier qu'elle avait, elle s'efforçait d'en atténuer le côté déplorable par de bonnes actions, et, au dire de Moreward, elle réussissait à faire du bien.

« Flossie, remarqua-t-il, après m'avoir relaté tout cela, est un splendide exemple du principe, trop rarement appliqué, qui veut qu'on utilise ses vices pour acquérir des vertus. S'il y avait plus de gens pour comprendre l'excellence de ce principe, on ne gaspillerait pas autant d'inutile énergie à se repentir des faiblesses dont on a peine à se corriger. Au contraire, on développerait, autour de tel ou tel vice particulier, tant de belles vertus, qu'il en serait, en fin de compte, expulsé *ipso facto*. C'est pourquoi je dis que Flossie n'aura nul besoin qu'on la persuade d'abandonner son déplaisant métier. »

« Vous êtes le moraliste le plus sensé que j'aie jamais rencontré ! » m'exclamai-je avec admiration.

« Le monde me traiterait plutôt d'*immoraliste* », fit-il

en souriant. « La vertu, a-t-on dit porte en elle-même sa récompense; mais l'ennui est que peu de gens savent s'y prendre pour acquérir cette vertu et, partant, cette récompense. Ils croient qu'il faut, pour cela, tuer leurs inclinations — un processus si peu attrayant que bien peu ont envie d'en user — alors qu'il faudrait plutôt les transformer, les *sublimer*. Tuer un désir, c'est créer le vide et l'ennui: le sublimer, c'est le changer en joie. D'ailleurs, l'étouffement de nos inclinations est rarement un succès, car on fait presque toujours la guerre à la satisfaction du désir, mais non pas au désir lui-même. Un homme n'a pas surmonté le vice de l'alcool s'il ne fait que se retenir de boire, mais seulement lorsqu'il n'a *plus envie* de boire. Il ne peut triompher de ce désir inférieur que s'il lui en substitue un autre, de nature plus élevée, et ce désir élevé lui procurera une joie bien supérieure. Vous, par exemple, vous aimez mieux parler philosophie avec moi que d'être installé chaque soir jusqu'à minuit au *Carlton* à siffler du champagne. Vous renoncez, en quelque sorte, à la boisson pour la philosophie, mais simplement parce que la philosophie vous semble plus attrayante: le renoncement n'est donc pas douloureux. »

« Mais, objectai-je, je pensais que la valeur d'un renoncement était précisément dans la souffrance qu'il nous coûte ? »

« Le renoncement *véritable* n'implique aucune douleur. Il n'y a que les faux renoncements qui coûtent. Pourquoi ? C'est qu'ils suppriment l'acte, mais non pas le désir, tandis que le véritable renoncement suppose qu'on est libéré du désir lui-même, qui a perdu sa force d'attraction. Exactement comme l'amour est plus attrayant que la haine, le bonheur que le malheur, — la spiritualité est plus attrayante que le vice. En résumé, faites goûter *une fois* à un être l'authentique saveur du bien, et il perdra tout intérêt pour le mal. »

« Mais, vous parliez de *sublimation* du désir: on ne peut guère sublimer son goût pour la boisson ? »

Moreward rit. « Je ne poussais pas la comparaison jusque-là, répliqua-t-il. La sublimation ne peut s'appliquer qu'à certaines énergies, et spécialement aux sentiments dont je vous parlais d'abord. D'ailleurs, le monde regarde à tort les passions et les sentiments amoureux comme mauvais en soi. C'est une erreur. Les sentiments sont bons, justement *parce qu'on peut les transformer:* les êtres incapables de passion sont les plus éloignés du Royaume de Dieu. En effet, celui qui ne sent pas, ou sent peu, ignore la félicité, et, de plus, il n'a rien à sublimer et à transformer en joie. Quant à Flossie, c'est justement parce qu'elle sent ardemment qu'elle est bien plus près de l'émancipation spirituelle que la plus vertueuse des femmes, qui n'aurait jamais aimé de sa vie. Les vertus purement négatives n'en sont pas: parlerait-on de la vertu d'une pierre ? »

« Puis-je vous demander comment vous avez débuté avec Flossie ? »

« Je suis parti d'en haut pour aller vers le bas, contrairement à ce que font la plupart des gens, répondit-il énigmatiquement. Je ne lui ai pas dit: Renoncez à votre péché, et je vous montrerai comment on pratique la spiritualité. J'ai tout de suite tenté de lui faire saisir *ce qu'est* la vraie spiritualité, pensant qu'ensuite ses vices tomberaient d'eux-mêmes. »

Mais la courte histoire de la conversion de Flossie ne peut être mieux rendue que par le récit qu'elle m'en fit elle-même, au moment où je me décidai à écrire ce livre, c'est-à-dire après que Moreward eut quitté Londres.

Flossie Macdonald, bien que d'humble origine, avait une certaine distinction naturelle que révélaient ses manières et son langage. Son père et sa mère étaient tous deux de dévots Wesleyens. Mais, aussi étroits que pieux, ils l'avaient soumise, dès l'enfance, à une si sévère discipline morale — associant l'idée de « religion » à toutes sortes de menaces d'enfer, que le mot seul de « religion » était, depuis lors, en horreur à Flossie. Celle-ci était d'une nature passionnée et d'un tempérament tout autre que ses parents. A l'âge de dix-huit ans, elle devint la victime d'un homme sans scrupules qui non seulement l'abandonna, mais la laissa enceinte et sans ressources pour élever son enfant. Ses parents, qui n'avaient pas la plus faible lueur de compréhension en ces matières, la jugèrent comme une créature foncièrement vicieuse et la bannirent sans hésitation de leur petit foyer. Après une période de lutte et d'infinie misère, Flossie se trouva, comme tant d'autres, faisant le trottoir. Elle avait, toutefois, une tante de la plus grande bonté, qui fit tout son possible pour lui venir en aide et déterminer ses parents à modifier leur attitude: ce fut en vain ! Cette tante, qui vivait dans une pauvreté extrême, mais respectable, voulut offrir à Flossie la pite de la veuve, c'est-à-dire son humble hospitalité. Flossie était trop noble pour en profiter, mais, comme Moreward me le rapporta, elle lui revalut plus tard cette offre au centuple. Après cette période de grande détresse, un peu de chance (si « chance » il y a) parut lui échoir en partage, et c'est à ce moment-là que, par une nuit d'été, elle et Moreward se rencontrèrent.

« Je me rappelle tout si bien, me disait-elle; j'étais justement près de *Marble Arch*, lorsque je le vis arriver. Je lui dis quelque chose, et il me sourit — comme il est beau, son sourire ! — puis il commença à me poser toutes sortes de questions sur moi et sur ma vie. Il était si différent de tous ceux que j'ai rencontrés ! Enfin, — c'est cela qui est le plus singulier — il me traitait avec autant de respect que si j'avais été une grande dame... Il me proposa d'aller dans le parc, et nous nous assîmes devant *Park Lane*. Il me parlait tout le temps, disant des choses si étonnantes et si belles que je commençai vraiment à l'aimer. Nous sommes restés là une heure, ou davantage; puis il me demanda où je demeurais, et dit qu'il viendrait chez moi juste un petit moment. Tout cela paraissait si étrange ! Lorsque nous fûmes à mon logis, il s'assit simplement sur une chaise, en face de moi, et continua à parler, à parler toujours de choses merveilleuses... jusque vers une heure du matin. Alors il se leva pour partir. « Vous avez un grand nombre d'amoureux, me dit-il, mais ce qu'il vous faudrait, c'est un ami. Les hommes viennent tous ici pour leur plaisir, n'est-ce pas ? Eh bien, moi aussi, je suis venu pour mon plaisir — mais un plaisir d'autre sorte. Je suis un homme isolé, et j'aimerais avoir une gentille amie, à laquelle je puisse parler et m'intéresser. Mais vous, vous avez à gagner de quoi vivre et pour vous, comme pour tant d'autres, *Time is money* (il posait sur la cheminée un billet de dix livres). Un des plus grands plaisirs que je retirerai de cette visite, c'est de penser que ma petite amie, si lasse, va s'accorder une bonne nuit de repos. »

« Je le regardai, surprise. « Je ne puis accepter, dis-je, je ne le pourrais réellement pas. » Il prit ma main dans l'une des siennes et, de l'autre, la caressait comme pour mieux me convaincre. « Je suis très susceptible, sur certains points, dit-il; si vous n'acceptez pas, vous me mettrez très mal à l'aise. » Mais je ne pouvais m'y résoudre, et le lui dis. Il eut l'air, alors, tellement déçu que je finis par céder; ensuite, il eut l'air si heureux, que j'en étais toute joyeuse moi-même. Et figurez-vous qu'il m'invita à aller le lendemain déjeuner chez lui. N'était-ce pas magnifique ? Et puis, il a été *si, si* bon pour moi... Oh ! pourquoi est-il parti ! fit-elle passionnément; et reviendra-t-il jamais ? »

Je lui dis, pour la calmer, que je l'espérais, et lui demandai de me raconter d'autres choses.

« Eh bien ! depuis ce soir-là, je l'ai beaucoup vu — et naturellement, j'étais amoureuse de lui. Mais... je ne sais pas si vous nous comprenez, nous autres créatures, je n'ai jamais rien demandé *de lui*, cela m'eût paru un sacrilège. Lui, d'ailleurs, ne m'a jamais désirée. Certes, je suis une femme très passionnée, mais le désir n'a rien à faire avec cette sorte d'amour. Lorsque je pouvais seulement lui tenir la main, ou caresser ses cheveux, j'étais déjà heureuse; et puis, être assise près de lui, et l'entendre m'enseigner des choses merveileuses... c'était le ciel ! Il est bien loin maintenant, mais il m'a donné quelque chose que rien ni personne ne pourra m'enlever. Puis, il m'a aidée à sortir de ma vie de désordre, et à redevenir une femme respectable. »

« Mais, si je comprends bien, lui dis-je, il ne vous a jamais demandé d'abandonner votre genre de vie ? »

« C'est justement la chose incroyable, répliqua-t-elle; il s'est contenté de m'apprendre des choses qui m'ont *donné envie* de quitter tout cela de moi-même ! Oh ! ne croyez pas que je sois devenue une sainte, se hâta-t-elle d'ajouter; je ne suis pas une hypocrite, et je serais capable, même encore maintenant, de faire certaines choses par amour — mais plus jamais je ne les ferais pour de l'argent, plus jamais. Il me disait quelquefois que l'amour purifie tout, à condition que vous vous souciiez de ne jamais faire de mal à l'être que vous aimez. Agir autrement prouverait que vous ne l'aimez pas réellement. Mais il ajoutait qu'un jour vient où, même lorsqu'on aime *d'amour*, on ne désire plus la passion. Il me parlait aussi de Jésus et de la femme de Samarie, qui avait eu cinq maris et vivait avec un homme qui n'était pas son mari. Jésus lui enseignait de bien belles choses sur la vie spirituelle; mais il ne lui demandait pas de quitter cet homme, parce qu'ayant lu dans son cœur, il savait qu'elle l'aimait et que cet amour était sa justification. Il me fit comprendre aussi que je devais pardonner à l'homme qui a brisé ma vie, car, disait-il, il serait absurde, et presque enfantin, de passer mon temps à haïr, d'autant plus que cela me faisait du mal à moi-même. Cet homme ne m'avait jamais vraiment aimée, disait-il, sinon il m'eût sûrement fait passer, moi, avant son plaisir. Il ajouta que c'était précisément pour cela que je devais m'efforcer de ne pas le haïr, mais plutôt de le plaindre — car un jour viendrait où il expierait tous ses actes, le pauvre diable ! Et, je vous l'affirme, quand j'ai cessé de le détester, je me suis sentie bien différente, et si heureuse ! Je cessai également d'en vouloir à mes parents, et à chacun; et c'était une impression délicieuse, que de ne plus se sentir en colère contre personne. C'est, après tout, si bête de haïr et de s'irriter contre les gens... Ah ! quel homme merveilleux c'était ! »

« Mais, comment avez-vous pu vous en tirer, lorsque vous avez lâché votre ancienne vie ? »

« N'avez-vous donc pas su ?... demanda-t-elle, avec une enfantine surprise. Il ne vous a donc pas raconté ? »

Je l'assurai que non. « Vous ignorez qu'avant de s'en aller, il avait tout arrangé pour qu'une banque me payât deux cents livres annuelles pendant toute ma vie ? »

« Je ne savais rien de cela », fis-je, sincèrement étonné.

« Ah ! cela lui ressemble ! s'exclama-t-elle, avec un enthousiasme mêlé d'un peu de tristesse. Il allait de ci, de là, faisant du bien à tout être qu'il approchait — mais jamais ne soufflant mot de ses bienfaits. Oui, c'est bien lui tout entier. »

« Racontez toujours, insistai-je, je désire savoir tout cela pour mon livre. Que vous disait-il encore ? »

Elle réfléchit un moment, fixant rêveusement le sol. « Je ne suis pas forte pour raconter des histoires, fit-elle avec simplicité; cependant, il y a des moments où je pourrais parler de lui sans cesse, de lui et de l'heureux temps où il était là ! Pas *toujours* heureux, cependant; parfois je broyais beaucoup de noir. Le genre de vie que je menais agissait péniblement sur mon esprit; je lui demandais souvent ce qu'il adviendrait d'une personne comme moi après la mort. Oui, c'était horrible, de vivre avec cette constante pensée... Alors, il me réconfortait, disant qu'il y avait tant de bonnes choses en moi que, finalement, le reste ne compterait plus beaucoup. Puis, il affirmait qu'il existe des péchés plus vils que les miens, bien que quantité de gens n'aient pas l'air de les juger graves. Un homme qui pouvait prostituer son talent (c'étaient ses paroles exactes) afin de gagner beaucoup d'argent pour lui tout seul, était bien pire que moi, car l'esprit est une chose bien plus sacrée que le corps, et le talent une chose plus sacrée encore. Or, il y avait des milliers de gens qui agissaient ainsi sans que personne s'en formalisât. Quel réconfort il me donnait — spécialement quand il souriait en disant: « Ne vous rongez pas, mon enfant, vous sortirez de cette vie que vous menez, aussi facilement que le papillon sort de son cocon. » Et il a eu pleinement raison, voyez-vous: un jour vint où je sentis que je préférais vivre dans un galetas en cousant du matin au soir, plutôt que de continuer à mener une telle existence, en dépit des bons dîners, des music-halls et de tous les plaisirs. Oui — j'ai abandonné tout cela juste au moment où j'avais une série de bonnes chances, parce que j'avais entrevu l'image d'une *autre* vie, qui m'apparaissait tellement meilleure et plus enviable — tout à fait délicieuse, en somme ! »

« Qu'avez-vous fait, alors ? »

« Eh bien, j'ai pensé à ma tante et aux petits — et j'ai continué le métier encore quelque temps, à cause d'eux... Voilà comment tout s'est passé. » Elle s'arrêta un instant, puis ajouta tristement : « Ce fut un jour terrible que celui où il m'annonça qu'il allait quitter Londres pour un pays lointain. Oh ! Mr. Broadbent, combien j'avais peur du moment des adieux... Je n'ai jamais pu dire adieu à personne : cela me brise presque le cœur — et il s'agissait de *lui* entre tous les êtres ! Mais lui me consolait de façon si belle ; il disait que lorsqu'il se trouverait, corporellement, à une distance incommensurable, il pourrait, malgré tout, me rendre visite lorsqu'il le voudrait, même si, moi, j'étais incapable de le voir... Et savez-vous comment il partit ? Eh bien, il évita de me revoir afin de m'épargner, mais il m'écrivit la plus délicieuse des lettres, et m'envoya une belle croix d'or que je devais porter toujours à mon cou. Naturellement, je pleurai toutes mes larmes — moins amèrement, cependant, que s'il était venu lui-même me saluer une dernière fois. Mais ce qui est le plus incroyable, c'est que, deux heures après son départ, je reçus la lettre de l'avocat qui m'annonçait que je disposais de deux cents livres par an. »

« Et vous écrit-il, maintenant ? » demandai-je.

« Oui, il écrit quelquefois ; et, n'est-ce pas miraculeux ? il sait tout ce que je fais sans que j'aie besoin de le lui dire et... oh ! je le sens très souvent *là*, dans la chambre ; il suffit que je me dise que j'aurais terriblement besoin de lui pour que sa présence se fasse sentir. Que Dieu le bénisse à jamais ! »

Ici s'arrête l'histoire de la conversion de Flossie, réalisée d'une manière si originale et si généreuse. En rentrant chez moi, je me demandais combien d'autres « Flossie » il y avait dans le monde — et je me rendais compte que, jusqu'ici, je n'avais jamais compris pourquoi les pécheurs sont plus près du Ciel que les pharisiens.

CHAPITRE XVII

PRÉLUDE A UNE HISTOIRE

Ayant quitté Londres depuis six semaines, j'avais séjourné chez divers amis, comme toujours durant les mois d'été. Je n'avais donc plus vu Moreward, ni même entendu parler de lui pendant tout ce temps. On ne s'étonnera pas qu'il fût le premier de mes amis auquel je rendis visite dès mon retour. Après m'être présenté en vain chez lui à plusieurs reprises, je le trouvai enfin un soir, au milieu d'une véritable litière de papiers et de documents sortant d'un grand carton qui, visiblement, venait d'arriver. Il m'accueillit avec cette chaude et sincère affabilité qui était dans sa nature, et même il m'étreignit. « Je ne demande pas, dit-il, si vous avez joui de vos séjours; je sais que oui, car j'ai été conscient de beaucoup de vos heureux moments. »

Puis il me montra les papiers étalés. « Ma fille vient de mourir; ce sont des documents que j'avais laissés chez elle, et qui arrivent en cet instant d'Italie. »

J'allais lui exprimer ma chaleureuse sympathie, quand son sourire arrêta les mots sur mes lèvres, les faisant paraître aussi puérils et négligeables que le sucre d'orge dont un bébé de deux ans fait cadeau à l'un de ses aînés. Cet homme était, en fait, au delà de la sympathie; mourir signifiait aussi peu, pour lui, que de s'endormir: même un tel événement ne pouvait troubler son inaltérable sérénité. Je ne mentionnai donc plus la perte qu'il venait de faire (si l'on peut, en l'occurence, parler d'une « perte »), et abordai, au lieu de cela, divers sujets qui nous intéressaient tous deux, tandis que lui m'écoutait avec cette sympathie si attentive et si entière dont il avait le secret.

Nous devions avoir conversé près de deux heures, lorsqu'il regarda sa montre et observa que, si cela m'était égal, il allait reprendre le triage de ses papiers, certaines affaires légales devant être réglées sur-le-champ. « Mais, ajouta-t-il, comme il s'agit d'un travail presque mécanique, vous l'animerez de votre conversation; en tous cas, ne vous en allez pas encore. »

Non, je n'avais nulle intention de m'en aller, car, me retrouver en sa compagnie après une si longue absence, c'était goûter la joie d'un bain spirituel que je ne demandais qu'à prolonger. Néanmoins, nos facultés de conversation étant pour l'instant épuisées, l'entretien fut, dès lors, coupé de longues pauses. J'étais, en fait, tombé inconsciemment dans une sorte de rêverie, en regardant mon compagnon penché sur ses papiers et accomplissant la tâche inhérente à toutes les séparations que crée la mort. Son visage était aussi calme que jamais: Moreward, pensai-je subitement, n'est pas plus âgé d'une semaine que le jour où je l'ai rencontré pour la première fois, il y a dix ans... Alors, il paraissait trente-cinq ans, pas un jour de plus, bien que la profondeur de pensée et la sagesse inscrites sur son visage fissent l'impression d'une maturité plus avancée. Mais l'inoubliable grosse dame ne m'avait-elle pas dit, alors, qu'il avait plus de cinquante-cinq ans ?... En y ajoutant dix ans, voilà que cette énigme d'homme se donnait l'air, à soixante-cinq ans, d'en avoir moins que quarante !... Ce ne peut être vrai, me disais-je; cette bonne dame doit avoir été, alors, la victime crédule de sots bavardages. Toutefois, même cette explication ne tient pas debout, car s'il avait trente-cinq ans, il y a dix ans, il en aurait aujourd'hui quarante-cinq — ce qui, à le voir si jeune, me semble presque aussi impossible que soixante-cinq... Finalement je me perdis dans un labyrinthe de spéculations numériques, qui m'amena à me demander pourquoi je n'avais jamais eu l'idée de résoudre le problème en posant simplement une question directe !

Tout à coup, mon compagnon eut un petit rire. « Après tout, mon ami, si j'étais vous, je jetterais « ma langue aux chats ». Croyez-vous que vous y gagneriez *beaucoup,* à savoir mon âge ? »

« Quoi ! fis-je, rougissant et riant aussi; vous avez deviné mes pensées ? »

« Ma foi, répliqua-t-il, vous y mettez une telle ardeur, comment pourrais-je faire autrement ? D'autant plus que ces pensées étaient dirigées exclusivement sur moi. Si vous attachiez une pareille concentration d'esprit à un objet plus élevé, vous accompliriez quelque chose de grand, cher ami ! »

« Il me semble, dis-je, que vous devriez apprécier mon absence de curiosité; je me suis toujours abstenu, jusqu'ici, de vous demander votre âge. »

« Certes, pour la discrétion vous avez la palme, fit-il en souriant; mais, sachez que les occultistes ont leur petite méthode pour empêcher les gens — et ceci en vue de leur propre bien — de leur poser des questions embarrassantes. »

« Mais, après tout, quel inconvénient y aurait-il à ce que je susse votre âge ? »

« Ceux qui n'ont pas de secrets ne sont pas contraints de mentir, dit-il, adaptant un vieux proverbe à mon cas particulier. En d'autres mots, je ne tiens pas à vous mettre en position de devoir dire un mensonge si l'on vous questionne sur mon âge. Le fait est, vous savez, que je redoute les troublantes complications de la notoriété. En outre, il n'y a pas une dame âgée, mûrissante, ou tant soit peu défraîchie, qui ne me persécuterait pour avoir mon secret — un secret qui lui serait, à elle, pratiquement inutile; car ce n'est pas une recette aussi simple que de s'enduire la face de *cold-cream* avant de s'aller coucher; et, cependant, ma méthode est bien plus naturelle. Qu'un homme accepte un certain genre de vie: celui qu'imposent les règles de l'Ordre — et la prolongation de sa jeunesse s'ensuivra normalement et sans peine. »

Je passai la main sur ma chevelure grisonnante, pensant que j'aimerais bien connaître ces précieuses règles et les suivre... Mais je dis à haute voix: « C'est bien ce que je supposais, car je ne saurais croire qu'un être entièrement exempt de vanité puisse se soucier de savoir s'il a l'air jeune ou vieux et, telle une femme du monde, consacrer des peines infinies à se rajeunir. »

Moreward se borna à sourire. Puis, subitement, il poussa un manuscrit sous mes yeux. « Un de mes essais littéraires, écrit dans ma toute première adolescence. J'avais complètement oublié que ma fille l'avait. » L'encre fanée avait pris des tons de sépia; le papier était piqué d'humidité: il semblait dater de *cinquante ans*, au moins...

« Vous voyez que je compte sur votre discrétion, mon ami, car je sens que vous regardez ce manuscrit comme plutôt... révélateur... »

« Encore de la lecture de pensée », fis-je, souriant.

« Allons ! la simple déduction suffit », corrigea-t-il.

« Bon, n'importe ! Mais, puis-je lire ? »

Il fit un signe affirmatif. « Vous le jetterez ensuite au panier. »

« Oh ! sûrement pas ! » répliquai-je.

Il rit. « Bien; si vous désirez en prendre connaissance, faites-le ici, et rendez-le moi. »

Ce que je lus alors était l'une des choses les plus poétiques que j'eusse rencontrées dans la littérature occulte. La langue, d'une coulante abondance, était d'une musicalité qui parlait directement à l'âme, aussi bien qu'une certaine grâce originale de la phrase. Au point de vue du *son* pur, cela rappelait le délicieux morceau d'Edgard Allan Poe, intitulé, si je me rappelle bien: *Silence: une Fable.* Mais le contenu en était naturellement tout autre, et la qualité d'expression à nulle autre pareille. Il semblait aussi que l'auteur dût savoir le sanscrit, ou du moins connaître très bien la littérature sanscrite, car, ici et là, se trouvait intercalée une allégorie orientale. — L'impression faite sur moi par cette lecture fut si grande, qu'en arrivant au bout, je déplorais qu'un homme ayant de tels dons littéraires pût s'abstenir de les faire connaître. Pareil détachement, en vérité, dépassait mon entendement. J'avais achevé cette œuvre en cinq minutes et, tout comme de la musique, elle m'avait si étrangement soulevé au-dessus de moi-même que, pendant un moment, je restai muet. Je ne sentais qu'une chose: un monde de pensées encore inconnu s'ouvrait à moi, et j'étais soudain envahi d'idées si exaltantes, qu'il semblait presque impossible que je pusse les penser moi-même. Elles entraient en moi avec une telle profusion et, en même temps, avec une clarté et une intensité si vives, que j'en étais frappé de surprise...

Ce fut Moreward qui rompit le silence. « Allons, dit-il, c'est assez pour le moment. »

Je lui jetai un regard de côté... Mon âme et mon corps

étaient comme vivifiés, pleins de chants de triomphe. « Merveilleux ! m'écriai-je. J'ai été transporté dans un nouveau monde spirituel ! »

Il rit. « Pas tout à fait », dit-il.

« Comment, pas tout à fait ? Vous parlez bien souvent par énigmes ? »

« Vous flattez mes dons littéraires, observa-t-il en souriant, ils ne sont pas si grands que vous le croyez. »

Mais j'objectai: « Mon cher ami, je n'ai *jamais* connu de pareilles idées avant la lecture de ce manuscrit: il a eu sur moi un effet magique. »

« C'est là une illusion, dit-il. Mais supposez qu'il vous soit possible de lire en moi *mes* pensées... »

« J'en suis incapable », dis-je.

« Même pas si je les dirigeais vers vous et que vous fussiez en état de réceptivité ? » insinua-t-il.

Je le regardai étonné. « Ah ! je n'avais pas pensé à cela ! »

Il rit doucement. « Voyez-vous, continua-t-il, le manuscrit vous a *rendu* réceptif. »

« C'est splendide, fis-je avec enthousiasme. Pour l'amour du ciel, refaites cette expérience — et souvent ! L'effet en est... indescriptible ! »

« Mais cela vous gâterait », objecta-t-il en souriant.

« Me gâter ? »

« Il faut avoir, pour agir de la sorte, une bonne raison. »

« Oh ! alors, nous la créerons certainement, cette bonne raison! »

Son visage se fit plus sérieux. « La projection de la pensée, dit-il, requiert une certaine dépense d'énergie; or, cette énergie n'est pas, chez nous, sans limites; c'est pourquoi nous ne devons pas la gaspiller, mais veiller à en user de façon qu'elle assure les plus amples résultats possibles. Il y a un instant, vous vous lamentiez en-dedans de vous-même de ce que je n'écrivais pas davantage. Fort bien. Mais il y a un moyen d'écrire sans que la plume touche le papier, c'est d'écrire *à travers* les autres, en leur « infusant » des idées, puis en les laissant élaborer ces idées et les présenter dans le cadre de leur choix. Ainsi, si vous, par exemple, écriviez une histoire... »

Je commençais à saisir. « Vous feriez passer vos idées en moi, pensez-vous ? »

« Précisément: c'est-à-dire que je le ferais de temps à autre, et que vous les travailleriez à votre gré. »

« Mais, ne faudrait-il pas que vous fussiez présent ? »

Il sourit d'un air patient. « Je m'étonne qu'avec la connaissance que vous avez acquise, vous puissiez encore me poser cette question. »

« C'est vrai, c'est absurde », admis-je, sensible à ce reproche plein de douceur. « Mais, comment pourrais-je demeurer réceptif ? »

« En partie par un effort de la volonté, que vous pouvez grandement aider en lisant quelque chose qui ait une valeur *mantramique* ([1]), ainsi que vous venez de le faire tout à l'heure. »

Je le regardais d'un air interrogateur.

« La résonance d'une certaine combinaison de mots peut avoir une valeur magique, et créer ainsi des états de réceptivité, de clairvoyance. Certains mots, même, sont tellement sacrés, d'un effet si puissant, que je n'oserais les prononcer devant une personne sur dix mille. Mais il s'agit d'autre chose: pensez, par exemple, à la poésie. Vous êtes-vous

---

([1]) De *Mantram*, cantique mystique de l'Inde.

jamais demandé pourquoi un poème dont vous constatez qu'il renferme de belles idées ne vous fait point d'impression et semble n'atteindre nullement son but ? »

« Je ne me l'étais jamais demandé », admis-je.

« Cela provient de ce que son expression verbale, sa « musique », n'a pas de valeur mantramique, et qu'en conséquence il ne touche pas l'âme. J'ajoute que la façon dont, généralement, on lit à haute voix la poésie détruit sa valeur magique, même quand elle en a une. La majorité des gens lisent les vers comme ils lisent le journal, à moins qu'ils n'aient l'air d'annoncer la mort de quelqu'un... Le fait est que la poésie devrait être presque chantée; quand on le fait bien, les résultats peuvent être remarquables. Le manuscrit que vous avez lu est un essai de prose mantramique: de là l'action qu'il a eue sur vous. »

« Mais, interrompis-je, pourquoi n'écrivez-vous pas davantage ? Ce serait sûrement mieux que de passer par moi, quoique j'apprécie cet honneur. »

Il sourit. « Nous écrivons rarement: le temps est trop précieux, et nous avons d'autres choses à faire; comme je vous l'ai dit, nous préférons manier les *idées* plutôt que la plume. Aider les autres à aider l'Humanité, tel est notre but, et sı ce terrain, particulièrement, nous aimons mieux agir indirectement — à travers les poètes, les écrivains, les dramaturges. »

Il fit une pause, et reprit: « Maintenant, mon ami, gagnez, en aidant vous-même à l'Humanité, votre droit à recevoir l'appui des Frères. L'heure est venue où une histoire occulte d'un genre spécial serait nécessaire. Comme l'ingratitude n'est pas une de nos faiblesses, assistez-nous, et nous vous assisterons ! »

« Vous voulez dire, rectifiai-je, que *vous* m'assisterez. Mais je ne puis présenter au public un livre qu'il croira être de moi, alors que j'aurai volé, ou si vous voulez, traduit, votre propre pensée ! »

Il quitta ses papiers et, debout devant moi, me considéra de ses yeux graves et doux. « L'auteur le plus sage, dit-il, écarte résolument sa personnalité de son œuvre: il donne uniquement pour donner, et ne se soucie pas de savoir s'il récoltera louange ou blâme. Il reste anonyme parce que l'anonymat est — du moins pour un certain genre de littérature moralo-philosophique — ce qu'il y a de plus avantageux, et qu'il empêche toute opinion préconçue de la part du public. Ne pensez-vous pas que si l'Evêque de Londres écrivait un livre, tous les membres de l'Eglise d'Angleterre le liraient, mais, en revanche, pas un seul catholique romain, tandis que si personne ne savait que l'Evêque eût quelque chose à faire avec ce livre, tous, peut-être, le liraient ? »

« Quel sens pratique vous avez ! » m'exclamai-je enchanté.

« Quoi qu'il en soit, vous voyez mon idée. Mais, ce n'est pas tout: chaque auteur a ses détracteurs et ses admirateurs, qui évitent ou recherchent ses ouvrages. Quant au contenu du livre: idées, arguments... son action est toujours influencée par la renommée, ou, inversement, par l'obscurité de l'auteur. « Ah ! pense Mrs. Smith, Monsieur Un Tel a écrit ceci: donc, ce doit être juste ! » ou bien: « Donc, ce ne peut être que faux ! » — Si banal qu'il soit de le répéter, l'humanité est, bien évidemment, un troupeau de moutons: elle suit le chien qui lui semble aboyer le plus fort. »

Il prit place dans un fauteuil en face de moi, les deux bras sur les accoudoirs et les extrémités de ses doigts se touchant. « Le véritable altruisme, fit-il méditativement, doit toujours être dépouillé de vanité: et plus l'écrivain y parviendra, plus grand sera l'effet de son œuvre. Car un autre facteur entre en jeu: l'inspiration ! L'inspiration, qui est, au fond, *réceptivité*, vient du cœur — et plus pur sera l'instrument, plus haute sera l'inspiration. L'homme qui peut dire: « Que m'importe que mon nom soit attaché à cette œuvre; en réalité, l'œuvre n'est pas mienne, je ne suis qu'un instrument ! » — cet homme-là sera toujours le plus noblement inspiré. Ainsi, mon ami très cher, vos difficultés sont résolues et vous n'avez nul besoin de vous créer des remords en utilisant *nos* idées, si vous adoptez en même temps le moyen de l'anonymat. Et je vous assure que vous trouverez, dans d'autres domaines, de larges compensations à ce renoncement. »

« J'aurai pour récompense l'agréable sentiment qu'est la reconnaissance », répondis-je.

« Et vous me pardonnez, puisque mon objectif était bon, d'avoir ainsi lu dans vos pensées ? »

« Certainement oui. »

***

C'est ainsi que j'en vins à écrire l'histoire qui constitue la seconde partie de ces *Impressions* et que je l'écrivis après le départ pour l'Amérique de Justin Moreward Haig — recevant ses idées à travers l'espace et les milliers de lieues qui nous séparaient: un fait qui démontre, pour le moins, la possibilité de la télépathie.

CHAPITRE XVIII

LE DÉPART DE JUSTIN MOREWARD HAIG

Et maintenant, bien à regret, je vais relater comment le plus précieux de mes amis quitta Londres pour aller exercer son activité dans une autre partie du monde, activité sur laquelle je ne puis m'étendre puisque (la raison me semble suffisante) on m'a prié de n'en pas parler.

Dès le premier instant où j'avais aperçu Justin Moreward Haig, je l'avais regardé comme un être extraordinaire. Mais, si notre première rencontre m'avait fait une grande impression, notre séparation m'en fit une plus grande encore, car elle me révéla un côté de sa personnalité qui m'était fermé, bien que nos nombreuses discussions sur l'occultisme m'eussent persuadé de son existence. Rappelons-nous que la lettre de ma sœur, citée plus haut, faisait mention des grands voyages de Moreward aux Indes et ailleurs, et des choses merveilleuses qu'il avait vues dans le plus étrange et le plus mystérieux des Empires. D'après cette lettre, il était évident qu'il avait acquis, là-bas, une sagesse secrète, pour la révélation de laquelle un très petit nombre de gens sont mûrs. Cependant, il m'avait fait remarquer, un jour, que ce serait une grande erreur de croire que les Adeptes et les Initiés de la sagesse occulte n'existaient qu'en Inde — car il y en avait dans le monde entier. Je lui demandai pourquoi, en ce cas, nous savions si peu de chose d'eux. Il sourit, de son sourire indulgent et légèrement amusé, répondant que, pour comprendre réellement un génie, il faudrait un autre génie, que seul un occultiste très avancé peut, à première vue, reconnaître un Adepte, aucun de ces êtres si hautement supérieurs ne se faisant de réclame ou n'étant mis en avant par les circonstances extérieures. « Votre boucher et votre boulanger, me dit-il, ne se courbent devant un roi que parce qu'ils savent qu'il est tel; mais que celui-ci aille incognito dans les rues, et personne ne prendra garde à lui. Je connais personnellement un homme qui a déjà vécu trois cents ans; mais, comme il ressemble plus à un homme de quarante qu'à un homme de cent ans, un très petit nombre de personnes se doutent de quelque chose en le voyant. C'est précisément ce qui le protège; autrement, il serait la proie de la curiosité, qui ferait de sa vie un fardeau et entraverait considérablement ses importantes activités. »

« Lorsqu'un homme a le pouvoir de prolonger ainsi sa vie, je suppose qu'il est aussi en mesure d'accomplir d'autres miracles ? » dis-je.

« Il le pourrait certainement — mais il ne le fait pas. »

« Et s'il pouvait, par ce moyen, convaincre l'humanité de quelque grande vérité, ne serait-ce pas son devoir de le faire ? »

Une fois encore, il sourit d'un air de patiente indulgence, prouvant qu'il n'avait entendu que trop souvent cette question. « Vous êtes enclin à confondre la simple croyance avec la spiritualité, dit-il. Une exhibition de phénomènes ne saurait communiquer la spiritualité. Je suis certain que M. Paderewski, par exemple, pourrait jouer du piano les yeux fermés, avec la plus parfaite aisance. Mais, même en se livrant à cette petite parade, pourrait-il jamais faire d'un individu anti-musical, un musicien ? La réponse est claire. Vous oubliez aussi qu'en satisfaisant ainsi les curiosités, on caresse sa propre vanité... Ne serait-il pas au-dessous de la dignité de Paderewski de jouer les yeux fermés ? Eh bien, il serait tout aussi indigne d'un Adepte d'accomplir de prétendus « miracles. »

« Mais il est bien connu que Jésus-Christ en a fait », insistai-je.

« L'Adepte de Nazareth n'a jamais fait de miracles sans raison: il a guéri des gens qui étaient malades, il a « matérialisé » de la nourriture quand le peuple avait faim; il a calmé la tempête parce que ses disciples avaient peur. Il n'a jamais *fait montre* de ses pouvoirs, ni répondu à de vaines curiosités, pas plus que ne s'est jamais abaissé à cela un autre Adepte, Apollonius de Tyane. »

Je demandai si n'importe qui pourrait recevoir l'initiation nécessaire en vue d'opérer des miracles.

« Oui — et non » fut la réponse. « *Oui*, parce que l'essentiel est de posséder certaines qualités qui s'acquièrent. *Non*, parce que la plupart des gens sont incapables de se donner la peine de les acquérir. Vous-même, vous êtes en bonne voie de les posséder, et peut-être, dans une prochaine incarnation, aurez-vous assez progressé pour faire des miracles — si vous le désirez. »

« Et ces qualités, quelles sont-elles ? »

« Parfait désintéressement, parfaite tolérance, complète absence de vanité, absolue maîtrise de soi — et toutes les autres vertus spirituelles. »

« En un mot, la perfection ? » ajoutai-je.

« Pratiquement parlant, la perfection, oui. »

« Alors, je me retire de la lice », répliquai-je.

Il rit. « Vous oubliez que vous avez l'Eternité, c'est-à-dire passablement de temps devant vous ! »

Cet entretien, si je me rappelle bien, eut lieu peu de temps après ma première rencontre avec Moreward. Depuis lors, par les livres qu'il me mettait entre les mains, j'avais acquis des connaissances qui me firent envisager la question sous une autre lumière. J'étais, malgré tout, assez curieux pour souhaiter ardemment une exhibition des pouvoirs que Moreward avouait posséder, et je lui demandai très souvent de m'en donner quelque manifestation; mais chaque fois, avec la plus grande douceur, il refusa. Puis, au moment même où nous allions nous séparer, il céda enfin à ma demande.

Il m'avait préparé, plus ou moins, à son départ, m'avertissant que le temps de son séjour à Londres touchait à sa fin et que je ne l'aurais plus très longtemps avec moi — du moins quant à la présence physique, car, en esprit et en affection, rien ne pourrait jamais nous séparer.

Voici comment se passa ce départ. Ayant vécu durant une période de ma vie dans des hôtels, j'avais pris l'habitude de fermer, la nuit, ma porte au verrou. La nuit dont je parle, j'avais agi de même, et m'étant mis au lit vers minuit, j'avais dormi profondément huit heures durant. Ma première et vague sensation d'éveil fut la perception d'un exquis parfum de roses... Il me semblait que je rêvais de roses... A ma grande stupéfaction, lorsque j'ouvris les yeux, je trouvai sur l'oreiller, tout près de ma tête, une lettre sur laquelle était posée une superbe rose rouge. Ma première idée fut que j'avais négligé, la veille, de verrouiller ma porte et que ma domestique était entrée très doucement dans la chambre. C'était, toutefois, si peu dans son caractère de faire une chose de ce genre, que je commençai à pressentir une signification plus grave à cet incident. Mes suppositions prirent d'ailleurs bientôt fin, car, ayant ouvert la lettre, je lus ceci :

« Mon ami très cher, lorsque vous recevrez ces lignes, je serai déjà parti pour un endroit dont il me faut, pour l'instant, taire le nom. Ma vie à Londres est achevée, et il est essentiel, pour mon propre développement, que je me retire du monde pendant plusieurs mois. Désormais, un autre travail va m'être assigné, en sorte que vous et moi nous ne nous verrons plus, corporellement du moins, pendant un certain temps : mais, dès que vous pourrez avoir besoin de mon aide, j'en serai averti, et répondrai à votre appel. J'ai voulu vous éviter la vaine tristesse des adieux, car, mon ami, je sais que vous avez le cœur tendre... Il n'y a, en réalité, pas d'éloignement entre les âmes que lie une véritable sympathie. Séparés par des milliers de lieues, deux êtres qui s'aiment sont plus proches l'un de l'autre que ceux qui vivent dans un étroit voisinage sans qu'aucune affinité les réunisse. Quant à toutes ces années où nous avons travaillé la main dans la main, laissez-moi vous remercier pour votre sympathie, qui les a rendues si vraiment heureuses, et pour votre ouverture d'esprit, qui m'a permis de faire pénétrer en vous un peu de la sagesse de notre Confrérie. Car c'est à nous à remercier ceux qui nous *permettent* de les aider, pendant un temps, le long du sentier de l'évolution, nous donnant ainsi l'occasion de faire ce qui nous tient le plus à cœur. Ils n'ont pas à nous remercier eux-mêmes. Qu'au reste, toutes choses vous soient propices, et puissiez-vous ne vivre ni dans le passé ni dans le futur, mais dans la sereine et immuable félicité de l'Etre éternel.

« A toujours votre ami très attaché.

J. M. H.

« *P. S.* — Ne manquez pas d'écrire cette histoire occulte, et, de mon côté, je ne manquerai pas de vous inspirer les idées nécessaires. »

A peine eus-je achevé cette lecture que je courus à ma porte: je la trouvai exactement comme je l'avais laissée en me couchant, c'est-à-dire verrouillée en dedans, avec la clef dans la serrure. Je compris alors que Moreward avait enfin contenté mon désir en me donnant un exemple de son pouvoir de matérialisation. C'est, du moins, mon interprétation personnelle de cet incident, bien qu'il soit possible que d'autres s'efforcent d'en trouver une plus terre à terre, et me traitent de crédule et d'imaginatif.

Ainsi se terminait ma collaboration à l'œuvre philanthropique de Justin Moreward Haig. Bien que, de temps à autre, je le voie encore dans ce qu'on peut appeler son Corps Astral et demeure ainsi en contact avec lui, il ne m'apparaît, cependant, que lorsque j'ai besoin d'un enseignement relatif à mon développement psychique et spirituel, en sorte que, quelles que soient ses activités présentes, je ne suis pas en mesure de les suivre.

Mon récit touche donc à son terme. Lorsque je repense aux caractères que j'ai décrits, un fait s'impose très vivement à moi: c'est — exception faite pour le héros de ce livre — l'absolue banalité de tous ces caractères. Mais cette banalité même prouve combien profondément juste était cette pensée de Moreward: « Toute chose est fastidieuse ou plaisante selon ce qu'on y apporte soi-même. » Comme il le remarquait, un jour qu'il venait d'être confronté avec un être particulièrement ininfluençable et spirituellement pauvre: « Plus un problème est difficile à résoudre, plus il est captivant; or, il n'y a pas de cas plus difficiles à traiter que les personnes foncièrement ordinaires. » C'est la raison pour laquelle il consacrait tant de ses forces à des « pharisiens » et à d'autres cas ingrats. « Les poètes, artistes, philosophes, disait-il, ont des mentalités si réceptives qu'ils n'ont pas besoin du contact personnel; la Fraternité blanche peut faire pénétrer dans leur âme les idées et les idéals d'un plan bien supérieur au plan physique. Mais l'homme de la rue est entièrement différent: on ne peut opérer quelque changement en lui que par la méthode, plus grossière, de l'entretien personnel. »

Aussi l'un des buts de cet ouvrage a-t-il été de montrer que, si banales et insipides que puissent être les circonstances de la vie, celui qui se donne la peine de cultiver une vision des choses inspiratrice de paix, sera apte aussi à répandre le bonheur sur tous ceux qui l'approchent et à gagner ainsi, pour sa propre âme, l'unique bonheur certain et indestructible.

DEUXIÈME PARTIE

LE VOYAGE SYMBOLIQUE

INTRODUCTION

J'ai raconté, dans l'épisode intitulé: *Prélude à une histoire*, comment j'en suis venu à écrire *Le Voyage symbolique*, mais quelques mots d'explication sont nécessaires. Le procédé consistant à écrire à travers une personne réceptive est familier à tous ceux qui ont une connaissance quelconque de l'occultisme et des méthodes occultes, alors que le grand public, fort peu renseigné sur ce sujet, est en général sceptique et le demeurera, sans doute, en dépit de mon témoignage. Toutefois, le scepticisme est impuissant à changer les faits, et les discours de ceux qui ne voient pas ne peuvent infirmer les convictions de ceux qui *voient*, car, ainsi qu'Annie Besant l'exprime avec vigueur: « L'ignorance ne saurait en aucun cas confondre la sagesse. » — Quoi qu'il en soit, je me sens forcé d'exprimer, à l'intention de ceux qui ont des oreilles pour entendre, ma conviction que les idées morales, philosophiques et mystiques contenues dans les pages qui suivent m'ont été inspirées par l'Initié que je puis, avec justesse, nommer mon Maître.

Quant à la présentation de ce récit, j'avais reçu certaines

instructions avant que J. M. H. quittât Londres. « Que votre langue, me dit-il, soit agréable, coulante, et aussi poétique que possible, car les vérités occultes s'impriment plus aisément dans l'esprit du lecteur lorsqu'elles lui sont exposées sous une forme harmonieuse. Ajoutez au récit principal un certain nombre d'anecdotes, et usez généreusement de l'allégorie. »

Lorsque Moreward racontait un certain genre d'histoires, ou discourait sur la morale, j'avais remarqué que son langage, déjà musical à l'ordinaire, prenait une effusion et une abondance extrêmement frappantes et des plus fascinantes. Or, en commençant le récit qui va suivre, je me surpris imitant inconsciemment cette musicalité même. Puis, un jour, que j'étais particulièrement conscient de la présence de Moreward, je lui posai mentalement cette question: « Est-ce *vous* qui m'inspirez le style aussi bien que les idées ? » Et la réponse fut: « Je ne vous l'ai pas directement inspiré; mais, par le seul fait que nous vivons en si étroite intimité, vous avez acquis une prescience de la manière dont je *pourrais* écrire. »

— I —

Il y a bien des générations vivait, dans une lointaine région de montagnes, un homme riche du nom d'Antonius, qui avait eu sa part de toutes les jouissances que les richesses peuvent offrir, puis s'était trouvé las et insatisfait, comme l'enfant dont le jouet a perdu son attrait. Trouvant la vie insoutenable, en raison du terrible ennui qu'éprouvait son âme accablée de plaisirs, il se tourna vers l'étude des anciens livres et des vieilles doctrines, tentant de raccourcir les heures en s'instruisant. Il vivait seul, et ne voyait personne; en effet, les visites de ses anciens amis ne faisaient que le troubler dans le cours de ses études. Installé un jour à lire, selon sa coutume, sous les ombrages de son jardin, il vit venir à lui un vieux mendiant qui, se tenant debout devant lui, lui demanda l'aumône. Etant d'un naturel aimable et exempt de toute avarice, Antonius tira sa bourse et tendit au vieillard une poignée de menue monnaie, lui souhaitant, par quelques paroles enjouées, heureuse chance et bon voyage. Mais le mendiant, l'ayant remercié de son exceptionnelle libéralité, lui dit: « Ne mets pas une telle hâte à me congédier, ô homme généreux, de peur que je ne m'éloigne sans t'avoir payé de retour. Ce serait, en vérité, disgracieux de ma part, car tu m'as donné bien plus que je n'espérais recevoir ! » Antonius, se demandant en lui-même: « Que peut bien posséder ce mendiant ignorant, qui parle de récompense ? » lui sourit indulgemment et le laissa demeurer là, le regardant du coin de l'œil et attendant ce qu'il pouvait avoir à lui dire. Le vieux mendiant lui rendit son sourire indulgent et parla ainsi: « O toi, aspirant-philosophe ! apprends que les apparences sont trompeuses, et que la sagesse se présente souvent sous de très humbles vêtements — car elle est la propriété du pauvre aussi bien que du riche. Sache aussi que le mot *Hasard* n'est qu'un mot trompeur et sans aucun rapport avec la Vérité, et que ce qui m'amène ici n'est nullement le hasard, comme tu le supposes, mais la puissance du Désir agissant, invisible, à travers les forces de la Nature. Effectivement, ma venue n'est que le résultat de ta soif de connaissances, et ta générosité est le *Sésame* qui me permet de te laisser passer la première porte conduisant au sentier secret de la Vérité. Car la vérité que je te destine ne peut être atteinte que par un être au cœur large et à l'âme généreuse — nul autre en effet ne saurait l'obtenir. » — Alors Antonius, commençant à devenir attentif, se dit en lui-même: « Sûrement, je me suis trompé sur ce mendiant, car, malgré tout, il semble être un sage: c'est la voix du savoir et non de l'ignorance, qui parle par sa bouche; je ferais bien de l'écouter et de tenir compte de ce qu'il a à me dire. » Alors, à haute voix: « O Etranger, si riche en sagesse et si pauvre en biens, ne crois pas que je veuille te congédier sans t'avoir entendu ! Je te prie, au contraire, de t'asseoir et mes serviteurs t'apporteront de quoi te rafraîchir avant que tu ne reprennes ta route, car tu as l'air d'un homme qui voyage, et je te suppose très âgé ? » Le mendiant, donc, prit place, les deux mains jointes sur la pomme de son bâton noueux, tandis qu'Antonius, allant vers la maison, ordonnait qu'on apportât dans le jardin des fruits, du pain et du vin. Cela fait, il s'assit à son tour, attendant ce que le vieillard avait à lui dire. Ce dernier, après l'avoir remercié très civilement, plongea dans les yeux d'Antonius un regard ferme et scrutateur. « O chercheur ! lui dit-il, on ne peut arracher aux pages d'un livre que les tout premiers éléments de la connaissance. Si tu n'as pas compris au moins cela, ton étude, bien que longue et persévérante, a été à peu près vaine; car la Connaissance véritable, tu ne la trouveras que dans ta propre âme, — et le chemin menant à ton âme passe par ton cœur, dont un lumineux désintéressement doit bannir toute obscurité. Ce cycle parcouru, il te sera profitable de mettre de côté tes livres et de chercher ailleurs la sagesse, abandonnant au soin de tes serviteurs ta maison et tes biens jusqu'à ton retour. Ce que tu cherches, en effet, ne se trouve pas ici, mais sur le sommet de cette cime enveloppée de neige où résident les Maîtres de la Sagesse, toujours prêts à faire part des inestimables trésors de l'Illumination à ceux qui sont assez courageux et tenaces pour venir à bout de la grande ascension. Or, comme seuls les êtres dépouillés d'égoïsme obtiennent le droit de recevoir leurs lumières, l'une de leurs exigences est que tu n'entreprennes pas seul ce voyage, mais que tu conduises d'autres êtres au Temple de la Sagesse. Si ceux-ci, pour leur part, perdaient courage en route et retournaient en arrière, te laissant achever seul ton pèlerinage, les Maîtres t'accueilleraient encore et ne t'en donneraient pas moins ta récompense. Mais sache que le voyage est long — comme tu peux le voir en mesurant de l'œil la distance qui nous sépare de cette chaîne de montagnes là-bas — et la tâche pénible et ardue. Néanmoins, tu trouveras, sur ton chemin, de nombreux bourgs et villages où tu séjourneras et qui te seront des haltes reposantes. Au cours de chacune d'elles, tu apprendras à connaître une nouvelle étendue du Sentier qui est devant toi, et recueilleras un autre fragment de ce savoir qui sera l'initiation préliminaire à l'Illumination, le but final. Ce but, il n'est autre que la découverte de la Pierre Philosophale — ainsi la nomme-t-on en termes allégoriques — ([1]), grâce à laquelle tu remporteras la victoire sur la mort et acquerras la possession de l'éternelle Félicité. »

« O, vénérable vieillard ! dit Antonius, quoique ton corps soit émacié par le grand âge, ta parole a gardé l'énergie de la jeunesse et les paroles coulent de ta bouche ainsi qu'un ruisselet glissant rapide vers l'océan de la Sagesse; aussi résonnent-elles à mon oreille comme l'accent de la vérité. Mais tu demandes l'impossible, en exigeant que je cherche des compagnons pour un pèlerinage si long et si ardu ! Où

([1]) Les recherches ont établi que le nom de **Pierre philosophale** n'a jamais été qu'un terme purement symbolique. (Note de l'Auteur).

trouverai-je des hommes souhaitant un savoir par lui-même si étrange, et qu'en outre on ne peut acquérir qu'à un prix si élevé ? Et puis, lequel d'entre eux me croira, si je leur annonce que, sur ces sommets, se trouve — sous la garde de quelques anachorètes — la Pierre Philosophale dont ils n'ont jamais, et dont, selon toutes probabilités, ils ne se soucieront jamais d'entendre parler ? Crois-tu que ces anciens compagnons de liesse puissent faire autre chose que de me tourner en dérision, si je leur expose un projet aussi chimérique, et d'une utilité aussi contestable ? Ta loyauté est sans doute hors de tout soupçon, mais tes conditions sont réellement trop dures à remplir ! »

Un soupçon de sourire erra sur le visage ridé du vieux mendiant. Il repartit: « O homme ignorant ! Si les conditions que posent les Grands Etres étaient irréalisables — soit dans ton cas, soit dans tout autre — je ne serais, en vérité, pas venu dépenser ici mon souffle en discours stériles et mensongers; car, ne t'ai-je pas dit que je venais poussé par les inexorables décrets du Destin, répondant à tes propres aspirations — et non pas en vertu d'un Hasard inexistant ou de circonstances fortuites ? Donc, avant de crier à l'impossible, prends garde, et entends ce que j'ai à te dire, car, à ton insu, tu as déjà fait quelques pas sur le sentier de la Connaissance; tu as déjà rempli, sans que tu en aies conscience, quelques-unes des conditions posées par les Grands Etres, et que je ne t'ai pas encore définies. »

Comme il parlait, des serviteurs sortant de la maison traversèrent la verte pelouse, portant des plateaux chargés de fruits et de vin. Il se tut, jusqu'à ce qu'ils se fussent retirés; puis, ignorant poliment le geste de son hôte qui l'invitait à se restaurer, il poursuivit: « Maintenant, je vais te dire de quelle manière tu t'es déjà quelque peu engagé sur le sentier de la Sagesse: Ne t'es-tu pas dégoûté des festins, de la boisson, de ton attrait pour les femmes et de toutes les jouissances que tes richesses te procuraient ? Ne t'es-tu pas détourné de ces choses, qui écœuraient et affadissaient tes sens, comme un excès de miel affadit le palais ? Et n'as-tu pas renoncé sans le moindre effort à ces jouissances qui n'étaient plus pour toi une source de délices ? »

Antonius, regardant le vieillard, répondit: « En vérité, j'ai agi comme tu le dis; mais quelle autre décision aurais-je pu prendre, étant donné que de se cramponner à des délices qui n'en sont plus serait le comble de la folie, équivaudrait à vouloir étreindre un fantôme aussi inconsistant que l'air. Je ne saurais voir un mérite à rejeter ce dont j'étais déjà lassé — tandis que j'y aurais eu du mérite si cette action eût été contraire à mes désirs. »

Le mendiant sourit de nouveau, d'un sourire plein de sagacité, et lui dit: « O Innocent, qui as pourtant absorbé une goutte de Sagesse ! Seul celui qui renonce sans effort a véritablement renoncé; car s'abstenir d'une chose que l'esprit désire encore, c'est marcher sur l'arête d'un abîme, perpétuellement menacé d'être précipité dans le vide. Or, à quoi serait bon ce cadavre, aux yeux de ceux qui enseignent la Sagesse ? Comme le cadavre ne peut les entendre, sourd à toute espèce de son, celui que rongent les vers du désir est sourd à la voix de la Connaissance. Maintenant, réfléchis et sonde les recoins de ta mémoire: parmi tes anciens compagnons, en est-il quelques-uns que tu puisses emmener avec toi dans ton pèlerinage vers la Vérité ? S'il n'en est point que tu aimes encore, il en est peut-être qui t'aiment, *toi*, et qui, en vertu de cet amour, si ce n'est pour d'autres raisons, te suivraient sur la Route haute. »

Puis, le vieux mendiant, ayant pris quelque rafraîchissement, se leva lentement de son siège, et disant adieu à son hôte, extrêmement perplexe, reprit son bâton de voyage.

— II —

Or, Antonius avait un ami qui différait de tous ses autres amis, et qu'il aimait d'une tendre et constante affection, le regardant comme un exemple de bienveillance, d'amour et de savoir. Il demeurait non loin de lui, dans une villa entourée de cyprès, sur le bord de la mer. On le disait excessivement riche; mais, contrairement à ceux de sa condition, il avait choisi de vivre une vie de simplicité et de modération, plutôt que de plaisirs et d'extravagance. « Je veux en référer à mon ami Pallomides, pensa Antonius; il me donnera son avis sur la proposition de ce mystérieux vieux mendiant; car n'est-ce pas lui qui m'a prêté les livres que j'ai si longtemps étudiés ? Il n'est pas impossible qu'il puisse me dire si et comment je dois y donner suite. » Sitôt que cette idée lui fut venue, Antonius se mit en marche sur la route blanche et ombreuse, à l'abri du dôme de rameaux entrecroisés formé par les arbres alignés en sentinelles tout le long du chemin. A travers les feuilles vertes, on voyait, par échappées, le bleu profond du ciel. En approchant de la villa où vivait son ami, il put distinguer sa grande et noble stature, allant et venant sur la terrasse qui dominait la mer, muette et calme; sa tête était penchée sur un livre; mais, de temps à autre, il la relevait pour aspirer la senteur des innombrables roses qui dressaient leurs clairs visages vers le soleil matinal. Lorsqu'il aperçut Antonius, un sourire de joyeux accueil illumina sa physionomie calme, aux traits classiques. S'avançant au-devant de lui, il l'étreignit en signe de bienvenue, comme c'était la coutume en ces temps anciens. Antonius lui conta alors pourquoi il était venu, parla du mystérieux mendiant qui voulait le persuader de s'engager dans un voyage aussi étrange qu'incompréhensible, et pria son ami de délivrer son esprit troublé du dilemme de ses inclinations et de ses doutes... Pallomides le regarda de ses yeux souriants et impénétrables, puis il dit: « N'es-tu pas un peu crédule, mon ami, de te laisser si facilement mettre en tête par un misérable vieux mendiant, venu pour te demander l'aumône, un projet qui est peut-être le comble de la folie et qui pourrait, si tu y donnais suite, s'achever en désappointement et en regrets ? J'ai entendu dire aussi, il est vrai, que sur la cime de cette montagne, tout là-haut, s'élève un monastère peuplé de moines mystérieux, possédant un véritable trésor de connaissances, et que si on arrive à les joindre, après une longue et laborieuse ascension, on en reçoit une récompense surpassant toutes les richesses du monde. Cependant, te pousser à y aller serait une responsabilité que je répugne à prendre — et, toutefois, te persuader de rester ici serait également une responsabilité... Car qui nous dit, après tout, que le vieux mendiant n'est pas sincère dans sa gratitude, et désireux de te rendre un bon office en te faisant bénéficier d'une sagesse dont il est trop âgé pour profiter lui-même. D'ailleurs, même si ton voyage devait être inutile, il ne saurait en découler pour toi beaucoup de mal, trop peu de raisons te retenant parmi nous. Tu es jeune et tu as encore bien des années devant toi; tu reprendras tes études à ton retour — et d'autant plus utilement, peut-être, après le voyage et ses aventures. »

Antonius repartit: « Tu dis juste, mais les conditions requises sont très difficiles à remplir. Où trouverai-je un ami qui m'accompagne dans une si singulière et, apparemment, si chimérique entreprise ? Car, à part toi, qui, grâce à ton savoir et à ta largeur de vues, peut comprendre mon dessein, qui ne me traitera de fou et de tête brûlée ? »

« Tu flattes un homme indigne de tes éloges, dit Pallomides, car ma « largeur de vues » n'est qu'un peu d'expérience du monde, laquelle m'enseigne qu'aucune occasion placée sur le chemin d'un homme ne devrait être dédaignée ni négligée. Il ne sera pas si difficile que tu le penses de trouver un compagnon de voyage; car, si aucun homme n'y consentait, une femme, qui sait, s'y trouverait peut-être prête ? »

« Mais, objecta Antonius, quelles sont les femmes que je connais, en dehors de celles avec qui je m'amusais autrefois et qui seraient peu aptes à une pareille mission. Et même si je persuadais l'une d'elles de me suivre, les Sages consentiraient-ils à lui impartir de si hautes connaissances ? Du reste, j'ai tellement perdu de vue ces femmes que j'ai oublié jusqu'à leurs noms: elles se sont, pour moi, évanouies comme des rêves... De quelle façon les retrouver maintenant ? »

Pallomides, posant sur Antonius le regard d'un père, dit alors: « Les chercheurs de la Sagesse ne dédaignent rien — pas même leurs rêves, de crainte que, sous le tissu diaphane de ces songes, ne gise quelque pensée lourde de sens et d'importance; et ne s'y trouverait-il rien, que ce ne serait pas là un exercice de mémoire à dédaigner: ta propre mémoire, en effet, doit être bien infidèle, si tu ne peux y garder la trace de l'une, au moins, de tes nombreuses amours ! Ou tu viens de parler légèrement, ou alors tu cherches une excuse pour me dissimuler ta répugnance à te charger d'un « compagnon » du sexe faible, qui, penses-tu, te serait une entrave plutôt qu'une aide. »

Antonius rit d'un air un peu confus et dit: « O toi, déchiffreur des âmes ! tu as deviné quelque peu la vérité; car je crains de m'encombrer d'une femme qui voudrait sans cesse se reposer, ralentir, traîner le pas ou s'en retourner, la femme étant aussi capricieuse que la brise, et aussi dépensière de ses larmes qu'un nuage chargé d'averses à tous les changements de lune ! »

Mais Pallomides dit gravement: « N'oublies-tu point les conditions imposées, en ne voyant ainsi que ta propre commodité, et ne négliges-tu pas la première tâche à entreprendre pour mériter ta récompense ? Ce vieillard t'a dit que seul l'oubli de soi pouvait assurer l'entrée dans le Temple. C'est pour cette raison, uniquement, que tu dois t'adjoindre quelqu'un d'autre, et non pour ton propre confort, ni pour atténuer les désagréments du voyage. Néanmoins réfléchis: je ne veux ni te persuader, ni te dissuader de partir; mais si tu es enclin à tenter ta chance sur la foi des paroles de ce vieux sage, ce serait folie que de le faire à demi, n'obéissant qu'à une partie de ses instructions, si claires, et dédaignant les autres. Ce que tu voudrais négliger, prends-y garde, est tout aussi important que ce que tu comptes réaliser. »

Souriant un peu tristement, Antonius dit: « Tu as sans doute raison en ce cas, comme en tant d'autres; il est vrai qu'une chose digne d'être faite partiellement est digne d'être faite entièrement. Je chercherai premièrement un compagnon, et si je n'y réussis pas, je suivrai ton conseil et prendrai, à sa place, une compagne. » Il hésita un instant, regardant son ami avec une prière dans les yeux: « Il serait vain, je suppose, de te demander de m'accompagner en personne ? »

Pallomides repartit d'un air de bonté amusée: « Cela serait assez vain, en effet. »

Antonius s'en alla donc dans sa maison, absorbé par

d'anxieuses réflexions, cherchant le moyen de s'assurer la bonne volonté d'un futur compagnon de route et méditant quelque discours éloquent propre à le persuader de l'utilité du voyage projeté. Il y pensa plusieurs heures; puis, quand le crépuscule descendit sur le jardin, il partit dans la direction de la ville avec l'intention de rendre visite à plusieurs de ses anciens camarades, mais sans grand espoir de succès. Après avoir été de l'un à l'autre, et n'avoir été accueilli partout que par des rires et d'aimables quolibets, il se vit forcé d'abandonner ses recherches, qui, comme il l'avait présumé, n'aboutissaient à rien. « Si, avec les hommes, j'ai totalement échoué, se dit-il, c'est qu'ils ne m'ont aimé, autrefois, que pour les repas fins et les bons vins que je leur offrais si généreusement — et non pas pour moi-même. Maintenant que je leur demande quelque chose en retour, ils me raillent et me prennent pour un fou... Je vais donc tenter ma chance auprès des femmes: l'une d'elles, en tous cas, m'a aimé, et a fait vœu de m'aimer toujours, bien que je l'aie vilainement traitée et aie disjoint nos deux vies sans aucun égard à sa souffrance. Mais qui sait si elle ne n'aime pas encore, et si, même en ne croyant pas au but de mon voyage, elle ne m'accompagnerait pas purement et simplement par amour ? Car quels sont les liens qui retiendraient une courtisane en un endroit plutôt qu'en un autre ? Etant donné que j'ai plus de fortune qu'il n'en faut pour nous deux, et pour bien d'autres encore, il ne peut guère y avoir d'obstacle devant moi. »

Supputant ainsi ses chances, Antonius arriva à la maison de Cyanara, son ancienne maîtresse. Il lui exposa le projet qui lui tenait si fort à cœur, tandis qu'elle l'écoutait en ouvrant de grands yeux pleins d'étonnement — mais aussi pleins d'un amour qui ne s'était jamais éteint. Tout en parlant, il remarqua qu'elle avait vieilli, que sa beauté s'était passablement fanée, que son corps était amaigri et ses yeux enfoncés, par suite de la lassitude de son âme. Si, d'une part, cette vue éveilla dans son cœur quelque pitié, de l'autre, elle le fit s'éloigner légèrement d'elle. En l'examinant à la triste lueur des chandelles, il pensait: « Vraiment, je voudrais qu'elle eût l'air de m'aimer un peu moins; elle m'embarrassera sûrement de son dévouement, et je serai contraint de feindre des sentiments que je n'ai plus... D'autre part, si elle ne m'aimait plus, elle n'accepterait certainement pas de faire avec moi ce voyage; il me faut donc accepter l'importunité de son amour comme la rançon de sa complaisance — et la supporter de mon mieux. »

Quand il eut achevé son explication, elle le regarda dans les yeux, et répondit d'un air enjoué: « O homme infidèle, mais très aimé ! bien que tu m'aies laissée toutes ces longues années sans un message, sans jamais t'enquérir de mon sort; que, maintenant, ayant besoin de mon aide, tu me recherches enfin... comme un pis-aller, sans doute — parce que je t'aime encore je marcherai à ton côté dans cet étrange pèlerinage, heureuse de t'avoir retrouvé, quand je te croyais perdu pour toujours ! Car si, toi, tu es las de tes richesses, moi, je suis lasse de mes amours; je voudrais les rejeter loin de moi pour chercher quelque chose de meilleur sur les routes de l'existence — et ceci d'autant plus que ces « amours » n'avaient de l'amour que le nom, et qu'à travers chacune d'elles j'ai toujours vu briller ton image, impérissable comme le souvenir de ton amour. Je sais que tu ne te soucies plus de moi: je te serai néanmoins une fidèle compagne de route, et ne te demanderai rien en retour. »

Alors Antonius se réjouit en lui-même: « J'ai enfin trouvé quelqu'un qui suivra mes pas, pensa-t-il; c'en est fini de mes doutes, et je puis préparer sans autre le voyage ». Mais il dit à Cyanara: « Tu as toujours été noble de cœur, traitant les autres bien mieux qu'ils ne te traitaient, sans excepter de cette douceur Antonius, si coupable envers toi ! Dans le cas présent, tu en seras récompensée au centuple, et d'une façon que tu ne saurais te représenter jusqu'à ce que tu sois un peu mieux instruite de ce qui nous attend. Je te quitte, maintenant. Une fois les préparatifs du voyage terminés, et l'heure du départ arrêtée, je t'enverrai chercher. Ainsi donc, au revoir ! »

— III —

Antonius s'en retournait vers sa maison, le cœur léger, et l'esprit plein d'un espoir et d'un enthousiasme qu'il ne cherchait pas à réprimer. Comme il marchait, plongé dans une bienheureuse méditation, une pensée soudaine traversa son esprit, telle une lance, lui donnant une seconde l'impression que tous ses projets étaient à vau-l'eau; — car, au tournant de la route, se dressait devant ses yeux la géante et lointaine chaîne de montagnes, à l'instant même où la pleine lune, émergeant derrière le plus haut pic, le silhouettait contre le bleu foncé et insondable d'un ciel illimité... « Je suis fou, se dit-il, de croire que j'atteindrai jamais ces hauteurs vertigineuses qu'à ma connaissance du moins, aucun pied n'a jamais foulées, et que nul voyageur n'a jamais pu décrire. Sûrement, ce gueux s'est secrètement moqué de moi, d'autant plus que s'il m'a exposé les conditions exigées pour entreprendre ce voyage, il ne m'a laissé aucune espèce d'indication sur le chemin à suivre. Je n'aurais pas dû le laisser partir sans lui arracher la promesse de revenir pour m'instruire du reste ! Maintenant, selon toute apparence, il est loin pour tout de bon; essayer de le découvrir serait aussi vain que de vouloir distinguer, au fond de la mer, un coquillage d'un autre... »

Mais, comme il tournait le dernier lacet de la route, voici que, devant sa propre maison, il aperçut (vivant démenti de ses pensées) le vieux mendiant assis à la porte du jardin... Son cœur bondissait au-dedans de lui, — tant était intense son excitation — pendant qu'il hâtait le pas pour rejoindre le vieillard.

Le mendiant se leva, et s'inclina devant lui; puis, sans attendre qu'Antonius parlât, il dit, d'un accent lent et mesuré, qui est celui des gens très âgés: « Eh bien ! puisque tu as décidé de partir et que tu as trouvé quelqu'un pour t'escorter, écoute ce que j'ai à t'apprendre; car, sans mes directions, il te serait, en vérité, difficile de trouver le chemin, ainsi que les lieux de halte et les guides dont tu auras besoin à chaque étape de ton voyage. Laisse-moi d'abord te remettre cette petite amulette, que tu attacheras à ton cou et cacheras sous ton vêtement: elle sera le signe auquel ton futur instructeur reconnaîtra qui tu es, et ce que tu cherches; ne manque pas de la faire voir dès qu'on te la demandera — autrement tu ne recevrais aucun enseignement, et ton voyage serait vain. »

Antonius, au comble de l'étonnement, l'interrompit: « O, vieillard enveloppé de mystère ! Comment as-tu pu savoir que j'ai décidé de m'engager dans ce singulier voyage — et que j'ai, en outre, trouvé un compagnon ? »

Le vieil homme leva la main comme pour lui imposer le silence: « Je ne puis, dit-il, perdre mon temps à résoudre de vaines questions; prends, je te l'ai dit, cette amulette, et écoute ce que j'ai encore à te faire savoir. » Lorsqu'Antonius eut pris l'amulette, il poursuivit: « Apprends maintenant, que ta première destination est un village, situé sur un coteau peu élevé, au pied des deux grands rochers surplombants que tu distingueras après une ou deux journées de marche. Ne prends avec toi que peu d'argent, et vêts-toi très simplement, plutôt comme un mendiant que comme un homme riche. N'emmène aucun serviteur, mais prends une arme pour te défendre des attaques, toujours possibles, et un bâton pour t'aider dans l'ascension. Et maintenant, adieu ! Puissent les dieux t'assister et te protéger le long de la route ! » — Sans une parole ni un regard de plus, le vieux mendiant s'éloigna; il eut bientôt disparu au tournant du chemin.

Alors Antonius, à la fois tourmenté de doutes et convaincu de l'intégrité de ce vieillard, rentra dans sa maison, décidé à se mettre en route sans plus de délai. Il réunit ses serviteurs et leur dit: « Je vais entreprendre un voyage pour le règlement d'une affaire importante, et je ne sais combien de temps il durera. Devant être, au cours de ce voyage, l'hôte de plusieurs amis, je n'emmènerai ni domestiques ni suite, et je ne m'encombrerai d'aucune sorte de bagage. Quant au jour du départ, il est fixé à après-demain. » — Puis, ayant pris les mets qu'on lui avait préparés pour son souper, il s'allongea sur sa couche et dormit jusqu'à l'aurore — entremêlant dans des rêves confus le mystérieux vieillard, Pallomides, Cyanara, et la montagne couronnée de neige...

— IV —

Au jour fixé, Antonius et Cyanara se mirent en route pour leur grand voyage, non sans qu'Antonius eût été prendre congé de Pallomides, dans sa villa du bord de la mer — car qui pouvait dire si leur séparation ne serait pas fort longue, ni même définitive ?...

Maintenant, les deux pèlerins avançaient péniblement le long des routes poussiéreuses, tantôt se rafraîchissant dans une auberge au bord du chemin, tantôt se reposant un instant sur l'herbe, au bord d'un ruisseau, tantôt baignant leurs pieds endoloris dans les eaux froides d'une rivière, ou encore lavant leur visage de la poussière et de la sueur qu'y avait mises l'ardeur du soleil. Se sentant à chaque pas plus exténué, Antonius pensait: « Malheur à moi, d'avoir été assez fou pour voyager sans chevaux ni domestiques et tel un simple mendiant, traînant, comme des pierres, mes jambes qui se font à chaque pas plus lourdes. A cause des bavardages d'un vieux mendiant, j'ai laissé toutes mes richesses, abandonné toute espèce de confort, et me voici courant en quête de je ne sais qu'elle chimère ! » Puis il regarda sa compagne, qui marchait bravement à ses côtés, le visage calme et sans une plainte, quoique ses yeux fussent profondément cernés par la fatigue. En réponse au regard d'Antonius, elle sourit d'un sourire où la lassitude se mêlait à une intention d'encouragement; mais elle ne dit rien — trop fatiguée pour proférer un son. « Ah ! si je pouvais l'aimer comme elle m'aime, songea Antonius, la route me paraîtrait plus facile, éclairée qu'elle serait par cette petite chose précieuse qu'est un sourire, de même que la sienne est éclairée par les signes d'attention — si légers soient-ils — que je lui donne ! Il faut réellement que cette femme ait un noble cœur, pour avoir en moi une telle foi et pour m'avoir aimé au long de toutes ces années d'abandon — en dépit des attraits de tant d'autres amours. Qui sait ? Si sa beauté n'était pas fanée, je pourrais peut-être l'aimer encore... » Il la regarda de nouveau, et, cette fois, lui sourit avec bienveillance. Lorsqu'elle lui sourit aussi, une joie furtive dans les yeux, il sentit qu'il pouvait jouer de son âme, comme un barde joue de sa lyre, pour en tirer de joyeuses chansons. Subitement jaillit dans son esprit une idée qui le réjouit: « N'ai-je pas trouvé un jeu nouveau, qui me distraira pendant ces longues heures de marche et m'amènera d'autant plus vite à destination ? La simplicité même de ce jeu fait la moitié de son charme, car il peut se jouer n'importe où, et non pas seulement, d'ailleurs, entre nous deux. C'est singulier que je n'y aie jamais songé auparavant et que le regard surpris dans les yeux d'une femme exténuée, qui m'aime sans que je puisse l'aimer en retour, soit ce qui m'en révèle pour la première fois l'existence ! Si les choses eussent été autres, et que j'eusse pu l'aimer d'amour, cette idée aurait échappé à mon esprit, intoxiqué par la passion amoureuse et insensible aux subtiles nuances des choses du cœur... Je vais la regarder avec plus de bienveillance encore, et noterai la façon dont elle réagit; car, lui donner ici et là une petite joie et en observer l'effet sur sa physionomie, me donne à moi *plus* qu'une petite joie, m'ouvre aussi le cœur, le rendant sensible au rayonnement de ce vaste, incommensurable et mystérieux océan de Joie, qui vibre et frémit autour de nous. » De nouveau, il la regarda, cette fois avec un sourire de compassion; puis, prenant son bras, il l'aida à gravir la pente que faisait, en cet endroit, la route. Elle, tournant vers lui des yeux où se lisait le bonheur, l'affection, la gratitude, pressa son bras contre le sien en guise de réponse, mais n'articula pas une parole. Il dit alors avec sollicitude: « Une fois au haut de cette colline, nous nous reposerons un peu, avant de continuer jusqu'au village, là-bas, où nous chercherons un abri pour la nuit; car tu as marché suffisamment et accompli ta tâche vaillamment et sans un murmure, quoique la chaleur fût intense et la journée interminablement longue. Je sens, maintenant, venant de droite, la fraîche brise de la mer; nous avons, comme tu le vois, atteint une région élevée; j'espère que nous allons sentir nos jambes plus alertes, dans l'air de ces hauteurs où croissent les pins. » — « J'oublie presque la lassitude de mes membres, tant mon cœur est léger, répondit-elle. Si une intense fatigue semble enchaîner mes pieds, mon esprit est libre, ayant rejeté des chaînes bien plus lourdes que celles qui peuvent entraver mon corps; et, tout cela, je te le dois, car tu m'as choisie comme compagne de route, parmi beaucoup d'autres bien plus aptes que moi à te suivre dans cette étrange aventure. » — « Non, dit-il, je ne voudrais pas te tromper; il n'en est point ainsi; tous ceux que j'ai sollicités se sont moqués de moi et ont refusé de m'accompagner; en sorte que, sans toi, j'aurais dû abandonner complètement mon projet. Maintenant, je suis heureux de t'avoir avec moi plutôt que l'un de ces autres, et je pense que c'est la Destinée elle-même qui t'a poussée à venir avec moi: où aurais-je donc trouvé un camarade plus confiant et plus endurant que toi ? Et qui sait si une grande partie de ce que je dois apprendre ne me viendra pas de toi, puisque ce voyage n'est, en somme, qu'un voyage d'instruction, et que chacun de ses incidents renferme son message, utile à qui est assez perspicace pour le comprendre ? »

Alors, Cyanara attacha sur Antonius un regard d'une douceur telle que, pour un instant, tout ce qui était fané en elle sembla rajeuni par la chaleur de son âme transparaissant dans ses yeux. Si bien qu'il se prit à penser: « Après tout, je crois que je pourrais l'aimer un peu: bien que fanée, elle a des yeux inexprimablement tendres, et sa voix est aussi douce qu'autrefois... » Il resserra un peu l'étreinte de son bras, et aida patiemment Cyanara à gravir la colline.

— V —

Cette nuit-là, comme il l'avait promis, ils dormirent dans une hôtellerie et, de bon matin, reprirent leur chemin, qui suivait les méandres d'un ruisseau babillard, traversant des bois de pins parasols, d'oliviers, d'orangers et d'autres essences, dont la luxuriante verdure s'illuminait d'un resplendissant soleil. Tout autour d'eux, ce n'étaient que collines ondulantes et vallons verdoyants, où s'égrenaient les joyeux trilles d'oiseaux sans nombre et l'accompagnement plus discret de myriades d'insectes bourdonnants, qu'enivrait l'air matinal. Tout le long du jour, bien que le soleil versât une chaleur intense et brûlât le sommet des collines, le sentier des deux pèlerins les mena par des clairières ombragées, ou entre des pentes boisées qu'humidifiaient de frais ruisselets. Leurs cœurs étaient unis et pleins de joie, tandis qu'ils allaient côte à côte, comme soulevés par la brise qui, passant doucement sur les vallées, les exaltait jusqu'à l'extase. Antonius s'était dit en partant: « Aujourd'hui, plus qu'hier encore, j'essaierai le jeu nouvellement découvert, et, tout en marchant, j'observerai son effet sur ma compagne. » De temps à autre, il entrait dans quelque prairie, pour y cueillir à son intention une fleur plus belle que les autres, dont la tige dépassait le tapis au capricieux dessin que formait, sur l'herbe, la profusion des fleurs. En la lui offrant, il observait l'expression de ses yeux brun-noisette; et ses propres yeux, en la scrutant ainsi, s'adoucissaient d'une nuance de fraternelle affection. Il se disait: « Penser que j'ai vécu tant d'années sans avoir jamais appris cette chose si simple, qui est de joindre un peu de son cœur au don de sa main ! Car, si j'ai bien souvent rassemblé mes compagnons autour de moi, leur offrant généreusement de bons mets et des vins choisis, je ne le faisais pas pour le plaisir de donner, mais seulement pour jouir de leur société et me divertir dans les folies et la débauche. Rien de surprenant que je me sois lassé des orgies et de la dissipation, puisqu'elles ne procuraient aucun délice à mon cœur, mais, au contraire, une sensation d'insupportable aridité, qui me poussait vers toujours plus de débauche et toujours plus de folies, dans l'espoir que j'avais de noyer et d'oublier ce dégoût par de nouveaux excès. »

A l'heure où le disque rouge du soleil descendait lentement derrière la mer lointaine, ils arrivèrent au lieu de leur destination, le village niché au pied des deux grands rochers que le mendiant avait décrits. Ayant traversé l'unique rue, dont les habitants les regardaient non sans curiosité, ils aperçurent enfin la dernière maison, située un peu à l'écart des autres, dans un jardin enclos d'arbres. Antonius frappa de son bâton contre la porte; elle leur fut ouverte par un homme de calme et digne apparence, à la physionomie d'une douceur qui gagnait d'emblée le cœur. « Bienvenus soyez-vous, dit-il, ô étrangers qui ne m'êtes pas étrangers. J'attendais votre venue — à moins que je ne fasse erreur et que vous ne soyez pas ceux que je pense ?... » — Aussitôt, Antonius tira de dessous son vêtement l'amulette qu'on lui avait remise, en disant: « Tes suppositions sont justes, ainsi que tu peux t'en assurer par cet emblème. Mais, comment as-tu été averti de notre venue, car, sûrement, aucun messager à cheval ne nous a précédés pour t'annoncer notre arrivée ? »

L'homme, debout sur le seuil, se contenta de sourire. « Entrez et restaurez-vous tout d'abord, dit-il, et demandez-moi ensuite tout ce que vous voudrez; car vous devez être fort las, après un si long voyage à pied sous le brûlant soleil d'été. Ma femme attend ta compagne sous la vérandah, du côté du jardin, prête à la conduire à sa chambre et à lui donner aide et soins, comme, pour ma part, je veillerai sur toi. »

Un peu plus tard, après qu'ils se furent rafraîchis et eurent soupé en compagnie de leur hôte et de sa femme, nommés respectivement Aristion et Porcia et tous deux aussi plaisants à regarder qu'ils étaient experts dans l'art de l'hospitalité, Aristion mena ses hôtes dans une autre pièce, où il les pria de s'asseoir; il s'installa en face d'eux. Se tournant vers Antonius, avec un bienveillant sourire, il dit: « Ainsi, tu es à la recherche du grand Arcane, et les Maîtres de la Sagesse t'ont dirigé vers moi pour que je te donne ta première initiation ? » Antonius repartit: « Je sais fort peu de chose des Maîtres dont tu me parles, car je tiens le modeste noyau de mes connaissances de quelques anciens écrits et d'un vieux sage déguisé en mendiant décrépit, lequel, après m'avoir exhorté à abandonner mes études, comme étant sans réelle utilité, m'a envoyé vers toi. »

« Il ne m'a pas été permis, toutefois, de partir seul: j'ai dû emmener cette compagne, que tu vois, et qui partagera avec moi l'enseignement qui me sera donné. C'était la condition imposée: l'ignorer eût été me condamner à échouer. »

« Tu as bien fait, dit Aristion, et tu as rempli ainsi la première exigence du grand Etre qui t'a envoyé. Je serai heureux de vous servir de guide, du moins jusqu'à un certain stade, puis — si vous y êtes enclins — à vous diriger vers quelqu'un de plus élevé que moi dans notre hiérarchie. »

« Ainsi donc, dit Antonius, le vieux mendiant n'était pas un mendiant, mais ce que tu appelles un « grand être » ? Je l'avais deviné, du reste, à son savoir, répondant si peu à son extérieur misérable, et à ses discours, qui révélaient la distinction, et non l'ignorance. » Aristion se mit à rire. « Tes conjectures ne sont pas entièrement fausses, mais elles ne sont pas exactes non plus. Ce mendiant n'est encore, jusqu'ici, qu'un élève, qui est venu à toi de son plein gré, mais non pas entièrement de sa propre initiative. Ce n'est pas lui — simple émissaire — mais son maître, qui t'a envoyé jusqu'ici. Sans doute, il dépendait de l'accueil que tu lui ferais que ton cœur fût jugé prêt à recevoir notre genre d'enseignement. Si tu l'avais chassé, tu aurais fermé de tes propres mains la toute première porte qui conduit au Sentier; car, en effet, la première clef de la Connaissance est la foi et une confiance mêlée de discernement, sans lesquelles on n'acquiert aucune sorte de lumières. »

Aristion se tourna vers Cyanara : « Et toi, es-tu prête comme ton compagnon à recevoir la sagesse ? Si oui, parle-moi un peu de toi, car si — grâce à un moyen de connaissance dont je ne puis vous entretenir maintenant — je sais déjà quelque chose de lui, j'ignore tout de ce qui te concerne. »

Cyanara rougit un peu, et répondit timidement : « A dire vrai, j'aimerais suivre Antonius partout où il ira, et apprendre avec lui ce qu'il apprendra, puisque j'ai promis de le faire. Mais je doute beaucoup que tu consentes à me faire part d'une science si haute, car j'ai mené une vie mauvaise, m'attachant à la chair au lieu de chercher l'esprit. J'étais une courtisane, donc, sans doute, une personne impropre à recevoir aucun enseignement de toi. » Aristion lui sourit avec bonté. « Peut-être as-tu aussi beaucoup aimé ? Et peut-être ton dernier amour t'a-t-il inspiré l'envie d'abandonner ton ancien genre de vie pour rechercher la sagesse aux côtés de cet homme ? »

« Bien que j'aie aimé un peu un grand nombre d'hommes, repartit Cyanara, j'ai aimé celui-ci infiniment plus qu'eux tous... Il n'est pas, comme tu le supposes, le dernier, mais il fut le premier et je n'ai jamais pu l'oublier; je n'ai jamais cessé de penser à lui, si longue qu'ait été notre séparation, si vrai qu'il soit que je me suis amusée avec d'autres dans l'intervalle... »

Antonius l'interrompit: « Comme elle le dit, nous avons été longtemps séparés; mais ce fut par ma faute, et non par la sienne; car lorsque je me dégoûtai de mes compagnons de plaisir et de ma vie dissipée, je la rejetai avec tout le reste, et lui déclarai que je ne voulais plus la voir. De nous deux, je suis donc le seul à blâmer. »

Aristion, regardant Cyanara avec bienveillance, dit en souriant: « Mais nous ne parlons pas de blâme: car qui suis-je, pour blâmer ceux qui ne m'ont fait aucun tort ? D'ailleurs, si rebattu que soit le proverbe, l'expérience est, en vérité, le meilleur des maîtres, et ceux qui n'ont pas vécu sont de pauvres candidats à la science de l'âme... Ce dont ils n'ont jamais goûté pourrait bien du reste, dans le futur, (ne fût-ce que par simple curiosité) devenir l'objet de leur ardent désir. Pour beaucoup, le plus sûr moyen de trouver le sentier de la sagesse est la satiété, plutôt que l'inexpérience. Seuls ceux qui ont connu le désir peuvent le comprendre et le pardonner chez les autres — ayant acquis la tolérance et la force de sympathie sans lesquelles aucune vraie sagesse, aucun vrai bonheur ne s'obtiennent [1]. Sous le mal même, se cache toujours quelque bien, pour qui sait le discerner; en sorte que, sur le plan des apparences, la différence entre le bien et le mal est plutôt une différence de degré qu'une différence d'espèce: sublime vérité dont les sages seuls sont instruits. Ainsi, loin de vous condamner ni l'un ni l'autre, pour avoir goûté de la vie des sens, je pense au contraire que c'est peut-être à votre avantage, car ce que vous en avez appris ne pouvait, dans votre cas, s'expérimenter sur aucune autre voie. D'ailleurs, les êtres froids et incapables de passion étant toujours déficients en vigueur et en vitalité, sont aussi, en définitive, d'inutiles aspirants à la sagesse de l'âme, qui requiert l'émotion, la chaleur, la force, et non pas la faiblesse et l'impuissance. Et comment un désir inférieur pourrait-il, s'il n'existe pas, se transformer en un désir supérieur, puisque la quintessence de la sagesse est la sublimation de ce qui est bas en quelque chose d'élevé, sans lequel on ne saurait atteindre le but suprême et perdrait son temps à le tenter ?... Mais, la nuit approche: nos esprits sont trop las pour l'étude et la pénétration des divines philosophies. Allons chercher la fraîcheur au jardin et délasser notre âme au spectacle de la lune, que vous voyez, par la croisée, surgissant derrière la colline et inondant le paysage de ses rayons exaltants. Demain, nous causerons à nouveau, et ainsi jour après jour, jusqu'à ce que vienne, pour vous, le moment de chercher un autre guide. D'ici là, vous êtes mes

---

[1] Que ceux qui jugent qu'Aristion était trop tolérant et avait tort d'excuser le passé de Cyanara se rappellent les paroles mêmes du Nouveau Testament: « **Les pécheurs et les femmes de mauvaise vie sont plus près du Royaume des Cieux que les pharisiens.** »

hôtes très bienvenus, et pourrez demeurer aussi longtemps que vous le désirerez. »

— VI —

Le matin suivant, Antonius se leva de bonne heure, plein d'une joyeuse attente et plus heureux qu'il ne l'avait jamais été. « Il y a dans cette maison, pensait-il, une atmosphère de paix que je n'ai jamais ressentie ailleurs, sauf peut-être chez mon ami Pallomides, dans sa villa du bord de la mer. Je suis si pénétré de contentement que je redoute déjà l'heure de mon départ d'ici ! Toute la personne de mes hôtes respire une douceur et une sérénité qui les fait aimer à première vue et me donne à croire que je les connais depuis un an, et non depuis quelques heures. Je me demande quels enseignements va nous donner ce modèle de charité et de tolérance; il ne sera pas un maître implacable, si j'en juge par son discours de l'autre nuit, si indulgent à nos erreurs, si différent des austères maximes que j'ai lues dans divers ouvrages ! » Interrompant ses réflexions, un serviteur entra dans la chambre et dit: « Mon maître vous attend pour déjeuner dans le jardin, auprès de la fontaine. Venez donc dès qu'il vous plaira. » Antonius, ayant achevé sa toilette, descendit, comme on l'en priait, au jardin. En compagnie de ses hôtes et de Cyanara, il fit un léger repas sous les ombrages, tandis que — formant un discret accompagnement à la conversation — une mélodieuse fontaine, chassée par le souffle de la brise matinale, rafraîchissait l'air d'une pluie opalescente et diaphane. Le repas achevé, Aristion dit: « C'est dans ce petit temple, au fond du jardin, que nous poursuivrons nos études matinales. Je vous y attendrai dans une heure, après avoir rempli d'autres devoirs. » Tandis qu'Antonius et Cyanara exploraient, au delà des clôtures du jardin, les collines environnantes, Antonius se disait: « Ce sommet couronné de neige, que je suis destiné à gravir un jour, m'apparaît terriblement lointain et presque inaccessible. Je doute fort de l'atteindre jamais, car, maintenant que j'en suis un peu plus proche, il me semble plus éloigné encore qu'auparavant, et sa silhouette semble plus formidable, vue d'ici, que de ma propre cité. » Se tournant vers Cyanara, il dit: « Comment tes petits pieds graviront cette montagne imposante, c'est là un problème qui me semble insoluble: à moins que quelque magie ne nous fournisse un moyen de transport qui défie les lois de la Nature, et ne nous enlève sur les ailes du vent jusqu'à l'air pur des glaciers... » Cyanara répondit par le sourire de quelqu'un qui ne s'agite point au sujet de l'avenir, mais se contente d'attendre, sans poser de questions. « Ce jour est trop délicieux, dit-elle, pour le gâter par les anxiétés de demain. Pourquoi assombrir un cœur léger par le fardeau de craintes qui pourraient bien être de vains fantômes ? » Antonius rit, et dit, d'un ton approbateur: « Tu parles déjà comme les sages, sans avoir eu le labeur des études; tu sembles douée d'une naturelle philosophie, de même que l'oiseau a le don de chanter. Je crois qu'Aristion trouvera en toi une élève plus capable que moi avec tout mon bagage de lectures — en sorte que si je ne me hâte, tu me dépasseras certainement et toucheras le but la première ! Mais, rendons-nous, maintenant, au petit temple, car l'heure doit être écoulée; or, faire attendre notre maître serait discourtois, étant donné qu'il nous donne tout et n'attend rien en retour. »

Au tournant du sentier conduisant à leur lieu de rendez-vous, ils aperçurent la grande figure d'Aristion, qui traversait déjà la pelouse. Il les salua d'un sourire, et les pria de s'asseoir sur le banc de pierre, entre deux piliers qui supportaient un petit toit en voûte, autour duquel des roses s'entrelaçaient en une riche profusion. Aristion s'assit sur l'autre banc, en face d'eux, et réfléchit un moment avant de prendre la parole.

Puis il dit lentement: « S'il était possible que nous éprouvions la somme de toutes les jouissances terrestres, exemptes de leurs désavantages et de leurs douloureuses conséquences, ce plaisir ne vaudrait pas la millième partie du bonheur qui découle du progrès fait dans la Science de l'Ame: elle est l'art de frapper le rocher même d'où jaillit la Félicité, qui est *dans l'homme*, et non pas hors de l'homme. Si toute joie venant du dehors est soumise à des restrictions, toute joie venant du dedans est pure et illimitée, par conséquent toujours présente, que nous le sachions ou non. D'ailleurs, même la joie du dehors n'est extérieure qu'en apparence; car, ni la fortune, ni les domaines, ni les mets délicieux, ni les habits somptueux, ne renferment de joie *en eux-mêmes:* ils ne peuvent que faire surgir une parcelle de la joie infinie latente en tout être humain. En effet, les riches vêtements qui font le bonheur d'un homme laissent l'autre tout à fait froid; les grandes richesses qui excitent l'ambition de l'un, ne tentent nullement l'autre; l'exquise nourriture, qui fait les délices de celui-ci, n'a nul attrait pour celui-là — et ainsi de suite à l'infini. Si la joie était inhérente aux choses, et non à l'homme lui-même, il n'y aurait nulle diversité dans les goûts, mais seulement une grande uniformité. Les objets perçus par nos sens sont autant de roseaux dans lesquels souffle ce musicien qu'est l'Esprit, la Joie étant le vent qui produit le son. Le vent ne saurait entrer de lui-même dans la flûte, mais il y est appelé par le musicien. Si le souffle et l'habileté du ménestrel viennent à manquer, l'instrument n'émet plus de son, et reste aussi inerte qu'une pierre. »

Aristion regarda ses élèves comme pour s'assurer qu'ils le comprenaient, puis reprit: « Sachez que la Science de la Sagesse consiste à identifier son esprit à la joie *inconditionnée* qui est en nous, qui est la Réalité s'opposant à l'Illusion; et non seulement à cette joie, mais encore à ses compléments: la Beauté et l'Amour absolus, sans lesquels on ne saurait l'atteindre. Il faut donc que, par l'effort de la volonté, l'esprit soit nettoyé de toute impureté, de même que la goutte de rosée doit être tout à fait exempte de poussière pour refléter parfaitement le soleil. Car l'Ame est le soleil de l'éternelle Joie et l'esprit purifié le miroir qui la reflète. Mieux encore: l'esprit doit se saturer de cette ineffable Joie, et la volonté s'appliquer à en effacer tout sentiment contraire, aussi soigneusement que le polisseur s'applique à nettoyer un miroir. Les impuretés ternissant le miroir de l'esprit, ce sont les vices et les émotions qui bouleversent les hommes, et ne leur semblent si riches en douleur que par la vertu de l'illusion. Car, qu'est-ce que le chagrin, sinon l'absence de joie; et qu'est-ce que l'obscurité, sinon l'absence de lumière ? Le soleil, lorsque nous fermons nos volets, ne continue-t-il pas à luire au dehors ? Si, en ouvrant les volets de sa chambre, on en bannit l'obscurité, en ouvrant son esprit à la Joie de l'âme, l'homme annihile le chagrin, qui, dès lors, passe sur lui aussi aisément que l'eau glisse sur les plumes d'un cygne. En effet, nul objet ne renferme de joie *en soi*, comme nul événement ne renferme de tristesse *en soi:* le savoir, c'est la première, la plus précieuse des leçons, celle qui délivre l'homme de toute illusion, et peut lui apporter la libération. »

Ici, Aristion sourit affectueusement à ses deux élèves et se leva en disant : « Assez de philosophie pour un jour, car même si le maître est toujours prêt à enseigner, les élèves peuvent se lasser et perdre le pouvoir d'apprendre. Le maître a aussi d'autres devoirs, qu'il ne saurait négliger, en sorte qu'il doit vous laisser à vos occupations. » Ce disant, Aristion les quitta, pour ne plus reparaître avant le soir, à l'heure du souper. Mais, sur le conseil de sa femme, Antonius et Cyanara se promenèrent dans les bois d'alentour, pleins de chants d'oiseaux et de ruisseaux murmurants, réfléchissant à tout ce qu'ils avaient entendu et se demandant ce qu'Aristion leur dirait le lendemain.

— VII —

Le matin suivant, à la même heure, tous trois se rencontrèrent de nouveau dans le petit temple parmi les pins. Lorsqu'ils furent assis, Aristion sourit — une étincelle malicieuse dans les yeux. « Il y avait une fois une oie, commença-t-il, qui vivait parmi celles de son espèce, dans une ferme au penchant de la colline. Elle passait, comme toutes les oies, sa monotone existence à se dandiner de ci de là, et cacardait sans arrêt au milieu du tintamarre général de la basse-cour. Son propriétaire semblait ne pas se contenter d'élever des bêtes, car il avait aussi une bande d'enfants, que l'on voyait à toute heure du jour vagabonder autour de la ferme avec un tapage assourdissant, inventant sans cesse de mauvais tours à jouer et de nouveaux prétextes à faire du vacarme. Un jour, l'aîné, un garçon, dit à ses frères et sœurs: « J'ai appris de mes camarades d'école un *truc* épatant: il ne faut, pour cela, qu'un morceau de craie, avec lequel on trace un cercle sur le sol. Si nous plaçons cette vieille oie au milieu du cercle, elle y restera bêtement, persuadée qu'elle est prisonnière, et nous nous amuserons follement à la voir se démener. » Ce disant, il sortit de sa poche un morceau de craie, traça à terre une circonférence, ordonnant en même temps à ses frères d'attraper l'oie et de la placer au centre du rond. Aussitôt dit que fait: il se passa exactement ce qu'il avait espéré. Le volatile, affolé, courait et recourait tout autour de sa prison imaginaire, et semblait totalement incapable d'y trouver une issue. Et la pauvre oie de penser: « Malheur à moi ! Me voilà prisonnière de ces insupportables garnements, à jamais empêchée de rôder en picorant de bonnes choses; peut-être vont-ils m'affamer et mourrai-je de mort ignominieuse, pendant que mes geôliers se riront de moi !... » Dans cette triste extrémité, elle ne pouvait que caqueter, battre des ailes et déplorer son asservissement... »

Aristion se tut un instant, puis sourit et dit lentement: « Cette oie n'est que le symbole de l'esprit humain, qu'égare son ignorance et qu'assaillent des craintes purement imaginaires et relatives, ne reposant en rien sur les faits. De même que le vieil oiseau aveuglé était absolument libre et eût pu, à volonté, franchir le cercle magique, ainsi l'humanité est, au fond, éternellement heureuse, et n'a besoin que de comprendre son bonheur pour se sentir en réalité *ce qu'elle est déjà*. Ses tristesses ne sont que des illusions mineures, dérivant de la grande Illusion: elles pourraient être dissipées par la vision de la vérité; car Vérité et Illusion ne sauraient, mieux que l'eau et le feu, subsister côte à côte. Une femme pusillanime marchant un soir dans l'obscurité, sur un sentier solitaire, crut apercevoir un homme debout, immobile, au bord du chemin. Son cœur se remplit de terreur: mais, en approchant, elle s'aperçut que ce n'était qu'un arbre; aussitôt l'image de l'homme s'évanouit avec toutes ses terreurs, qui étaient, comme cet homme lui-même, fondées sur l'illusion. Or, comme je vous le disais hier, le seul moyen de bannir l'illusion, c'est d'unir son esprit à la Vérité, qui est l'essence du bonheur. Mais la théorie sans la pratique est de mince valeur: a-t-on jamais pu peindre un tableau en s'écriant: l'Art ! l'Art ! La science de l'âme consiste à pratiquer, avant tout, la concentration; par elle, on acquiert un contrôle sur les mouvements de l'esprit, auquel il n'est plus permis de bondir d'une chose à l'autre, dans une incessante agitation. L'esprit est semblable à un étang, ridé d'innombrables petites vagues, que mettent en mouvement le vent du désir et les lubies d'une pensée capricieuse. Ce n'est que lorsque les vagues s'aplanissent que la surface unie de l'étang, qui est l'âme elle-même, apparaît. Mais, assez pour aujourd'hui, dit Aristion en se levant, nous reprendrons notre étude demain à la même heure: veuillez, en attendant, vous distraire de la manière qui vous conviendra le mieux. » Puis il rentra dans la maison.

— VIII —

Le jour suivant, ils se retrouvèrent pour la troisième fois dans le petit temple. Aristion, souriant avec bonté à ses élèves, leur dit: « Toutes les vertus paraissent difficiles à pratiquer à ceux qui ne se sont pas encore identifiés avec le Bonheur absolu, et ne recherchent pas avant tout les valeurs spirituelles. De même que l'homme en parfaite santé ne se fatigue point, en prenant de l'exercice, l'homme qui possède le Bonheur absolu se consacre à la vertu sans effort. Aussi le sage est-il celui qui médite sans cesse sur le bonheur de l'âme, s'encourageant à le ressentir continuellement, de telle manière que l'accomplissement d'actes nobles et désintéressés lui soit une joie et non plus une corvée. L'insensé, au contraire, ne pensant nullement au bonheur de l'âme, mais au plaisir des sens, se lamente continuellement, disant: « Combien il est difficile d'être vertueux ! Et que la vie serait fastidieuse, sans un grain de vice pour assaisonner le plat de l'existence, dont l'insipide médiocrité écœure mon palais ! » — Ainsi il va de droite et de gauche, cherchant à mettre fin à son ennui, et n'en trouve pas le moyen, qui est *en lui-même*, et nulle part ailleurs. Non moins insensé est celui qui dit: « Je veux acquérir la vertu en domptant mes émotions et en m'endurcissant comme la pierre, qui ne sent rien et, par conséquent, ne peut faire le mal; et si je ne trouve pas le bonheur en ce monde, du moins l'obtiendrai-je dans l'autre — en sorte que j'aurai gagné ma récompense. » Après une pause, Aristion reprit: « Sachez qu'il y a deux méthodes pour se défaire de ses vices — une bonne et une mauvaise: l'une est lente et incertaine, l'autre rapide et sûre. Peu judicieux est le médecin qui, dans l'espoir de rendre la santé aux malades, s'applique à étudier les maladies; le médecin vraiment sage est celui qui vise à éliminer la maladie en étudiant *les sources de la santé.* Ce dernier dit à ses malades: « Remplissez premièrement toutes les conditions de la santé, et vos maux vous quitteront d'eux-mêmes ! » Or, s'il en est ainsi du physique, il en est de même du moral, qui est affligé de maladies variées: haines, sensualité, jalousies, douleurs — qui nous harcèlent sans répit. Alors le patient s'interroge: « Comment me débarrasser de ces humeurs mauvaises, qui me travaillent et ne me laissent aucune paix ? » C'est ici qu'intervient le médecin des âmes, c'est-à-dire le prêtre: « Détruis-les par le poison, afin qu'elles cessent de te tourmenter. » Docile, le patient s'exécute, réussissant parfois après de grands efforts, et d'autres fois échouant complètement. Et s'il arrive qu'il obtienne la victoire, non sans une vive et longue résistance, et beaucoup de récidives, il est amené à ces tristes constatations: « Maintenant, j'ai surmonté mes faiblesses; et pourtant je ne me sens pas plus heureux qu'avant, bien que l'opération ait été atrocement douloureuse et ait, somme toute, à peine valu l'effort. Le conseil de ce prêtre s'avère bien imparfait, car c'était moins ennuyeux d'éprouver quelques haines, jalousies ou passions, que de ne plus rien sentir du tout ! » — Si, par chance, un sage médecin des âmes le rencontre à ce moment, il lui dit: « Mon ami, tu t'es efforcé de guérir tes maux en combattant la maladie, au lieu de t'appliquer à connaître les conditions de la santé. Ainsi ton second état ne vaut guère mieux que le premier, car si tu n'es plus malade, tu n'es pas en santé: ton état est quelque chose d'intermédiaire, de tout à fait neutre et négatif; te voilà devenu, pour ainsi dire, un corps sans âme ! Tu t'es défait de ton mal, mais la santé n'est pas là pour le remplacer, ni le bonheur pour se substituer à tes souffrances: ce n'est ni le bien ni le mal, ni la douleur ni le bonheur — mais l'Ennui, et rien de plus. Tu as mal procédé et commencé par le mauvais bout, voulant supprimer le Mal au lieu d'édifier le Bien. Contraire en cela aux autres choses, la spiritualité se construit par en haut, et non par en bas; le bonheur le plus pur se trouve dans l'air des célestes altitudes, où l'esprit, fuyant la sombre atmosphère des bas-fonds, doit, comme l'oiseau, prendre son essor. Il en est de l'air respirable, comme de la vertu et du bonheur: ce n'est qu'en emplissant ses poumons d'air pur qu'on peut en expulser l'air vicié, mais non pas en se contentant de faire le vide, comme (symboliquement parlant) tu l'as fait, en risquant presque de suffoquer dans l'entreprise ! C'est pourquoi je dis que le seul moyen de se libérer de la douleur morale, c'est de l'évincer par une incessante concentration sur l'idée du Bonheur; que la seule façon de se défaire de la haine, c'est de méditer sur l'Amour; la seule façon d'écarter le mal, de se fixer sur l'idée du Bien; car il est, en vérité, meilleur d'aimer le bien que de haïr le mal, la haine étant, sous quelque forme qu'elle se présente, un mal en soi. » — Et maintenant, notre leçon touche à sa fin; le reste du jour vous appartient, avec la liberté de vous distraire vous-mêmes, selon vos propres inclinations. » — Aristion se leva alors en souriant, et se dirigea vers la porte du jardin, d'où il sortit.

IX

Le lendemain, tous trois se rencontrèrent, pour la quatrième et dernière fois, dans le petit temple parmi les pins. Aristion, ayant salué ses élèves de son sourire familier, leur parla ainsi: « La plupart des humains ne sont que des enfants qui se croient des hommes. Or, qui veut apprendre la sagesse doit quitter l'enfance pour l'âge adulte. La marque de l'enfance, ce sont ses enthousiasmes et ses prompts dégoûts, sa capacité de pleurer et de se réjouir pour des choses d'une valeur très relative. Toutefois, si l'adulte sourit avec indulgence de la puérilité de l'enfant, le sage ne sourit pas avec moins d'indulgence à la vue de ces grands enfants travestis en adultes, qui se réjouissent ou se lamentent au sujet d'événements fort peu dignes de telles émotions. Tel ou tel, irrité par les mauvais procédés de son voisin, s'écrie: « Maudit soit-il, lui et ses vilaines actions ! Que je n'entende plus parler de cet individu qui me fait horreur ! » Cet homme oublie que sa colère et ses injures ne font qu'ajouter la déraison à la folie, et sont du pur enfantillage. Tel autre se lamente de la perte de quelque colifichet. « Quel malheur ! j'ai perdu ce bijou, et je ne pourrai plus, désormais, m'embellir en m'en parant ! » Autre signe de puérilité, car, après tout, un bijou n'est, pour l'adulte, que ce qu'est un jouet pour l'enfant. Tel autre, encore, s'inquiète et se tourmente: « Les gens médisent de moi et me taxent de ceci ou de cela; de toutes ces faussetés, je me vengerai en répandant, à mon tour, des calomnies sur eux. » Enfantillage toujours, car comment le jacassement de quelques perruches pourrait-il troubler la sérénité d'un esprit libéré de l'enfance ? — D'ailleurs, la colère et les désirs de revanche ne sont que le fait de la vanité blessée, apanage naturel des occupants de la chambre d'enfants plutôt que de ceux du salon. Pour fixer ceci dans votre esprit, je vous rapporterai une anecdote: « Un homme marié avait un ami qu'il aimait chèrement; il le pria de vivre quelque temps dans sa maison, où il le traita comme un frère. Mais sa femme était belle; l'ami conçut pour elle une passion romanesque, et, incapable de résister à la tentation, déshonora la maison de son hôte une nuit que celui-ci était absent. Puis, se rendant compte de ce qu'il venait de faire, il pensa que le seul moyen de réparer était de s'éloigner pour ne plus jamais revenir. Avant que l'époux regagnât son logis, il avait quitté l'endroit. Il voyagea longtemps, puis tomba entre les mains d'une bande de malfaiteurs, qui le dépouillèrent et l'assassinèrent: nul, désormais, n'entendit plus parler de lui. Le mari, revenu à son foyer, découvrit par hasard ce qui s'était passé en son absence, et, rempli d'humiliation, de jalousie et de colère, il conçut le projet d'une vengeance, qu'il avait la folie d'estimer héroïque et digne. Il repartit presque tout de suite à la recherche de son « ami », mais ne parvint pas à retrouver sa trace — puisqu'il était mort... Il n'en continua pas moins ses recherches au prix de mille difficultés, pendant des semaines qui se transformèrent en mois, puis en années. Il était toujours aiguillonné par son inextinguible désir de vengeance, qu'il ne faisait aucun effort pour chasser de son esprit. Quant il en vint finalement à comprendre que toutes ses recherches resteraient vaines, il était vieux, malade et usé; ses ressources d'argent étant d'ailleurs épuisées, il ne lui restait plus qu'à rentrer à son foyer. Dans l'intervalle sa femme, demeurée tout le temps sans lettre ni ni message d'aucune sorte, s'étant vue délaissée par son amant et abandonnée par son mari, le cœur déchiré par le chagrin et le remords, tomba gravement malade et mourut. En sorte qu'à son retour, l'époux ne retrouva qu'une maison vide pleine de poussière et de toiles d'araignées, et tombée dans le délabrement. Lorsque ce coupable époux constata sa perte, il ne ressentit aucune commisération à l'endroit de sa femme, mais bien une généreuse pitié pour lui-même, son propre isolement et son propre cœur, injustement accablé, jugeait-il, par tant d'affreux malheurs... Avide de consolation, il se rendit chez le prêtre qui avait enseveli sa femme, et se déchargea de ses chagrins par un torrent de paroles. Le vieux prêtre, l'ayant écouté un moment, le regarda froidement et lui dit: « Homme puéril et mauvais ! A quoi bon te répandre en reproches au sujet de maux et de misères que tu t'es toi-même attirés par ta folie et ta méchanceté, par ton impardonnable soif d'un geste indigne d'être conçu et, plus encore, d'être exécuté ! Seul un sot ou un enfant en bas-âge peut manquer de discernement au point de s'imposer, durant des mois et des années, la peine, les anxiétés, les ennuis que tu as supportés, en échange d'un plaisir si problématique et de si courte durée, qui, une fois obtenu, eût été suivi de plus d'amertume encore, sous la forme du remords et de l'inapaisable regret. Car si ton ami a réellement possédé ta femme, il ne l'a pas fait pour te narguer ni t'offenser volontairement — mais simplement parce qu'il a succombé à la tentation, ce que la suite des événements prouve à l'évidence. N'a-t-il pas quitté ta maison le jour suivant, fuyant cette tentation qu'il se savait incapable de surmonter ? Ta propre folie dépasse donc en tous points la sienne, puisqu'il n'a jamais désiré te faire du mal, tandis que c'est de sang-froid que tu t'es réjoui de ta terrible vengeance... Et maintenant, quelles sont les conséquences de ton inconcevable enfantillage, enfantillage que — selon l'opinion courante, mais fort sotte, des ignorants et des êtres sans discernement — tu as été assez aveugle pour juger héroïque et grand ? Premièrement, tu as gaspillé des années de ta vie dans une recherche absolument vaine, qui t'a occasionné des peines multiples; secondement, tu as perdu ta femme, morte d'un désespoir que tu aurais pu facilement prévenir en lui pardonnant; et troisièmement, ton ami n'est plus: tu l'eusses tué toi-même si tu l'avais retrouvé, ajoutant un crime à tes fautes. Autant dire que tu as tout perdu, et rien gagné ! — En outre, si ton intention de nuire était indéniablement puérile et stupide, l'idée dont elle procédait n'était pas moins puérile et bâtie sur l'illusion et la vanité — deux attributs propres à l'enfance plutôt qu'à la maturité. Ce sont les insensés qui croient pouvoir accaparer le cœur d'un autre être, qui se refusent à admettre la possibilité de perdre, par suite de circonstances qu'il leur est impossible de régler, tout ou partie de l'amour auquel ils tiennent — comme ce fut le cas pour ta femme et toi-même. Seuls les enfants et les avares s'emparent avidement d'une chose et s'y agrippent en déclarant: « Cette chose est mienne, et personne d'autre n'y touchera que moi ! » Ton amour pour ta femme et ton affection pour ton ami étaient d'une essence impure, puisque entachés d'égoïsme, de vanité, en un mot d'un déplorable égocentrisme. Autrement, tu aurais placé leur bonheur au-dessus du tien propre. Si tu n'étais pas assez héroïque et magnanime pour admettre leur amour, tu aurais dû tout au moins pardonner, façon d'agir qui, en vérité, t'eût coûté infiniment moins de tracas que de faire presque le tour du monde. Au total, par ta conduite, tu as souillé ton âme d'une tache si noire, que seule une vie de pénitence, de bienfaisance et de sacrifice pourrait l'effacer... Sinon, redoute les conséquences, peut-être terribles, de tels actes — conséquences dont rien ne détournera le coup puisque, sans une ombre de doute, tout homme « récoltera ce qu'il aura semé. »

Aristion, son histoire achevée, fit une pause — puis reprit lentement, et avec quelque emphase: « Sachez que les vices et les faiblesses de l'humanité, médisances, calomnies, ressentiments, jalousies, vengeances... ne sont que de l'enfantillage déguisé, et que seules l'ignorance, la déraison et la sotte convention les revêtent d'une dignité purement fictive. Ainsi que le disait le vieux prêtre, il est moins difficile de pardonner que de se donner la peine de chercher une vengeance; seul un esprit faible et vain peut s'arrêter à de telles considérations. Donc, pour nous défaire de nos faiblesses, il n'est que de les considérer sous leur véritable jour de faiblesse, et non sous un jour trompeur, comme la femme de mon histoire d'hier qui, regardant un arbre, en faisait, en imagination, un homme. Mais, par-dessus tout, nous devons identifier notre esprit avec le Bonheur illimité, qui est au-dedans de nous; lui seul amène notre âme à la virilité de l'âge adulte; lui seul rend tous les torts et maux éprouvés aussi indifférents et sans portée que le bêlement de quelques brebis dans un parc éloigné.

« Et, maintenant, je vous ai dit tout ce que j'étais autorisé à vous dire. Votre futur instructeur est un solitaire [1], habitant un ermitage parmi les arbres, sur le sommet de la colline que vous voyez au loin. Comme son étroite hutte ne saurait vous abriter, vous trouverez logis et nourriture dans une chaumière, à peu de distance de là. Néanmoins, demeu-

---

[1] Le long voyage et les différents maîtres rencontrés dans chacun de ses stades ne sont que le symbole de l'évolution graduelle de l'aspirant à la vie spirituelle. (Note de l'Auteur).

rez ici jusqu'à demain, et même davantage, si c'est votre gré, car le voyage sera plus long que vous ne le pensez; il vous faudra une journée entière pour arriver à destination, même en partant de fort bon matin. » Aristion se leva, et sourit en disant: « Que la paix soit avec vous deux jusqu'à ce que nous nous retrouvions ce soir. » Puis, les quittant, il s'en alla à travers le jardin.

— X —

Le jour suivant, Antonius et Cyanara se levèrent à l'aube, et, prenant congé avec regret de leur hôte et de sa femme, ils se mirent en route, munis des directives d'Aristion. Pendant de longues heures, ils suivirent un chemin élevé courant sur le flanc d'une colline, d'où l'on jouissait d'une fort belle vue. Au-dessous d'eux, dans la vallée, serpentait une rivière aussi bleue que le ciel, bordée de peupliers qui jetaient sur l'eau une frange d'ombre d'un vert clair. De pittoresques villages étaient semés çà et là; en face, sur les vastes pentes de la montagne, coupées de bois et de prés, pâturaient des troupeaux; le tintement de leurs clochettes, porté par la brise, résonnait jusqu'au fond de la vallée. De temps à autre, on percevait les notes lointaines de la flûte du berger; parfois aussi montait vers eux la chanson joyeuse d'un batelier ramant lentement sur la rivière. A un tournant du sentier, les voyageurs se trouvèrent devant une vache solitaire, paresseusement couchée dans l'herbe. « Je me demande, dit Antonius, ce que cette vache peut bien voir de toute la beauté qui nous entoure;

ses yeux, sans doute, sont faits comme les nôtres; ces montagnes et ces bois, cette rivière là-bas, lui apparaissent sous le même aspect qu'à nous. Néanmoins, ils doivent être pour elle entièrement dénués de sens, ou pleins d'un sens très particulier et que nous ne saurions deviner. Beauté, couleurs, poésie, nous environnent de toutes parts, et pourtant il arrive que telle créature douée de conscience y demeure aussi insensible qu'un poisson reste insensible à tout ce qui n'est pas son propre élément. Aristion n'avait-il pas raison de prétendre que rien ne renferme *en soi* de beauté ni d'harmonie, que l'objet dit *beau* ne sert qu'à faire surgir une parcelle de l'infinie Beauté et de l'infini Bonheur qui sont latents dans notre âme ? Sans nul doute le berger qui sort de cette cabane est-il aussi aveugle que sa vache à tant de splendeurs. Bien que son œil suive le même contour de montagne et plonge dans le même bleu du ciel, la poésie qui baigne tout cela est absente de ses perceptions, puisqu'il n'en a point dans son âme. » — Cyanara répondit avec enjouement: « Il me semble que tu as retiré de tes leçons un rapide profit, puisque même une vache peut t'enseigner quelque chose de plus que tes longues études et toutes tes lectures ! Quant au berger, qui sait quelle sagesse il n'a pas acquise dans sa longue communion avec la nature ? Il est peut-être un sage méconnu, comme ton vieux mendiant, envers qui nous avons une dette dont il nous serait, en vérité, difficile de nous acquitter. Ne soyons pas trop prompts à rabaisser nos frères plus humbles, vu que les apparences sont trompeuses, vu aussi qu'en ce cas particulier — c'est étrange à dire — j'éprouve une inexplicable sympathie pour ce berger que voilà, bien qu'il soit sale, laid et complètement dénué de grâce... Ainsi, je n'aime pas entendre dire qu'il n'a pas de poésie dans l'âme ! »

Antonius, riant, répondit: « Il me semble que tu as aussi profité de tes leçons, car tu as sûrement dans le cœur, à son égard, une étincelle de l'Amour *inconditionné:* ce garçon n'a rien, en lui, qui soit susceptible d'éveiller un sentiment plus personnel ! Si j'ai appris quelque chose de cette vache, tu as appris quelque chose de son maître: nous sommes donc quittes ! » Cyanara, riant aussi, répliqua: « Ce n'est pas cela; si mon sentiment était réellement l'Amour absolu, il serait indépendant de ce garçon et j'en aurais été consciente tout le temps, même avant de l'avoir aperçu. Je vais te confier un petit secret, que tu croiras ou non, comme tu le voudras. Une femme qui a un amour dans le cœur éprouve le besoin de le faire rayonner tout autour d'elle; telle est la nature de l'amour vrai: il est semblable au soleil qui, une fois admis dans la chambre, illumine tout — les choses laides comme les belles. Un amour qui n'agit point ainsi n'est point un amour véritable, mais de l'égoïsme masqué sous ce nom. » « Petit philosophe, dit Antonius souriant — tu mérites vraiment ce nom honorifique — ne t'ai-je pas dit que j'étais destiné à apprendre beaucoup par ta bouche, porte-parole de ta noble intuition ? » Ils se mirent alors à parler d'Aristion, de ses enseignements, de sa sérénité et de son charme, se demandant comment serait leur prochain maître et son enseignement. Ils cheminèrent tout le jour, ne se reposant qu'une fois pour prendre quelque nourriture, dans un petit village au haut d'une gorge le long de laquelle, avec un bruit de tonnerre, un torrent se ruait, impétueux, vers le large fleuve tout en bas. Ensuite, il leur fallut descendre cette gorge, parmi de gros cailloux et des rocs moussus, qu'éclaboussait la poussière d'eau; mais ici ils n'arrivèrent pas à converser: la grande musique de l'eau couvrait leurs voix. Assez tard dans l'après-midi, ils parvinrent dans la vallée, au bord du fleuve, sur lequel des cygnes blancs glissaient à l'ombre des cyprès et des peupliers. En face d'eux se dressait la colline boisée qu'ils devaient encore gravir pour toucher au but. Après une montée lente et ardue, ils atteignirent le sommet au coucher du soleil; là se trouvait une petite chaumière nichée dans les arbres. Ils demandèrent leur chemin à une vieille femme debout sur le seuil; elle leur répondit gracieusement: « Etes-vous les deux pèlerins qu'attend Petrius, l'ermite ? Si oui, vous trouverez ici un logement, et il vous attendra chez lui le matin. » — Tout en répondant affirmativement, Antonius pensait: « Ces gens semblent être au courant de tout... par quel sortilège sont-ils informés des faits et gestes de chacun ?... » Mais il dit à la vieille: « Qu'il en soit donc ainsi, bonne femme. Procurez-nous, je vous prie, quelque nourriture et de l'eau pour nous rafraîchir, car le voyage a été long, et nous sommes fort las. »

Levés de bonne heure, le matin suivant, ils descendirent, guidés par la vieille femme, une centaine de pas sur le versant droit de la colline, où la forêt était très dense et le sentier soustrait à la vue par un fouillis de verdure, malaisé à trouver. Pleins d'espoir et d'ardeur, mais non sans un léger sentiment de crainte, ils débouchèrent enfin dans une prairie où se trouvait un petit lac à l'eau verte et transparente, et auprès, une hutte de pierre recouverte à profusion de plantes sauvages. Dans la cabane était assis un homme à l'aspect calme, à la barbe noire en pointe, revêtu d'une longue robe rappelant celle des moines, mais d'une nuance moins sombre, car elle était d'un riche et beau bleu, à peine plus foncé que le ciel. Les voyant approcher, l'ermite se leva, vint en souriant au-devant d'eux, et leur adressa quelques paroles affables et choisies. « Il y a longtemps, dit-il, que je n'ai vu venir un nouvel élève: le maître est toujours plus prompt à enseigner que le disciple à écouter. Mais, notre science n'étant pas semblable aux autres sciences, nous ne pouvons aller nous-mêmes à la recherche des néophytes: pour s'instruire, en ce domaine, il ne faut pas être *envoyé* à l'école par ses aînés, mais s'y rendre de son propre mouvement. » Il sourit encore: « Mon installation est des plus modestes; mais le gazon vert est le plus tendre des sièges, asseyons-nous donc à l'ombre de ces arbres, près de l'étang; l'atmosphère y est toujours fraîche et pleine de senteurs agréables, l'eau provenant d'une source du centre de la forêt. » Lorsqu'ils furent assis, Antonius regarda l'ermite. « Mon père, dit-il, je suis très frappé du bonheur immuable et serein que respire non seulement Aristion — lequel nous a envoyés ici — mais toi-même, qui, malgré ton absolue solitude et ta résolution de vivre loin du monde, n'as dans l'attitude rien d'austère ni de sévère... » L'ermite repartit, l'air amusé: « Un sombre philosophe, ô frère ! serait une vivante contradiction, et tout à fait indigne de ce titre; car, quelle serait l'utilité de la philosophie si elle ne nous apportait la paix ? » — « Cependant, dit Antonius, j'ai souvent entendu parler de sages austères et tristes, solitaires, misanthropes, et en désaccord avec le reste du monde... » L'ermite rit gentiment. « Il me paraît que tes « philosophes » n'en avaient guère que le nom; car, pour celui qui réalise l'unité de la Vie et des Etres, il ne saurait y avoir ni délaissement, ni misanthropie, ni mécontentement — c'est précisément l'inverse ! Créer cet état intérieur est le but même de la philosophie: elle répand en nous une divine indifférence, rendant totalement sans importance le fait que nous vivions dans le monde ou hors du monde, dans un palais ou dans un bouge, dans un lieu ou dans un autre. Or, sache qu'il y a deux sortes d'indifférences — une divine indifférence, dérivant de l'immuable Bonheur, et une indifférence profane, dérivant du perpétuel ennui. L'une appartient au sage, l'autre au cynique. Le premier dit: « Je suis trop heureux pour pouvoir ressentir la douleur »; le second déclare: « Je suis trop triste par moi-même pour éprouver encore une douleur ni une joie quelconque. » Ainsi, l'attitude de l'un est positive, l'attitude de l'autre est négative. C'est par l'incessante contemplation de la Félicité intérieure que le véritable philosophe cultive en lui la divine indifférence: je suis autorisé à en révéler le secret aux élèves qui sont disposés à l'apprendre. »

Petrius sourit et caressa un moment sa barbe en promenant un regard affectueux de l'un à l'autre de ses auditeurs. Soudain son visage se fit grave. « Mais, cet enseignement, dit-il, comporte des secrets qui ne doivent pas être divulgués au profane. Ceux qui pratiquent avec zèle la contemplation acquièrent de grands pouvoirs qui, transmis à des esprits mauvais, deviennent de cruels instruments de destruction et une menace pour le bien-être de l'Humanité. Je me vois donc contraint d'exiger un absolu silence de ceux que j'enseigne; s'ils me manquent sur ce point, je suis contraint, alors, de leur fermer la voie directe qui mène à la Connaissance, ne leur laissant, pour y parvenir, que le chemin le plus long. La discrétion ne suffit pas: largeur et discernement doivent s'y ajouter, ces deux qualités étant une sauvegarde contre l'abus éventuel, que pourrait faire l'élève, de pouvoirs occultes exercés par ailleurs dans une intention bienfaisante. Une fois, il y a bien longtemps, poussé par une bonté maladroite, j'élargis un peu la règle de notre ordre, permettant à l'un de mes disciples d'acquérir quelques-uns de ces pouvoirs avant que la compréhension indispensable pour en user sagement n'habitât son cœur. Ce disciple avait un ami, pour lequel il éprouvait une grande tendresse. Il désirait ardemment lui faire prendre le sentier qu'il avait suivi pour arriver à la Connaissance, puisque lui-même avait trouvé le bonheur dans cette voie. Mais l'ami se rebellait, repoussant avec impatience ses sollicitations, et refusa, finalement, d'en entendre davantage. Mon disciple, alors, en vrai fanatique qu'il était, lui dit: « Puisque tu restes totalement aveugle à ce qui serait pour ton bien, je vais te forcer de te rendre à mes désirs en faisant usage de mes pouvoirs occultes ! » — Ce fait étant venu à mes oreilles, je bannis de ma présence, pour trois années au moins, ce disciple inconsidéré, lui disant d'apprendre, avant son retour auprès de nous, la vertu de la tolérance; car tous les fanatiques sont dangereux pour la communauté, en raison de leur complet manque de sagesse et de discernement. Chaque être humain, en effet, suit, pour arriver à la Connaissance, la voie qui est la mieux adaptée à sa personne, à son caractère, à son tempérament. Vouloir contraindre quelqu'un à choisir une route plus rapide et plus directe, n'est pas seulement gaspiller des forces, mais, en quelque sorte, commettre une folie qui pourrait causer la ruine de celui à qui l'on s'intéresse. Le mobile de toute activité n'est-il pas la recherche du Bonheur ? La seule différence entre le saint et le pécheur, c'est que le premier choisit le chemin direct, le second la voie détournée. Or, si les forts et les vaillants sont seuls capables de gravir verticalement la montagne sans courir de dangers, tandis que les faibles et les craintifs doivent prendre le sentier montant par de nombreux lacets — de même les esprits vigoureux peuvent seuls espérer une rapide ascension vers la Divine Connaissance, tandis que le chemin lent s'impose aux pusillanimes: tout autre mode de progrès les conduirait inévitablement à leur perte. »

Petrius fit une nouvelle pause et laissa errer ses yeux dans le ciel bleu, comme perdu en réflexions. Puis, la gravité de son expression s'adoucit d'un sourire. « L'objet de la Science Divine, dit-il, est la transformation de notre conscience ordinaire en une conscience que nulle parole ne saurait définir, qui ne peut être qu'*expérimentée*, et non décrite. Ceci, d'ailleurs, n'infirme nullement la possibilité de son existence, ainsi que beaucoup de pédants et de savants ignares voudraient nous le faire croire; car — à prendre des exemples dans la vie quotidienne — qui pourrait décrire la saveur douce sans avoir jamais goûté le miel; expliquer l'amour à celui qui n'a jamais aimé et la faculté de voir à celui qui naquit aveugle ? Néanmoins, *toutes ces choses existent !* Mais de même que, pour expérimenter nombre de choses, en ce monde, il faut que certaines conditions soient remplies, l'expérience de la Conscience divine suppose, elle aussi, certaines conditions préalables: la première — savoir *ce qu'il faut pratiquer*; la seconde — savoir *comment le pratiquer*, et la troisième — *le pratiquer véritablement*; sans cette trinité d'éléments essentiels, on n atteint absolument rien. Ma tâche est de vous éclairer sur tout ceci. Après une explication préliminaire, que je vous donnerai demain matin, à la même heure, vos exercices commenceront — et que la Fortune vous assiste (1) ! »

---

(1) Les exercices auxquels il est fait allusion sont ceux du Yog Vidya, une science secrète, venue de l'Inde et qui s'est, peu à peu, répandue dans le monde. Elle existe en Angleterre depuis 300 ans, bien que tenue strictement secrète. (Note de l'Auteur).

Antonius et Cyanara, devinant, à ces paroles, que le maître souhaitait être laissé à ses méditations, se levèrent pour partir, et, après une courte promenade dans les bois, ils rentrèrent dans leur petite maison.

Il se trouva que l'air des collines leur avait donné un si grand appétit, qu'ils demandèrent à la vieille femme de la chaumière ce qu'elle pouvait leur procurer pour leur repas de midi. Mais elle prit l'air de quelqu'un à qui on n'avait jamais posé pareille question: « Que pourriez-vous trouver sur cette montagne perdue, si ce n'est du lait, du pain, du fromage et du beurre; je n'ai que mes vaches, là-bas, pour me donner de quoi manger ! » (1) Antonius regarda Cyanara d'un air significatif, puis, quand la dame fut sortie: « Il semble, dit-il, que nos privations vont commencer; comment pourrai-je me soutenir, avec une si maigre et si monotone alimentation ? Je ne suis nullement habitué à me passer de viande et de vin ! Toutefois, je suppose que je dois me consoler par l'idée que beaucoup de pauvres mortels vivent de moins encore: de pain et d'eau — tandis que bon nombre de pauvres diables meurent tout à fait de faim. » Cyanara répondit en riant: « C'est bien comme tu le dis, mais la consolation est maigre... et, certainement, pas très noble — et peut-être même pas du tout une consolation ! Il serait peut-être plus méritoire de penser: « Si j'ai, moi, à subir des privations, je remercie le sort d'être du moins le seul et que les autres soient heureux et exempts de mes maux ! » Antonius, riant à

---

(1) L'abstinence de tout aliment excitant est recommandée aux novices de la Science du Yog. De plus, tuer des animaux est incompatible avec le haut degré de compassion que pratiquent les Adeptes. (Note de l'Auteur).

son tour, repartit: « Petit philosophe, tu es fort prompt à trouver de sages et amusantes réparties, à percer la duperie des faux et stupides clichés si appréciés de ceux qui ne réfléchissent pas; clichés qui tombent négligemment de notre bouche sans que nous prenions la peine de nous demander ce qu'ils veulent dire et s'ils renferment même un grain de vérité ! Mais, maintenant, ton agaçante sagesse m'a dépouillé de toute consolation, car mes insignifiantes privations me forcent à penser à celles d'autres gens, de qui je ne m'occupais guère jusqu'ici ! Le seul moyen que tu aies de réparer ce que tu viens de faire, c'est d'aller dans le bois cueillir des herbes et des baies, qui compléteront notre maigre menu: cette peine supplémentaire sera ton châtiment pour m'avoir surpassé en finesse... »

— XI —

Nos deux voyageurs passèrent le reste du jour à la recherche de baies, de petite oseille, et de nombreuses variétés d'herbes comestibles et agréables au goût. Le lendemain, après une nuit sans rêves et un sommeil réparateur, ils descendirent vers la hutte de l'ermite, au penchant de la colline.

Les ayant salués avec bonté, il leur dit: « J'ai fait allusion, hier, au fait que toute vie est en réalité *une*, que le plus haut degré de la Conscience, c'est cette unité, qui s'oppose à la séparativité: la première engendre la félicité, la seconde engendre la souffrance. De même que la vague ne fait qu'un avec l'océan, et ne s'en distingue que par la forme et le nom, mais non pas en fait, ainsi toute créature vivante ne fait qu'un avec la Conscience Universelle, bien que, par le nom et la forme, elle semble s'en distinguer. Non seulement la vague est unie à l'océan, mais elle est sœur des autres vagues, tout en possédant sa propre individualité, puisque aucune vague n'est exactement pareille à l'autre. Il en est de même de l'humanité: bien que chaque entité douée de conscience possède une individualité propre, elle n'en est pas moins unie à toutes les autres entités, par le fait que toute conscience est *une.* C'est pourquoi un précepte élevé déclare: « Aime ton prochain *comme toi-même,* et ne lui fais pas de mal »; car, faire du mal à son prochain, c'est se faire du mal à soi-même, puisque dans le grand océan de la Conscience Universelle agit une loi de récurrence: ce qu'un être projette au dehors lui revient tôt ou tard; c'est la grande loi de Cause à Effet, de Séquence à Conséquence. »

Petrius s'arrêta, sourit, et demanda: « Suis-je suffisamment clair ? » A quoi Cyanara répliqua: « En vérité, mon père, qui pourrait manquer de comprendre un maître qui use de comparaisons si simples et si bien choisies ? » Petrius, alors, reprit: « L'objet de la Divine Science est de réaliser l'union avec tout ce qui vit, afin que — je vous l'ai dit — s'opère une transformation de la conscience, que l'individu se sente relié à l'Univers, et que parfois même il obtienne, ici-bas déjà, la Félicité absolue, au lieu de n'en avoir que le vague et lointain espoir, seul permis aux ignorants. Il faut, en tout premier lieu, qu'il ressente le parfait amour des êtres et le fasse rayonner autour de lui, mais qu'en même temps, si paradoxal que cela paraisse, il contienne ce sentiment, le garde toujours en réserve dans son for intérieur, ne le laissant jamais échapper. Cet incomparable exercice lui ouvre la porte de la *Réalisation;* méthode lente, mais absolument sûre quant à ses résultats. Le moyen rapide d'atteindre la Réalisation est un secret, ou du moins exige une série de pratique secrètes que je ne vous révélerai que partiellement, vous dévoilant une chose après l'autre si vous vous en montrez dignes, vous les taisant si vous agissez à l'inverse. Retournez maintenant dans votre maison. Nous nous reverrons demain, mais qu'à l'avenir, chacun de vous vienne séparément, à une heure de distance de son compagnon; ne vous révélez point l'un à l'autre mes enseignements, à moins que je vous le permette: car, comment pourrions-nous attendre des autres qu'ils gardent un secret si nous en sommes incapables nous-mêmes ? La discrétion elle-même exige un peu d'exercice — excellent pour le contrôle de la langue, laquelle n'est toujours que trop prête à s'agiter, tandis que le silence serait d'or. Au revoir donc, à demain; la paix soit avec vous ! »

— XII —

Pendant bien des semaines, Antonius et Cyanara s'essayèrent à pratiquer la grande Science, sous la surveillance de Petrius l'ermite. Ils poursuivaient leur tâche avec zèle, y consacrant toutes les matinées; le reste du jour, ils se promenaient par monts et par vaux et se distrayaient à leur gré. Chose étrange à dire: tous deux devenaient plus sains et plus beaux. Cyanara, perdant son aspect fané, retrouvait sa jeunesse physique, mais jointe à une physionomie bien plus expressive, laquelle, avec la douceur encore accrue de sa voix, où résonnait l'indulgence et la tendresse, émouvait le cœur de quiconque l'approchait. « Réellement, se disait Antonius, le charme de Cyanara pourrait devenir une menace pour mon repos d'esprit et faire obstacle à mon progrès sur le sentier de la Connaissance. Sans doute, notre Instructeur désapprouve-t-il la passion sous toutes ses formes; si j'y succombais, il ne m'enseignerait plus rien, ce qui serait un désastre pour moi... Cependant, je ne puis abandonner Cyanara pour le seul bénéfice de ma paix intérieure, ni la laisser sans compagnon et sans appui. D'ailleurs, elle semble m'aimer plus que jamais, et je ferais tout au monde pour lui épargner des souffrances, après tout ce qu'elle a fait pour moi. » Ainsi, Antonius réfléchissait et s'interrogeait. Quelle serait l'issue de tout cela ? Pourtant, il n'en disait mot à Petrius, ni à Cyanara elle-même...

Or, un après-midi que, pour varier leurs plaisirs — car ils avaient épuisé toutes les promenades du voisinage — ils avaient décidé d'aller plus loin dans la contrée, Antonius et Cyanara parvinrent à un petit village, situé à quelques milles de là. La journée était chaude; tous deux étaient las; ils se rendirent dans une petite auberge, où ils pensaient prendre leur repas du soir, pour rentrer ensuite au clair de lune. Comme ils mangeaient, assis dans le jardin de l'hôtellerie, ils surprirent la conversation d'autres convives, séparés d'eux par un écran de feuillage et que, sans les voir, on entendait très distinctement. L'un disait: « Oui, il pratique sa magie là-haut, dans les bois, et il tend ses pièges aux naïfs, prétendant leur livrer de précieux secrets ! » — « Bien sûr, dit un autre, tout cela pour les tenir en son pouvoir, et faire d'eux ses instruments dociles. » — « C'est bien pourquoi, dit un troisième, il n'ose pas venir vivre au village et préfère sa solitude: il sait trop bien que les habitants de n'importe quel endroit respectable le chasseraient, lui, sa sorcellerie et ses louches manœuvres ! » — « Et, maintenant, reprit le premier, j'apprends qu'il a une nouvelle femme dans ses griffes, une propre à rien, arrivée ici avec un homme. On sait trop bien comment cela finit: l'homme est renvoyé, la femme reste... et, quand il en a assez, il la « liquide » aussi; et ça continuera ainsi jusqu'au jour où il attirera une vengeance sur sa vilaine tête ! » — « Oui, reprit le second, et ce qu'il y a de pire, c'est qu'il n'est pas le seul: il y a toute une « confrérie » de ces sorciers, qui se soutiennent les uns les autres dans leurs scélératesses et qui mènent les innocents à leur perdition. »

Il y eut encore quelques remarques de faites, qui se perdirent dans un bruit de chaises et de pieds, car les causeurs s'étaient levés pour partir. Antonius et Cyanara se regardèrent... saisis d'une étrange suspicion — impression qui ne dura, il est vrai, que l'espace d'un instant, mais qui laissa, derrière elle, l'ombre légère du doute. En retournant chez eux, ils se confièrent l'essentiel de leurs réflexions, mais n'exprimèrent pas le moindre doute sur l'intégrité de leur maître, qu'ils en étaient venus à vénérer et à aimer. Les preuves de la bonté de son enseignement n'étaient-elles pas manifestes en eux ?

Le matin suivant, Cyanara ne proféra pas une parole au sujet de l'incident de la veille. Mais, en revanche, Antonius aborda avec son maître une question qu'il savait devoir jeter quelque lumière sur ce qu'il avait entendu. « Mon père, dit-il, Cyanara devient chaque jour plus belle: je crains que la flamme des désirs anciens ne se rallume en moi, et d'autant plus que, cette fois-ci, l'amour et l'admiration sont aussi de la partie — deux forces difficiles à surmonter, s'il est réellement souhaitable de les surmonter. Si ce que je crains se produisait, je ne saurais quelle conduite tenir; serait-il préférable de m'éloigner d'elle ce qui, sans doute, résoudrait la difficulté mieux que toute autre solution ? » Petrius réfléchit un moment, puis répondit d'un air pensif: « Ce serait un moyen possible; la séparation est, en général, le meilleur remède à la passion. Néanmoins, pourquoi vouloir prévenir des maux qui, peut-être, ne se réaliseront pas, et donner prise ainsi à toutes sortes d'appréhensions entièrement vaines ? Craindre une chose est la façon la plus sûre de la faire naître: car l'esprit est créateur, et ce à quoi un homme pense, il le suscite tôt ou tard. Inversement, ce à quoi il refuse de penser dépérit si bien que le germe même en disparaît, faute d'aliment. » Petrius sourit, et ajouta: « Retourne maintenant chez toi, et sois heureux. Ne pense plus à cette affaire, ni dans un sens ni dans l'autre; c'est le meilleur conseil que je puisse te donner. »

Antonius s'en retourna à sa maisonnette, enfoncé dans un abîme de perplexités; en lui, le doute et la foi oscillaient d'un extrême à l'autre, comme des pendules. Il raisonnait ainsi: « Si mon maître est faux, ainsi que le prétendaient ces voix dans le jardin, pourquoi alors n'a-t-il pas sauté sur l'occasion que je lui fournissais, et ne m'a-t-il pas congédié en gardant Cyanara auprès de lui ? D'autre part, pourquoi m'a-t-il laissé entendre, même pour un instant, l'idée de l'abandonner en la laissant dans l'embarras, au lieu de me commander de réprimer mes désirs, sous peine d'une sévère pénitence — ce qu'il eût pu si aisément faire ? Néanmoins, après tout ce qu'il a fait pour moi, douter de lui me semblerait hautement répréhensible; car la preuve qu'un fruit vaut quelque chose, c'est la douceur de son goût. Or, dans tout ce qui a trait aux pratiques qu'il m'enseigne, les choses se sont passées exactement comme il l'avait prédit... » Antonius, subitement irrité contre lui-même, se dit: « Je vais mettre fin à cela en lui confessant mes doutes et en lui rapportant toute l'histoire. » Ce qu'il fit le lendemain matin, parlant de l'auberge, des paroles calomnieuses qu'ils avaient surprises, et de ce qui s'était ensuivi. Lorsqu'il eut achevé, Petrius le regarda avec un sourire où perçait une ombre de désappointement, mais rien de plus. Néanmoins, ce sourire alla au cœur d'Antonius, le remplissant de chagrin, de honte et de regret, comme aucun emportement, reproche, ou ressentiment n'eût pu le faire.

« Mon frère, dit Petrius, les ignorants — ne sachant pas mieux — expliquent toute chose selon la mesure de leur ignorance; et s'ils sont, en outre, méchants, leurs interprétations seront méchantes aussi. Car les discoureurs dont tu parles se trouvent en présence d'une énigme qu'ils sont impuissants à résoudre sans appeler à l'aide la calomnie et le manque de charité: ils ont préféré s'emparer d'un mensonge injurieux plutôt que d'une vérité charitable, ne prenant même pas la peine de se demander s'ils ont tort ou raison, trop heureux qu'ils sont de ce prétexte à diffamation. Car le monde, dans son ensemble, est totalement incapable de comprendre l'altruisme et le désintéressement. Il croira encore plus volontiers à l'absence de mobiles qu'à des mobiles désintéressés. D'ailleurs, les gens en question ne sont que les instruments d'une puissance mauvaise, appelée la Fraternité Noire, qui travaille incessamment à détourner les disciples du « Sentier de la Main droite », intervenant dès que l'un deux est sur le point de devenir une force pour le Bien. Ce sont eux qui, à votre insu, vous ont guidés vers cette taverne, afin que vous y entendiez leurs propos calomniateurs. Bien que je l'eusse prévu — car les sens subtils de l'initié lui font percevoir l'action de ces dangereux frères — je ne vous ai donné aucun avertissement, trouvant bon que vous fussiez tous deux mis à l'épreuve et que votre foi fût ainsi contrôlée: de telles expériences sont nécessaires à votre avancement, et elles sont le prélude des vérités spirituelles plus hautes que vous allez recevoir. Car, sache que nous, les membres de la Fraternité Blanche, nous nous efforçons de tourner le Mal en Bien, utilisant pour cela les armes mêmes de nos adversaires, mais dans un but plus élevé. Quoique le tranchant empoisonné de ces armes — telles qu'ils s'en servent — n'ait pas pu te blesser, la lame propre et nette, mais affilée, dont nous usons t'a légèrement égratigné, puisque étant sorti victorieux de l'assaut, tu en gardes quelque trace. Il y a, en pareil cas, une première manière d'agir — c'est la seule juste — qui est de ne jamais douter; une seconde, qui consiste à douter de ses propres doutes, comme tu l'as fait; une troisième, qui est de s'abandonner aux doutes — et celle-ci implique un grand retard spirituel, voire, parfois, une faillite définitive. »

Antonius, alors, regarda tristement son maître et dit: « O Maître ! je me sens accablé par ta bonté, autant que par ton pouvoir de persuasion, qui me rend honteux de mes doutes et affligé de ce que j'appelle, maintenant, mon ingratitude. Néanmoins, serait-il bon que j'avançasse en aveugle, sans jamais me poser une question ? » Petrius répondit, avec un sourire d'affection: « Non, ce n'est pas désirable, bien que ta question elle-même prouve que tu confonds une *interrogation* avec un *doute*, alors qu'il existe entre eux une subtile, mais réelle distinction. Questionner, c'est avoir la foi; c'est croire dans la valeur de celui qu'on interroge, c'est un acte positif et constructif; mais douter, c'est ne plus même croire à l'utilité de questionner: c'est chose négative et destructive. Ou, pour présenter cela en d'autres mots: questionner, c'est la méthode par laquelle on cherche à construire sur une fondation que l'on croit sûre: ainsi l'homme qui a trouvé un bon terrain rocheux se préoccupe du plan de la maison qu'il veut bâtir. Mais douter, c'est ne plus croire à la possibilité de bâtir quoi que ce soit, parce que les fondations paraissent mauvaises et inaptes à supporter une structure quelconque. Toutefois, ne crois pas que le doute soit un péché en lui-même: il n'est qu'une indication, démontrant le degré d'ignorance ou, si tu veux — de connaissance, de celui qui doute. Celui à qui il faut montrer deux paires de cailloux, pour le convaincre que deux et deux font quatre, révèle d'emblée au maître son défaut d'intelligence, étant incapable de comprendre un fait très simple sans être mis en face d'une preuve matérielle. Et maintenant, retourne chez toi, oublie ce sujet et ne te fais plus de remords, car le remords est un gaspillage de forces actives; il identifie notre esprit à la tristesse et à la dépression, au lieu de l'identifier à la joie, qui est son divin patrimoine. » Lorsque Petrius se tut, Antonius saisit sa main, qu'il baisa; puis, sans proférer un mot, il se tourna pour partir.

— XIII —

Les semaines passaient; et chacune d'elles apportait aux deux voyageurs un peu plus de savoir, de puissance et de bonheur, sans parler de la beauté physique et de la beauté de l'âme. Un jour, Petrius dit à Antonius: « Certains pouvoirs cachés sont sur le point de s'éveiller en toi: un simple attouchement, pour ainsi dire, les amènerait à se manifester; alors, certaines régions plus subtiles de la Nature seront perceptibles à tes sens, devenus éthérés. Mais, auparavant, j'ai une mission à te confier. Elle nécessite un voyage de plusieurs heures, que tu feras seul. J'ai ici un petit paquet de valeur, que je te demande de remettre entre les mains d'un frère, vivant sur le sommet de la colline que tu discernes là-bas, à travers ce rideau d'arbres. » Il tira de son sein un tout petit paquet, qu'il remit à son élève, avec diverses instructions.

Donc, le jour suivant, Antonius partit pour sa mission, heureux de rendre un service à son maître qu'il aimait, et, cependant, regrettant l'enseignement que ce voyage lui ferait manquer. Au moment de son départ, le ciel était chargé d'épais nuages, qui se fondirent bientôt en une pluie torrentielle; de véritables ruisseaux inondèrent le sentier, charriant de la boue, du gravier et des cailloux, si bien qu'Antonius, trempé jusqu'aux os, avançait à grand'peine, aidé de son bâton. Toutefois, lorsqu'il atteignit le fond de la spacieuse vallée, la pluie s'était arrêtée et le grand rideau de brumes s'écartait lentement, laissant voir, ici et là, des pans de ciel pareils à des lacs bleus, encerclés de feuillages d'un gris indéfinissable. Puis, dans une éclaircie du brouillard, il put apercevoir le pic neigeux qu'il était destiné à gravir un jour; il projetait sur le ciel son menton gigantesque, encadré d'une nuageuse barbe grise. Combien de temps s'écoulera-t-il encore, pensa-t-il, avant que je fasse l'ascension de ce grand sommet ? Le gravirai-je jamais, ou me contenterai-je de demeurer en bas ? Mon bonheur n'est-il pas déjà assez grand, sans que je m'aventure encore plus haut ? Cependant, si la joie que je dois trouver là-haut surpasse de beaucoup celle que j'ai trouvée là où je suis, ce serait vraiment folie que de m'y attarder pour toujours ! »

Réfléchissant ainsi, il traversa la large vallée, et commença à gravir la colline opposée; il hâtait le pas pour atteindre le but avant le coucher du soleil, qui le priverait de la faculté de voir le chemin. Le mauvais temps l'ayant, en effet, beaucoup retardé, il lui serait impossible, maintenant, de rejoindre Petrius le même jour, car la nuit serait là avant qu'il eût pu s'acquitter de sa mission. La pente était raide et glissante, après cette grosse pluie; déjà le crépuscule descendait; il lui semblait que son voyage ne finirait jamais, quoiqu'il pût voir les lumières du village où il allait, clignotant dans l'humide brouillard. Comme il grimpait, ne songeant plus qu'à ne pas faire un faux pas dans l'obscurité, soudain, un homme, surgissant du fourré, bondit sur lui sans une parole, essayant d'arracher des plis de son vêtement le petit paquet de Petrius. Un pugilat s'ensuivit, qui pouvait être fatal à Antonius, s'il n'eût été le plus fort. A l'instant de l'attaque, il songea à frapper son agresseur de son bâton, mais, prompte comme l'éclair, une pensée le traversa: retiens ta main pour ne pas blesser cet homme. Comme celui-ci lui échappait d'un effort violent, et reculait de quelques pas, l'air menaçant, il vit luire l'éclair d'un poignard dans sa main. « Donne-moi ce paquet, dit le bandit, ou je te plonge mon poignard dans le cœur ! » Antonius repartit: « Je ne puis le donner: ce paquet n'est pas le mien. » — « J'aurai pitié de toi et te laisserai le paquet, si tu l'ouvres et me lis le secret qu'il renferme; à cette condition seule, j'épargnerai ta vie » — « Hélas ! fit Antonius, si la vie m'est ôtée, le secret t'appartiendra avec elle, car personne n'est là pour t'empêcher de t'en saisir. Si nous luttons, j'essaierai, pour ma part, de ne pas te tuer, et me bornerai à te désarmer; je suis plein de pitié envers un être que son triste état d'âme pousse à dépouiller un innocent qui ne lui a fait aucun tort. Vois, j'ai moi-même une arme, et je pourrais te détruire, étant le plus fort de nous deux; mais l'employer contre toi serait mal — c'est pourquoi j'y renonce. » — « Ah ! ah ! fit son agresseur, lâche individu, tu as peur pour ta peau et caches ta couardise sous une feinte magnanimité ! Bien qu'étant le plus faible des deux, je me battrai pour la possession de ce secret qui, pour moi, signifie plus que la vie ! » A l'ouïe d'un si injuste outrage, le feu de la colère s'alluma dans le cœur d'Antonius, et il lui fallut toute son énergie pour en dompter la violence... Mais une subite impulsion lui commanda de jeter loin de lui son poignard pour déjouer toute tentation — ce qu'il fit sans hésitation.

Alors... à son immense étonnement, une voix d'une indescriptible douceur lui dit: « Mon frère, la victoire est tienne; l'épreuve est terminée — et à ton honneur, en vérité ! Car je ne suis nullement un voleur, mais le frère même auquel était destiné ton message. Je suis venu à ta rencontre pour aider ton maître à te soumettre à l'épreuve qu'il t'imposait — uniquement pour ton propre bien. Ramasse ton poignard et remets-le en place; d'ici peu de temps, il ne te sera plus nécessaire, car celui qui a acquis l'Amour parfait est à l'abri de toutes les attaques: il a comme sauvegarde une arme plus puissante que l'épée. » Antonius, inondé de joie, de soulagement, d'étonnement... ramassa son poignard, trop surpris pour parler. Mais l'ennemi transformé en ami vint à lui et prit son bras en disant: « Laisse-moi t'assister pour le reste du trajet; car tu passeras cette nuit dans ma maison, où, en vérité, tu es trois fois bienvenu ! Tu y trouveras nourriture, chaleur et repos, que tu mérites si bien. »

Antonius le suivit, sentant une étrange paix lui venir de la douceur de cette voix, bien qu'il ne pût, dans le bois épais et obscur, distinguer le visage de son interlocuteur. « L'épreuve a été sévère, dit l'inconnu, et plus encore que tu ne peux t'en douter, ne sachant pas combien elle était calculée pour sonder profondément ton cœur. Mais nous reparlerons de ceci plus tard, quand tu auras mis des vêtements secs et restauré ton corps. Dans quelques minutes, nous serons à ma porte ! »

Un peu plus tard, chez son nouvel ami, Antonius contemplait le visage correspondant à la voix harmonieuse. La lumière de la lampe éclairait un homme d'environ trente-cinq ans, mince et élancé, mais plein de force active et de vitalité, et dépourvu de tout trait efféminé, en dépit de la douceur marquée de son langage. La maison, bien que modeste et sans luxe, était soignée et pleine de goût, apparemment entretenue par le serviteur qui avait préparé un bain pour Antonius et lui apporta des vêtements de rechange, ce dont il fut grandement reconnaissant, étant mouillé et quelque peu frissonnant. Quand il se fut restauré, il dit à son hôte: « Maintenant, explique-moi, je te prie, le sens de ce qui vient de se passer. Tout en me rendant compte que j'ai été soumis à une épreuve, je ne vois pas clairement quelle est sa valeur exacte et sa portée. » Son compagnon répondit: « Sache que — comme Petrius te l'a sûrement dit — le temps est venu où tu vas être initié à la méthode par laquelle on acquiert les pouvoirs refusés au profane. Mais, auparavant, le maître doit s'assurer que son élève est digne qu'on lui révèle l'usage de forces aussi puissantes, car, sans cela, autant dire qu'il placerait du feu dans la main d'un enfant. Quelque provocation qu'il endure, le cœur doit donc être purifié de toute tentation de vengeance ou de ressentiment, libéré de toute impulsion irritable menant à perdre le contrôle de soi, de toutes les formes de revanche ou d'esprit de talion. Ce n'est pas tout: la plus absolue discrétion doit être gardée au sujet de ces pouvoirs; l'élève préférera perdre la vie plutôt que de trahir son secret. Appartenant à la Fraternité Blanche, j'avais reçu l'ordre de te mettre à cette dure épreuve, t'attaquant pour voir si tu rendrais les coups, essayant de t'arracher ton secret pour m'assurer de ton entière intégrité. » — « Je comprends tout cela, dit Antonius, mais un point ne m'est pas clair: pourquoi, lorsque je refusai de lutter jusqu'à la mort, déclarant que si je te tenais, je me contenterais de me défendre en évitant de te blesser, fût-ce même légèrement, pourquoi m'as-tu traité de *couard ?* Combattre dans des conditions si inégales ne méritait pas cet outrage ? » — Son compagnon sourit avec bienveillance. « Mon frère, ce devait être là le point culminant de l'épreuve, qui faisait appel, en toi, au suprême raffinement de la bravoure, plus essentiel au néophyte que toute autre espèce de courage. Car, comme il y a deux sortes de lâchetés, il y a deux types de courages: l'un est physique, et d'ordre inférieur, l'autre moral, et d'ordre supérieur. Si le premier dépend simplement de la santé et d'un bon état général, le second dépend de facteurs bien plus élevés et, pour cette raison, bien plus rares. Chose curieuse, l'un de ces courages semble fréquemment exclure l'autre, comme ce fut le cas chez toi: car, en vérité, celui qui refuse de combattre peut être jugé, souvent, plus héroïque que celui qui fait face à la bataille. C'est que, pour le héros moral, les insultes de ses amis et de ses ennemis comptent aussi peu que ne comptent les coups pour le héros du courage physique, lequel ne voit que la conquête ambitionnée — et rien au delà. Comment pourrait-on mettre en balance un tel courage avec la générosité de celui qui dit: « O mon adversaire, quoique tu m'aies causé une infinité de torts, au risque de passer pour un lâche aux yeux du monde entier, je me refuse à t'ôter la vie; car, que pèse ma réputation à côté de la mort de ton corps, qui plongerait ta mère et tous les tiens dans le deuil et le chagrin ! » — Comprends, maintenant, mon ami, pourquoi je t'ai traité de lâche, alors que tu étais tout autre chose: c'était pour scruter la profondeur de ton héroïsme moral. Le choc a été dur, puisque, durant une fraction de seconde, tu as chancelé, et as dû, pour ne pas succomber, jeter au loin ton arme. »

L'inconnu se tut, regardant Antonius d'un air approbateur. Mais Antonius objecta: « Ma victoire, en somme, n'était pas complète; sinon je ne me serais pas senti forcé de faire ce geste... » — Son compagnon sourit. « Ah ! si chacun était parfait, la nécessité de ces sortes d'épreuves n'existerait pas ! N'y pense donc plus; car si le cœur sent juste, la main ne saurait mal agir. L'impulsion qui t'a saisi n'était qu'un léger vacillement du feu mourant de l'Habitude transmise par des centaines de vies précédentes, et qui ne s'éteint pas si aisément. Remets-moi, maintenant, le petit paquet que t'a confié mon frère, et je t'en donnerai en échange un autre, qui lui est destiné. »

Le lendemain matin, Antonius se remit en chemin pour regagner son foyer temporaire, l'esprit plein de joie, d'amour et d'espoir.

La pluie avait cessé, laissant derrière elle un cortège de blancs nuages moutonnant dans un ciel de turquoise et, sur la terre, une senteur humide et embaumée, rafraîchissante à l'âme aussi bien qu'aux sens. Mille petites fleurs ayant éclos la nuit mêlaient leurs teintes vives à la verdure éclatante et fraîchement lavée des prés, des bois et des chemins; l'âme d'Antonius, toute chargée d'amour, chantait en lui un hymne d'adoration à la nature. Il se disait: « Je n'ai été séparé de Cyanara qu'un jour et qu'une nuit, et néanmoins je soupire après le moment de revoir son charmant visage, lequel se confond, en quelque sorte, avec les beautés ravissantes qui m'entourent, en enrichissant mystiquement et inexplicablement l'essence. Je dirais même que le visage de mon maître vénéré fait aussi partie de ce bonheur: plus j'aime Cyanara, et plus j'aime mon maître; et plus j'aime mon maître, plus j'aime Cyanara — et j'aime tout en Un, tout est confondu dans une grande unité de Joie... » Il hâtait le pas, comme porté par l'exaltation de ses pensées; il avait l'impression de marcher dans les airs, parmi des fantômes de fleurs, d'herbes et de sentiers moussus n'ayant aucune réelle densité... Puis, quand le soir arriva, il se vit tout proche de chez lui, et, à quelque cent mètres du but, il aperçut Petrius, descendant la colline au-devant de lui. Il sortit de son sein le petit paquet, empressé à le remettre à son maître; alors Petrius étreignit son disciple en disant: « Mon frère, tu as surmonté l'épreuve ! Je suis heureux de te voir de retour avec les palmes de la victoire ! Là-haut, dans ma hutte, Cyanara t'attend impatiemment, ayant beaucoup soupiré après ton retour; mais ne lui dis rien de tout cela, ce serait contraire à mes desseins; car elle a ses propres épreuves à surmonter, elle aussi. » — Antonius le promit, et tous deux montèrent vers la cabane. Dès qu'il eut retrouvé Cyanara, notre héros l'embrassa avec une joie profonde qu'il ne put dissimuler, tandis que Petrius, debout à leurs côtés, les contemplait comme un bon père regarderait jouer deux heureux enfants.

— XIV —

Le jour suivant, tous deux ayant pris la leçon usuelle, Cyanara et Antonius flânèrent dans les bois comme ils le faisaient chaque après-midi, occupant leur temps en joyeuses conversations. Mais, ce jour-là, le visage d'Antonius était triste et pensif. Cyanara s'en étonna, puis lui en demanda les raisons, le priant de ne pas lui cacher ce qui pesait sur son cœur. Il la regardait avec une sombre intensité. « O Cyanara ! j'ai quelque peu progressé sur le sentier de la Sagesse; j'ai surmonté quelques obstacles avec succès — mais le plus formidable de mes adversaires sommeillait tout ce temps dans mon cœur, n'attendant que l'occasion de venir au jour... » — « Et, je t'en prie, cet ennemi, quel est-il ? » demanda-t-elle. « O Cyanara, cet ennemi, c'est toi-même, c'est mon amour pour toi qui, toutes ces semaines, a dormi en moi et qui, soudainement, s'est dressé, frappant à la porte de ma conscience comme quelqu'un qui est résolu à ne plus se laisser ignorer ! » — Cyanara eut un subtil sourire et dit: « Pourquoi serait-ce un ennemi, puisque mon amour pour toi est demeuré vivant ? » — « Hélas ! répondit-il, ton aveu rend, en un sens, les choses pires pour moi: la seule barrière à ma passion — celle que ton refus pourrait lui opposer, tombe ainsi d'elle-même, et mon ascétisme court un terrible danger; nul obstacle n'empêchera plus ma chute. S'il n'intervient quelque chose d'entièrement imprévu, elle aura lieu tôt ou tard... »

De nouveau, Cyanara sourit d'un sourire averti. « Es-tu si sûr qu'un total ascétisme est demandé de ceux qui aiment ? L'amour ne transforme-t-il pas ce qui est bas en quelque chose d'élevé, le purifiant ainsi ? Notre ancien maître, Aristion, n'était-il pas marié, contredisant par son exemple ce que tu viens de dire ? » — Antonius répliqua : « O tentatrice ! Serais-tu, toi encore, une « épreuve » déguisée ? Si oui, c'est bien la plus cruelle que j'aie jamais eu à soutenir, et je suis sûr de faillir ! » — « Non, je ne sache rien de semblable, dit-elle, mais qui sait ce qui est au fond de la pensée de mon maître ? Il se pourrait que je sois pour toi une épreuve d'un ordre tout différent de celui auquel tu penses : non pas une épreuve pour ton ascétisme, mais une épreuve pour ton altruisme et ton oubli de toi-même — car il est plus doux, quand on aime comme je t'aime, d'être payé de retour que de ne rien recevoir du tout... » — « Mais, reprit Antonius, ne t'ai-je pas dit que je t'aimais infiniment ? » — « Oui, concéda-t-elle, mais quel est le bien d'un amour qui ne s'exprime jamais ? Ensevelir un amour dans son cœur, c'est priver d'un bonheur ineffable celui qui aspire à le goûter, et, bien plus, c'est ignorer le premier principe de l'Amour véritable — celui qui commande de donner la joie aux autres, les faisant passer, ainsi, avant soi-même. » — « O mon aimée ! dit alors Antonius avec passion, je donnerais une mer de trésors pour te rendre heureuse, et tes paroles me sont un poignard dans le cœur ; pourtant, je suis déchiré entre mon amour pour toi, le désir de te donner tout le bonheur qu'il est en mon pouvoir de donner, et cette soif de la Connaissance qui, certainement, me sera refusée, si je deviens la proie de ma passion : n'est-ce pas ce que j'ai lu dans les anciens écrits ? Un autre dilemme, encore, se pose : si je demeure à ton côté, je succomberai sans nul doute à tes charmes, et si je m'éloigne de toi, je serai torturé non seulement par le désir de te revoir, mais encore par le cruel sentiment de ta tristesse, et cela me brisera presque le cœur... »

Cyanara, alors, émue de tant de détresse, prit contre son sein la tête d'Antonius, lui caressa les cheveux et baisa cette tête maintes et maintes fois, apaisant doucement cet être cher, comme on apaise un enfant. Lui se plaignait: « Malheureux que je suis ! Je croyais avoir atteint le bonheur qui dépend uniquement de l'âme, et ce bonheur m'est maintenant voilé. Je suis totalement sans forces, aspirant à tes baisers comme jamais auparavant (¹), et cela d'autant plus que j'ai soif de te rendre heureuse, comprenant à quel point tu as dû souffrir pendant toutes ces années où je t'aimais à peine ! Et, cependant, tu es bien plus forte que moi, ne te plaignant jamais, et jamais ne me reprochant mon égoïsme, quoique tu aies compris jadis, dès notre première rencontre, que je ne te recherchais que pour m'amuser et satisfaire ma passion sensuelle. C'est qu'en ce temps-là, l'amour était pour moi une chose inconnue, une chimère, une folie dont je riais avec le cynisme de l'ignorance et de l'inexpérience. Tout ceci est la punition que m'inflige la Nature: c'est la loi de séquence et de conséquence qui te venge, pour ainsi dire, de tout le tort que je t'ai fait ! »

Puis, une pensée traversant son cerveau avec la vitesse de l'éclair, Antonius releva soudain la tête, et s'écria: « Jadis, je t'ai égoïstement rejetée, ne songeant qu'à ma soif d'obtenir la Connaissance, ne pensant qu'à moi seul ! Le Sort fut clément, qui m'offrit l'occasion de réparer mon erreur en t'envoyant une fois de plus vers moi, pour cette raison-là, précisément. Et, malgré cela, je pouvais songer encore à t'abandonner, à désavouer mon amour et à commettre la

---

(¹) L'éveil d'une passion profonde pour un type d'âme très élevé est une tendance fréquemment observée au cours du développement occulte. (Note de l'Auteur).

même erreur que jadis — rejetant la leçon que, sans nul doute, je suis destiné à apprendre ! Cela ne saurait être. Repousser ton amour m'apparaît aussi répréhensible que je le croyais louable il y a quelques instants à peine... N'avons-nous pas appris que la Connaissance ne peut être acquise par la voie de l'égoïsme, ni au prix de la souffrance des autres ? Même si je devais me tromper, et que cette Connaissance ne me fût pas octroyée, ne vaudrait-il pas mieux l'attendre un peu plus longtemps que de la payer si chèrement ? — Ma décision est prise: demain, je raconterai à Petrius mes difficultés et ma résolution, sachant qu'il me soutiendra de sa charité et de sa tolérance, sachant qu'il *comprendra*, comme personne au monde ne pourrait le faire ! » — Lorsque Antonius se tut, Cyanara jeta les bras autour de son cou dans un transport de joie, le serrant contre elle comme si elle ne pouvait se résoudre à le laisser aller...

Le lendemain, Antonius descendit vers son maître à l'heure accoutumée, se perdant en suppositions sur ce qu'il lui dirait et sur la façon dont sa décision serait accueillie. Il se rappelait qu'un jour, il n'y avait pas si longtemps, ce même maître l'avait conseillé à cet égard... Or, une chose le troublait un peu; Petrius, en effet, avait dit: « La séparation est le meilleur remède à la passion. » Donc, il n'avait pas jugé exclue l'idée qu'Antonius pût quitter sa bien-aimée... En vérité, après les longues semaines de vie en commun vécues dans la plus proche et la plus douce des camaraderies, cette seule pensée était comme un dard empoisonné atteignant en lui le centre même de la sensibilité: son cœur aimant et généreux. Mais ses réflexions s'arrêtèrent net car, au tournant du sentier, il aperçut l'ermite, qui, le voyant approcher, lui fit un signe de bienvenue.

Après les salutations d'usage, Antonius conta son histoire, ses difficultés et ses craintes, la décision qu'il avait en vue; il demanda à Petrius les conseils de son expérience, le réconfort et le pardon, car il se savait faible et toujours accessible au désir, tout en aspirant sans cesse à être fort. Il acheva par ces mots: « S'il s'agit encore d'une « épreuve », que vous avez imaginée pour moi, mon père, je crains, cette fois-ci, d'y succomber. »

Petrius le regarda un moment sans parler, avec amour et compassion, puis il dit, d'un ton mesuré: « Mon frère ! Les sages avancent avec lenteur et sans passion, n'exigeant pas trop d'eux-mêmes, se contentant de marcher tant qu'ils ne sont pas aptes à courir — et encore moins à voler. Le sage, ayant appris, dans sa tolérance et sa charité, à ne rien exiger des autres, a, tout au moins, le droit de ne pas demander de lui-même ce qui est totalement impossible, ainsi que tu le fais, en réalité; car tu voudrais contrecarrer les plus puissants instincts de la Nature sans posséder la connaissance et le pouvoir nécessaires pour accomplir cette tâche prodigieuse. Si tu voulais bien me pardonner la comparaison, je dirais que tu es un enfant qui veut combattre un géant et se lamente, en face d'un si formidable adversaire, sur sa propre faiblesse et sa propre impuissance, au lieu de déplorer la hardiesse qui l'a poussé à tenter un combat disproportionné ! Car ce n'est pas ta défaite, qui est ton erreur: c'est ton manque d'humilité, qui t'incite à t'estimer plus fort que tu ne l'es. En effet, la perfection ne peut s'atteindre en un jour, ni même en quelques mois ou années, ni même, le plus souvent, dans l'espace d'une vie.

« Tu as méconnu, en outre, la nature du problème — qui ne consiste pas à anéantir la passion en l'étouffant, mais bien plutôt à la purifier en la contrôlant. Car il y a trois manières de céder à la passion: la première est la satisfaction égoïste et exclusive du désir sexuel, qui ne tient aucun compte du bonheur ni du bien du partenaire: c'est la passion la plus basse, puisqu'elle est privée de l'influence purifiante de l'amour, et de tout désintéressement. La seconde est le désir d'union physique avec une femme que l'on aime, mais, là encore, dans l'acte sexuel, c'est son propre plaisir que l'homme recherche avant tout. La troisième, qui est le plus haut degré de la passion, est celle où l'on ne pense plus à soi, mais uniquement au bien et à la joie de l'être aimé, accomplissant le geste de la passion moins pour le plaisir des sens qu'en tant qu'expression de l'amour sur le plan physique, ou, en d'autres termes, afin de procréer, de donner la vie à un être nouveau.

« Tu vois donc qu'il ne s'agit pas, en l'occurrence, d'une « épreuve » forgée par ma propre invention, mais d'une épreuve qui relève de la nature des choses, et qui peut te donner une inappréciable leçon, en te permettant de régler ta dette à l'égard de la femme aimée. J'ai dit, en effet, récemment — pour éprouver ta fidélité — que traiter la passion par l'oubli et l'éloignement volontaires peut, en certain cas, la guérir. Mais, dans le cas présent, recourir à un tel moyen serait nettement répréhensible. Abandonner une seconde fois celle que tu aimes, ce serait non seulement oublier la dette que tu as déjà contractée envers elle, mais en contracter une autre, bien plus lourde. Car, s'il est vrai que la parfaite Connaissance n'est donnée qu'à celui qui a élevé sa passion au plus haut degré de pureté, on ne saurait, néanmoins, atteindre cette pureté par la souffrance et les douleurs d'autrui: on ne parvient pas au ciel en marchant sur le cadavre de son prochain. En somme, ta décision est donc la bonne, et tu as bien soutenu l'épreuve. Toutefois, veille à apprendre la leçon entièrement; tempère ta passion dans les eaux purifiantes de la modération, de l'oubli de soi, de la maîtrise de soi. Par là, tu gagneras au lieu de perdre, et te prépareras le chemin d'un Bonheur si indéfectible qu'il ne saurait plus faire de place à la passion, ni à aucune forme de désir. »

« O Maître ! dit alors Antonius, je me sens consolé et éclairé par tes paroles, et rempli de gratitude. Dis-moi pourquoi j'ai lu, dans d'anciens écrits, que l'ascétisme absolu du corps est essentiel à la poursuite de la suprême Sagesse ? » — Petrius sourit. « C'est que le monde, dans sa recherche effrénée du Désir, essaye par tous les moyens de l'exaspérer, au lieu de le laisser suivre son cours normal. C'est une attitude tout à fait contraire à la science de Dieu: car, qui *pourrait*, ou *voudrait*, s'occuper des choses de l'esprit tant qu'il est absorbé par les choses de la chair ? Sachant qu'il en est ainsi, des auteurs anciens insistèrent sur la nécessité de la continence, conseillant par là la modération et la pureté de la vie, mais non la torture du corps sous forme de tentatives, d'ailleurs vaines, de renonciation à des appétits naturels. Agir ainsi, ce n'est pas se défaire du désir — mais le fixer, au contraire, dans l'imagination, et donc porter la folie à son comble, puisqu'il devient alors une obsession, torturant incessamment ses victimes et les détournant de toute pensée et de toute action nobles. — Laisse-moi te conter l'histoire d'un homme simple, mais élevé et altruiste, qui faisait le bien et méditait sur l'Amour et la Divine Conscience, cherchant à apporter bonheur et réconfort à tous ceux qu'il approchait. Un jour, un vieux dévot émacié se trouva, par hasard, sur son chemin et, après lui avoir exposé les félicités de la dévotion, lui déclara:

« Mais pour atteindre cet état d'âme, le plus haut et le plus pur, il est essentiel de s'abstenir de tout aliment pendant plusieurs jours de suite; c'est un avis que j'ai donné à beaucoup, et les résultats ont été absolument merveilleux, ainsi que le prouve aussi ma propre expérience. » Le trop crédule altruiste suivit ce conseil sans questionner davantage, et commença à jeûner le jour même. Mais, hélas ! loin qu'il expérimentât des miracles: visions, extases ou joyeux transports — il se passa en lui quelque chose d'un tout autre ordre. La sensation de *faim* prit complètement possession de son esprit, ne lui permettant plus de penser à autre chose, faisant de lui un être faible et misérable, qui n'avait plus la force d'accomplir la moindre bonne œuvre, ni la concentration d'esprit voulue pour méditer de hautes pensées. Tandis qu'il se trouvait dans cet état déplorable, un bon vieux prêtre, qui était en même temps médecin, vint le visiter, parce qu'il avait ouï dire qu'il était malade et incapable de toute activité. Il lui parla avec bonté: « Mon fils, de quoi es-tu malade ? Comment es-tu arrivé à cet état d'épuisement qui t'oblige, si malheureusement, à délaisser tes nombreux et charitables devoirs ? » — Le pauvre homme raconta toute l'histoire à son confesseur: le vieux prêtre ne savait s'il devait gronder ou rire — et finit par faire un peu les deux choses. Puis il dit: « Le cas est fort simple et le remède facile à trouver. Mange immédiatement, et sans plus de compliments ! Mais ce n'est pas toute mon ordonnance: je te conseille de ne point te laisser égarer par le désir de surpasser les autres dans l'application de méthodes sans doute excellentes, pour certains cas particuliers, mais absolument contre-indiquées pour d'autres. Le tour d'adresse qu'exécute avec facilité un acrobate ne peut être tenté par un homme ordinaire; de même, les fruits qui conviendront peut-être à vingt personnes peuvent disconvenir à la vingt-et-unième... Car *rien*, mon fils, ne s'applique au monde dans son ensemble; en toutes choses, il y a des exceptions, motivées par les circonstances individuelles, l'entourage et l'état momentané du sujet. »

Ici, Petrius fit une pause, puis ajouta en souriant: « Saisis-tu la morale de mon histoire, et de quelle façon elle s'applique à toi et à la question que tu me posais ? Comme le disait le vieux prêtre, chacun doit découvrir ce qui lui convient par sa propre perspicacité, sachant que les règles données dans les livres sont des indications pour la masse, mais ne peuvent être suivies aveuglément de tous. D'ailleurs, le progrès le plus rapide s'obtient par le bien qu'on fait aux autres, plutôt que par l'abstention d'actes mauvais et les tourments d'une vie entière consacrée à extirper tel ou tel vice, ou à combattre tel ou tel travers de son caractère — d'autant plus que pareille lutte est souvent un obstacle à l'accomplissement du vrai bien. En vérité, c'est en se préoccupant du bien des autres qu'on améliore son caractère, et non pas en s'hypnotisant sur ses défauts. »

« J'ai saisi, dit Antonius: de même que l'alimentation est le moyen prévu par la Nature pour soutenir la vie du corps, la passion en est un autre pour perpétuer la vie de la race. Se défendre de toute passion, c'est un peu comme se refuser toute nourriture: et pareil renoncement, au lieu de contribuer à notre progrès intérieur, devient, en raison de l'obsédante faim qu'il suscite, un obstacle aux actions bonnes, ainsi que ce fut le cas de ton altruiste trop crédule. Car la satisfaction de la passion est chose légitime, tant qu'elle ne tourne pas à l'obsession, laquelle serait à notre progrès un aussi redoutable obstacle que l'attitude inverse: la volonté de l'ignorer. »

Petrius l'interrompit: « Je vais, maintenant, te faire part d'une autre expérience, dont tu as peut-être eu le pressentiment au cours de tes exercices spirituels: la pureté du cœur agit, sans nul doute, sur celle du corps. L'homme qui étreint celle qu'il aime dans un sentiment de dévotion et sans égoïsme dans le cœur, ne perd rien, dans cette étreinte, de son pouvoir spirituel et n'en éprouve ni fatigue ni réaction pénible. Celui qui, au contraire, n'accomplit cet acte que pour son seul plaisir, et sans nul sentiment dans son cœur impur et vide d'amour, affaiblit et lèse son corps, aussi bien que son esprit. Ma morale est donc celle-ci: « En chacun de tes actes, de quelque nature qu'il soit, apporte la pureté et l'amour; là gît le secret de la santé et de l'harmonie du corps, aussi bien que de l'âme. »

Antonius se leva et baisa avec reconnaissance la main de Petrius. « En vérité, dit-il, les voies des sages sont merveilleuses et toujours riches d'encouragement: jamais ils n'exigent de nous l'impossible — ceci contrairement à la sagesse du monde, qui n'est qu'hypocrisie et néant. Mon cœur se sent allégé et fortifié, et peut poursuivre sa grande tâche. » Puis, Antonius, prenant congé, remonta la colline.

Devant leur maisonnette, Cyanara, assise, l'attendait avec impatience, curieuse des nouvelles qu'il apportait. Rayonnant de joie, il s'exclama: « O bien-aimée ! une fois encore, j'ai bénéficié de ta sagesse et de ton intuition ! Non ! tu n'es pas une tentatrice, mais l'instrument même de la Vérité; car ma décision était justement la bonne. » Il l'emmena vers un petit banc, parmi les arbres du jardin clos, et l'ayant fait asseoir, il l'embrassa à cent reprises. Puis elle dit: « Maintenant, la coupe de mon bonheur est pleine jusqu'à l'extrême bord, et cela d'autant plus que l'attente a été très longue — ce dont je suis heureuse, aujourd'hui, plutôt que triste. » — Il répliqua, avec une indicible expression d'amour dans les yeux: « Tu as toujours été la plus généreuse des âmes: pas une seule fois tu ne m'as reproché mes vilenies; et, aujourd'hui encore, tu m'as affermi dans ma résolution non pas tant à cause de toi-même qu'à cause de moi, sachant que n'importe quelle autre décision impliquerait, pour moi, des tourments. » — Pour toute réponse, elle pressa contre son cœur la main d'Antonius, dans un muet acquiescement. « Je vois que j'ai dit vrai, reprit-il, ton silence me le confirme. » Et, tout soudain: « O Cyanara ! où as-tu pris tant de noblesse ? Car, je l'ai répété souvent: tu es plus avancée que moi ! » Souriante, elle repartit: « Ce n'est pas exact; tu possèdes des qualités que je n'ai point, et j'en ai peut-être que tu ne possèdes pas encore; nous sommes donc égaux ! Si j'ai réellement acquis quelque noblesse, tu sais pourtant que ma vie, loin d'être exemplaire, était considérée par beaucoup comme méprisable. Mais du mal dérive toujours quelque utile enseignement, ne fût-ce que le fruit de l'expérience. Cette expérience, précisément, et les maux qu'elle m'a fait endurer, m'ont permis d'acquérir une ou deux choses que je n'eusse pu connaître autrement. Sous les douloureux coups d'un sort que j'avais d'ailleurs choisi moi-même, il m'a bien fallu assimiler un peu de sagesse... Oui, alors qu'un amant après l'autre me quittait, j'ai appris à ne pas désespérer, à accepter les choses comme elles venaient; j'ai compris la vanité du ressentiment et la valeur de la résignation. Voyant leur cœur se détourner de moi pour aller vers d'autres femmes, plus gracieuses et plus attrayantes, j'ai appris à ne pas être jalouse, à me dépouiller de mon orgueil et de ma vanité, à ne pas faire de reproches à l'amant volage qui me laissait seule, dans la détresse... Et je suis heureuse que tout cela ait eu lieu, puisque je puis, grâce à cela, être pour toi une meilleure maîtresse et une meilleure amie que je n'en eusse été capable auparavant. » — « Ne parle donc pas de « maîtresse », s'écria Antonius, mais dis: ma femme ! Car, désormais, je ne te quitterai plus, à moins que ce ne soit de par ta volonté. » — Cyanara répliqua promptement: « Non, un homme de ta position ne peut épouser une femme de mon genre, sans nulle vertu aux yeux du monde, et qui serait une meule attachée à ton cou le jour où, devenu un grand sage, tu retournerais dans ce monde auquel tu as, pour l'instant, renoncé. Oui, quand l'heure sera venue, tu auras la mission d'enseigner les autres et de les guider vers la Sagesse; qui, alors, consentira à t'écouter; qui croira à la perfection d'un philosophe ayant pour compagne de sa vie, au lieu d'une déesse du savoir et d'une femme respectable aux yeux du monde, une courtisane ignorante et méprisée ? »

Antonius s'écria, dans une extase d'admiration: « O Cyanara ! tu es réellement plus grande encore que je ne le pensais ! Je ne t'ai jamais tant aimée qu'en cet instant: il me semble que mon cœur va éclater, dans l'excès de mon adoration !... Cependant tes paroles m'attristent; elles supposent que tu as pu, un moment, songer à te séparer de moi, ce qui devrait t'être intolérable tout autant qu'à moi-même... Quant à ta « femme respectable », la peste soit d'elle, et la peste soit des sots bavardages du monde qui oseraient mettre en balance sa vertu, purement négative, avec ton adorable noblesse d'âme ! Car la vertu tant vantée de la plupart des femmes n'est souvent que le résultat d'une abstinence fortuite, dérivant du manque d'expérience — donc entièrement négative. C'est la docilité de l'oiseau en cage, lequel, s'il était libre un seul instant, s'enfuirait aussitôt ! »

« Tes arguments sont, sans doute, habiles, et dignes d'un bon orateur, rétorqua Cyanara avec un léger rire. Néanmoins, ce que j'ai dit demeure: je suis absolument et totalement à toi, mais, en même temps, je te laisse ta liberté [1]. Car, aussi longtemps que tu seras grisé par la passion amoureuse, tu ne seras pas en mesure de décider si je puis faire pour toi une épouse convenable; ton bon sens t'a momentanément quitté, et demandera un peu de temps pour te revenir. Et maintenant, je vais clore toute discussion par mes baisers, et t'emmener au plus profond du bois, où nous pourrons ne plus penser à autre chose qu'à l'amour. »

— XV —

Quelques semaines s'écoulèrent encore, puis vint le jour où les deux pèlerins durent entamer une nouvelle étape de leur voyage, qui les conduirait cette fois dans une ville située à quelques journées de marche, plus haut dans la montagne. Un matin, donc, Petrius ordonna à ses deux disciples de lui faire leurs adieux et de s'en aller vers de nouveaux horizons. « A partir de maintenant, dit-il, votre vie doit changer pour un temps: vous allez vous rapprocher de vos semblables; vous serez, en quelque sorte, des missionnaires cherchant à répandre autour d'eux un peu

---

[1] Ceci symbolise le fait que la morale conventionnelle n'est pas nécessairement un indice de spiritualité, mais bien souvent le contraire, puisqu'en de nombreux cas, elle est basée sur l'égoïsme et la vanité. (Note de l'Auteur).

de clarté; mais vous garderez soigneusement le secret des méthodes et pratiques que j'ai confiées à votre discrétion. Pour atteindre votre but, vous aurez besoin d'argent, de plus de vêtements, d'une installation. Vous trouverez, à votre arrivée, une maison aménagée pour vous à ma demande. Quant à l'argent et aux vêtements, je vais demander à l'un des Frères vivant non loin de votre propre demeure de vous envoyer un serviteur à cheval, à qui vous donnerez les instructions nécessaires. Car nous autres membres de la Fraternité avons le moyen de communiquer à travers l'espace, ainsi que vous l'apprendrez vous-mêmes sous peu: vous saurez que l'espace n'offre aucun obstacle à la force de la pensée, et que rien ne peut empêcher la conscience de se transporter d'un lieu à l'autre. Demain soir, donc, votre domestique sera là, et le jour suivant, vous vous en irez au-devant de votre nouveau travail. Dans cette cité, connue sous le nom de *Marbreville* (parce que tous ses édifices sont de marbre), vous trouverez, en outre, un nouvel Instructeur, Florian-le-Sage, homme d'apparence vénérable et renommé pour son savoir. Toutefois, vous ne le verrez que de temps à autre; mais vous le chercherez dès l'instant de votre arrivée, car il vous indiquera le lieu de votre habitation et l'œuvre que vous devrez entreprendre. »

Tout se passa comme Petrius l'avait dit; son propre serviteur arriva le lendemain soir, muni d'argent et de vêtements; il amenait aussi les mules destinées à servir de montures pour la longue et difficile ascension qu'ils devaient faire. Tandis que l'heure du départ approchait, Antonius, troublé jusqu'au plus profond du cœur, pouvait à peine retenir ses larmes. Ce fut d'une voix entrecoupée par l'émotion qu'il dit à Petrius: « Que de choses utiles j'ai apprises de ta bouche, ô maître ! Mais il y a une chose que je n'ai point encore apprise: c'est à ne pas ressentir de douleur en quittant ceux que j'aime. Je suis étreint par un chagrin né de ma gratitude et de ma grande affection — et qui ne sait trouver d'expression que dans mes larmes. »

Petrius, le regardant avec une compassion et une douceur indicibles, lui prit la main et dit d'un ton consolant: « N'aie point honte de ces larmes, ô Frère; elles jaillissent de la poésie de ton âme et disent plus éloquemment ta gratitude que bien des paroles choisies. Ce serait plutôt *moi*, d'ailleurs, qui te devrais de la reconnaissance — pour ta foi implicite, ta patience, ton zèle et ton intelligence. Si je ne pleure point sur ton départ, c'est que je sais qu'il n'implique pas de séparation; car, où que tu ailles, et jusqu'aux confins du monde, je serai conscient de ta présence; et de même pour ma très chère Cyanara (il attira à lui son autre élève, demeurée, toute triste, à l'écart). Car, sachez que le lien qui unit le maître à l'élève ne peut jamais se briser, que votre propre conscience est devenue une part de la mienne, et qu'elles sont éternellement confondues dans la grande âme universelle. Ainsi, chers amis, ne pleurez point sur une illusion; ne croyez point que vous puissiez en réalité me quitter, parce que votre corps s'éloigne. Le temps est proche où vous pourrez même me voir et converser avec moi quand vous le voudrez, ayant acquis la vue qui vous permettra de discerner ce qui vous est encore fermé aujourd'hui. L' « Adieu » n'est qu'une tristesse vaine, mais qui, hélas, doit exister jusqu'au jour où les yeux, devenus incapables de larmes, seront éclairés à jamais par le pur soleil de joie émanant de l'âme. Si ma tendresse avait le pouvoir de sécher vos larmes, soyez certains qu'elle le ferait à cette heure ! Puisqu'elle y est impuissante, dites-vous du moins que la séparation sera courte:

votre vision intérieure s'éveillera sous peu; vous *verrez* alors votre vieux maître, debout à vos côtés et plein d'affection pour vous, comme si vous ne l'aviez jamais quitté ! »

Puis il les étreignit tendrement tous les deux et dit: « Partez, maintenant, chers amis, car faire durer ces adieux serait prolonger votre tristesse. Que la bénédiction et la paix vous accompagnent ! » — Alors Cyanara, les yeux ruisselants de larmes, emmena le sanglotant Antonius vers le sommet de la colline, et Petrius, avec un sourire plein d'attendrissement et de sollicitude paternelle, les suivit des yeux jusqu'à ce qu'ils disparussent.

Dès lors, la vie des deux pèlerins subit un grand changement: ce fut d'abord le voyage vers la Ville de Marbre, puis le long séjour qu'ils firent dans ses murs. Mais, cette fois, le trajet fut moins long et moins ardu, grâce aux mules qu'Antonius avait eu la permission d'emmener. Son cœur, néanmoins, resta affligé quelque temps, en sorte que le paysage et les incidents du voyage ne laissèrent, pour ainsi dire, pas de trace dans sa mémoire: ses pensées étaient avec Petrius; il revivait les émotions du départ, qui l'avaient si vivement ébranlé. Toutefois, son chagrin ne fut pas de très longue durée. Antonius se consola même si vite, qu'il en vint à dire à sa compagne: « Cette Science de Dieu est vraiment quelque chose d'admirable; car elle dissipe nos chagrins rapidement, et aussi facilement que « l'eau s'écoule des plumes d'un cygne », comme disait notre maître Aristion. Je dirais même qu'à sa lumière les chagrins sont plus beaux que les plus beaux plaisirs du monde — si, toutefois, ceux-ci sont vraiment beaux par eux-mêmes, puisque toutes les choses de ce monde, de quelque nature qu'elles soient, se transforment en nous, ne devenant belles que par la sublimation —

et particulièrement l'amour, ce doux compagnon de mon âme... » Cyanara, qui chevauchait à côté de lui, sur sa mule, lui envoya un baiser du bout des doigts.

Le soir approchait lorsqu'ils arrivèrent sur la crête d'une colline, d'où ils découvrirent, comme une vision blanche, la Ville de Marbre, s'étalant au-dessous d'eux dans une large vallée, surplombée d'un côté par des montagnes colossales. Le soleil rougeoyant teignait d'orange ses dômes et ses coupoles, lui donnant l'aspect d'une retraite enchanteresse, cachée au sein des collines, bien loin des grossiers labeurs de l'humanité. De hauts cyprès surgissaient, ici et là, d'entre les maisons, — altières sentinelles en perpétuelle vigie. Cyanara s'exclama: « Jamais je n'ai vu cité plus belle et d'une aussi impressionnante tranquillité ! »

Un peu plus tard, après bien des questions et des recherches, les voyageurs se trouvèrent en présence de Florian-le-Sage. Il répondait pleinement à cette appellation. Ses cheveux longs et blancs étaient rejetés en arrière, découvrant un front large et élevé, totalement vierge de rides; sa barbe de neige, assez pointue, descendait le long de sa poitrine, tandis que ses yeux, étrangement profonds, s'attachaient à l'interlocuteur comme s'ils eussent pu le pénétrer jusqu'à l'âme. Au reste, il avait la dignité d'un homme de cour, avec une gravité que tempérait, fort rarement, un sourire. Mais ce sourire métamorphosait son visage en quelque chose de si doux et de si indulgent, qu'il semblait alors un autre être. La voix s'harmonisait à l'aspect général: profonde, sonore, impressive; car il parlait avec la force de la certitude et une lenteur réfléchie, assaisonnant ses discours d'une pointe d'humour d'autant plus plaisante qu'il en semblait lui-même tout à fait inconscient et n'accompagnait ses remarques les plus savoureuses que d'une ébauche de sourire...

Lorsque Cyanara et Antonius furent introduits en son imposante présence, ils le trouvèrent lisant un manuscrit. Se levant, il s'inclina, et, d'un geste de sa longue main blanche, les invita à s'asseoir; puis, reprenant place, il leur dit: « Vous venez, je crois, de la part de mon ami Petrius ? C'est fort bien. Votre logis est préparé et se trouve tout proche d'ici; mon élève, Léonidas, va vous y conduire. » Il se tut, tandis qu'Antonius le remerciait de sa courtoisie; puis reprit: « Les Dieux vous envoient pour m'assister dans notre œuvre; car cette cité regorge de philosophes en herbe ayant grand besoin d'instruction. Ce ne sont, pour la plupart, que d'oisifs intellectuels, travaillant dans les limites étroites de leur milieu, où ils s'imaginent trouver la Vérité, incapables de voir que cette Vérité se trouve précisément au delà de toutes les limites... »

« O vénérable Père ! dit alors Antonius, avec un guide tel que toi parmi eux, qu'ont-ils besoin d'un autre sauveteur ? Ils ne sont pas privés de lumières ! » Mais le sage repartit: « Vous le voyez, je porte le poids des années; aussi passé-je pour démodé et suranné, et suis-je traité par ces jeunes hommes avec une indulgence mêlée de quelque raillerie et de beaucoup d'irrévérence. Et ceci est précisément ma sauvegarde, car n'étant pas molesté, je puis rester, pour ainsi dire, « le pouvoir de derrière le trône ». Ils se disent, en effet: « Ce n'est qu'un vieillard qui radote, ressassant les idées caduques de philosophies périmées; son opinion est nulle ! » — Ils me laissent donc en paix — c'est ce que je désire — et me permettent d'amener de tout jeunes disciples à travailler pour notre cause sans que je sois forcé de me mettre aucunement en avant moi-même: n'est-ce pas la plus heureuse façon de travailler à influencer les hommes et de contribuer, dans sa petite sphère, au progrès de l'Humanité ? Progrès bien nécessaire à une époque, hélas ! plongée dans les marécages du matérialisme et de l'ignorante incrédulité — conséquence d'un savoir insuffisant, dangereux par son manque d'humilité et l'immense orgueil qu'il alimente ! La preuve en est que nos philosophes érigent en dogme une connaissance fictive, niant l'immortalité de l'âme et l'existence de tout état conscient en dehors et au-dessus de l'enveloppe physique, s'attachant même à convaincre ceux dont la vue psychique est déjà ouverte à la perception des êtres supra-physiques que toute perception de ce genre n'est qu'illusion et imagination. Mais assurément, l'ignorance ne saurait, en aucun cas, confondre le savoir, de même que l'inexpérience ne peut annuler le fruit de l'expérience — ce qui, soit dit en passant, me rappelle une histoire que je vais vous conter, vu qu'elle pourrait vous être utile, un jour, dans la discussion.

« Il y a de longues années, une certaine cité, peuplée de gens ignorants et superstitieux, irrita les Dieux par les rites impies et sacrilèges auxquels elle se livrait, rites impliquant d'horribles tortures et des cruautés telles que les sacrifices humains. Non seulement des femmes et des hommes innocents étaient immolés aux démons, mais on leur arrachait premièrement les yeux, cependant que la populace se repaissait et se grisait de ce spectacle et des cris d'agonie qui déchiraient l'air. Finalement, la colère des Dieux s'alluma; ils jurèrent de mettre fin à ces monstrueux agissements, s'ils ne cessaient immédiatement pour ne jamais reprendre. Ils adressèrent donc à la cité, par la bouche d'un saint homme qui, venu de loin, s'installa sur la place du Marché, une proclamation exhortant les habitants à s'amender et à changer de conduite. Mais comme, à l'exception de cinq ou six d'entre eux, les citoyens ne lui prêtaient qu'une oreille indifférente ou moqueuse, il s'écria enfin: « Puisque vous êtes tous sourds et endurcis dans votre péché, je vais exécuter la volonté de mes Maîtres, c'est-à-dire maudire cette Cité, de telle façon que tous ses habitants (sauf ceux qui m'ont écouté), avec leurs enfants, petits-enfants et arrière-petits-enfants, soient frappés de cécité. Soyez donc maudits, en ce jour, au nom du Tout-Puissant ! » Sa voix résonnait, terrible et accablante, dans la solennité de cette condamnation. Alors, à l'exception des cinq ou six repentants, tous les habitants de la ville commencèrent à perdre la vue, en sorte que leurs enfants, petits-enfants et arrière-petits-enfants naissaient aveugles et sans la moindre notion, ou ressouvenance, de ce que *voir* pouvait signifier. Seule, la progéniture des quelques-uns qui s'étaient amendés naissait avec la vue intacte. — Or, il arriva que, de temps à autre, de grandes disputes s'élevaient entre les aveugles de naissance et ceux qui pouvaient voir. Les premiers disaient: « O vous, imbéciles ! ce que vous appelez *voir* n'est qu'imagination, folie et tricherie, et n'a pas de fondement dans les *faits*; vous ne vous en vantez auprès de nous que pour vous donner des airs importants et feindre d'avoir une supériorité sur nous, mortels ordinaires et raisonnables. » Ceux qui voyaient cherchaient à les convaincre, par la logique et la rhétorique. Enfin, voyant tous leurs arguments échouer, ils s'écrièrent: « Fort bien ! Nous allons vous confondre en accomplissant des choses dont vous êtes vous-mêmes totalement incapables ! » En effet, n'étant pas entravés par la cécité, les tours de force auxquels ils se livrèrent n'étaient que peu de chose pour eux. Mais, une fois de plus, leurs adversaires dirent: « Où voyez-vous là des preuves ? Vos performances ne sont que des trucs d'escamoteurs, de vilains tours de charlatans et d'imposteurs; laissez-nous la paix avec tout cela ! »

« Vint le temps où devait expirer la condamnation prononcée sur la Ville: il s'annonça par l'apparition soudaine, dans cette cité si éprouvée, d'un étrange et imposant médecin, qui fit sensation par le baume merveilleux qu'il appliquait sur les yeux; car, après des applications répétées, ce baume rendait la vue aux aveugles. Tous ceux qui se laissaient traiter étaient guéris; mais les autres, appelant cet homme un charlatan, et l'accusant d'avoir une influence néfaste, conspirèrent si bien contre lui que les autorités le bannirent de la ville, sous le prétexte mensonger qu'il réalisait des gains en abusant de la confiance du public. Or, les Dieux, ayant appris cela, se dirent entre eux: « La malédiction prononcée par nous sur ces insensés, en vue de les châtier et de les détourner du sentier d'iniquité, a épuisé ses effets et n'opère plus. S'ils choisissent d'appeler sur eux une seconde malédiction, sous forme de bigoterie et de folie, et s'ils se moquent des chances de salut que nous leur présentons, c'est leur affaire à eux, et non la nôtre. » Là-dessus, les Dieux les abandonnèrent à leur sort. Le résultat fut que la Cité demeura affligée de cécité pendant deux générations encore, et serait restée telle, si les quelques personnes intelligentes qui avaient été guéries n'étaient allées à la recherche du grand médecin, et ne l'avaient ramené, avec d'autres médecins pareils à lui — en sorte que tous furent finalement guéris. »

Le vieux sage se tut un instant, avant d'exposer la morale de son histoire, et regarda ses deux auditeurs d'un œil pénétrant. Puis il dit: « Le sens de cette allégorie est aisé à trouver pour qui possède quelque entendement: car cette

Ville frappée de cécité n'est autre que le Monde, et ses citoyens les habitants du globe, qui ont possédé, au temps jadis, des yeux pour voir, c'est-à-dire la faculté de clairvoyance et de perception surpra-physique. La soif du gain, le goût de la domination, la longue cohorte des vices nés de l'égoïsme et du matérialisme, ont déterminé les invisibles Surveillants de la Destinée à priver les hommes de ce sens supplémentaire, à les affliger, en quelque sorte, de cécité. Il n'est fait d'exception que pour quelques âmes altruistes et plus éclairées, de telle manière que la Vérité ne disparaisse jamais tout à fait du monde. Or, le temps approche où la malédiction doit être levée: ces mêmes Surveillants du Destin nous ont envoyé des médecins — sous forme d'Adeptes, de Prophètes, de Maîtres, qui viennent pour guérir la cécité des humains. Mais, au lieu de faire bon accueil à leurs libérateurs, les hommes refusent de les écouter, prolongeant eux-mêmes la malédiction par leur bigoterie, leur négativisme pseudo-philosophique, leur orgueil intellectuel, et tous autres attributs de l'ignorance, dissimulée sous le vêtement de la Connaissance; ils persécutent même leurs sauveurs, s'efforçant de les exclure une fois pour toutes du domaine de la pensée sérieuse. Néanmoins, par compassion, ces prophètes demeurent, instillant dans l'esprit des poètes, des philosophes et des écrivains — à l'insu de ces écrivains eux-mêmes — une parcelle de Vérité. Car, sachez que l'Inspiration n'est autre qu'un rayon de la Vérité, venu d'un plan supérieur et dirigé vers l'âme du poète ou du philosophe par la faveur de ces Intelligences qui travaillent incessamment au réveil de l'Humanité. C'est pourquoi le don d'inspiration du poète est en proportion de sa faculté de se maintenir en état de réceptivité et de se libérer d'entraves telles que la fausse piété, la vanité, l'égoïsme — qui ternissent le cœur plus que toute autre chose au monde. Or, mon fils, je te l'ai dit, cette ville est pleine de philosophes en herbe, et aussi de poètes, de sculpteurs et de musiciens qu'attirent sa beauté et la pureté de son air. Certains d'entre eux prêchent les plus parfaites extravagances, tandis que d'autres, qui saisissent de temps à autre un éclair de vérité, seront, tôt ou tard, attirés vers notre Fraternité. Jusqu'ici, toutefois, nos disciples sont rares; je serais donc heureux de vous voir grossir leurs rangs et m'appuyer de votre parole dans la Salle des Discussions, semant ici et là une graine qui peut tomber sur un sol fécond... Mais je vais appeler, maintenant, mon élève Léonidas, pour qu'il vous escorte à votre demeure, car il n'est pas bien de faire trop attendre votre serviteur, qui est dehors avec les mules. » — Sur ce, il sortit de la pièce avec lenteur, mais le dos droit et la démarche aussi ferme que celle d'un jeune homme.

Cyanara, se tournant vers Antonius avec un malicieux sourire, lui dit au souffle, en indiscrète écolière qui profite de ce que le maître a quitté un instant la classe: « Je me demande quel âge il peut bien avoir, et pourquoi il a l'air si vieux, alors que les autres Maîtres sont jeunes, par comparaison ! La vénération qu'il m'inspire est doublée de quelque crainte... » — En cet instant, le sage reparut, amenant un jeune homme de taille moyenne, visiblement doué d'une grande vitalité qui se traduisait par la vivacité de ses mouvements, d'ailleurs exempts de toute agitation. Le nouveau venu salua ses futurs compagnons d'études d'un sourire d'entente et de quelques chaudes paroles de bienvenue, se déclarant entièrement à leur service. Ils prirent donc congé du vieux sage, et atteignirent en peu de minutes leur nouveau logis qui, quoique modeste, était confortable, plein de goût et d'une netteté immaculée. La lampe, qu'on venait d'allumer, l'emplissait d'un demi-jour doré qui se mariait harmonieusement avec la virginale blancheur de ses murs.

— XVI —

Dès ce jour-là, les deux pèlerins retrouvèrent les hommes, leurs compagnons de vie: ils se firent de nombreux amis, et s'engagèrent dans toutes sortes d'activités. Puis, le temps passant, les pouvoirs qui avaient été promis à Antonius s'éveillèrent en lui: d'une part, il se trouva doué d'une facilité de parole et d'une éloquence qui le surprenait lui-même; d'autre part, il reçut la faculté de guérir beaucoup de maladies et, avant tout, de panser les plaies de l'âme. La conséquence de tels dons fut que les gens affluèrent à lui — qui pour s'instruire, qui pour discuter, qui, encore, pour être guéri. Mais les ennemis affluèrent également [1], car Antonius bravait plus d'un préjugé, et excitait l'envie autant que la suspicion par ses bonnes œuvres et ses guérisons. D'ailleurs il ne prenait pas de salaire pour sa peine, exaspérant ainsi tout à la fois les médecins et les prêtres. Ces derniers, s'enquérant de ses convictions religieuses, ne les trouvèrent pas pareilles aux leurs. Quant aux docteurs, ils disaient entre eux: « Il guérit pour rien ! Il va nous

---

[1] Il en est toujours ainsi; les puissances du Mal suscitent tous les moyens de faire obstacle à ceux qui sont en chemin de devenir une force pour le Bien. (Note de l'Auteur).

ruiner; car tous nos patients nous quitteront pour lui. De plus, il prêche contre notre science médicale, utilisant des méthodes que nous n'approuvons pas et jugeons tout à fait erronées. Si les malades guérissent, ce n'est que l'effet de leur propre crédulité — et rien de plus ! » Et les prêtres murmuraient: « Il ne prend jamais part à nos cérémonies, ne met pas le pied dans nos temples, ne chante pas les louanges des Dieux. Ce doit être un hérétique; son influence est pernicieuse et représente un vrai danger pour la communauté. Si nous pouvions le « démolir », quel bon débarras ce serait ! » — Les gens conventionnels disaient à leur tour: « Il contrevient à toutes les règles de la bonne société; il n'observe ni ceci, ni cela... En outre, beaucoup de ses disciples sont des femmes et des jeunes filles. Or, comme il ne fait pas payer son enseignement, et que personne, en ce monde, ne fait rien pour rien, on peut être certain que c'est un libertin, qui se livre à toutes les immoralités sous couleur d'enseigner la philosophie ! » — Les athées même le condamnaient, disant: « C'est un charlatan, un fourbe, un imposteur, les prétendus « miracles » qu'il fait ne sont que des tours de prestidigitateur, qui doivent lui attirer la notoriété. Le fait qu'il ne prend pas d'argent est la meilleure preuve de ce que nous avançons: il acquiert ainsi plus de réputation, se posant en original, en philosophe, en saint... Lorsqu'on lui demande comment il accomplit ses hauts faits, il réplique évasivement: « Par la connaissance de lois naturelles dont il ne m'est pas permis de révéler le secret » — ce qui démontre que tout cela n'est que supercherie ! » — Ainsi, avec le temps, quoique ses amis lui restassent fidèles, ses ennemis augmentaient, jetant à sa tête médisances et calomnies de toutes sortes, cherchant à le contredire et à l'exaspérer de mille façons. Mais Antonius se disait : « Mon bonheur, qui est une joie de l'âme, ne saurait être amoindri par la pitoyable folie de ces êtres ignorants. Il me semble, du reste, que l'histoire du vieux Florian-le-Sage était un peu une prophétie me concernant... La fin de toute cette aventure, c'est que je serai banni de cette Ville et, quels que puissent être mes propres désirs, contraint par les décrets du Sort à reprendre mon bâton de voyage. Tout cela ne saurait tarder... »

Ce fut, en effet, ce qui se produisit. Les prêtres conspirèrent avec les médecins, et les médecins avec les athées; et tous s'en allèrent auprès des autorités demander que ce charlatan fût jugé et jeté en prison ou, pour le moins expulsé de la cité. Entre temps, ses amis vinrent à lui, et lui dirent : « Le bruit court que, demain ou après-demain, tu seras arrêté; nous t'en prions donc : fuis de cette ville avant qu'il soit trop tard, car t'en aller de ton propre gré vaut mieux que d'être banni. »

Mais Antonius leur dit : « Non. Il me plaît d'attendre et d'être arrêté. Car si je devais agir autrement, mes maîtres m'en auraient averti [1]. Néanmoins je vous suis reconnaissant de votre conseil, qui me permet de me préparer et de prendre congé de mes amis pendant qu'il en est temps encore. » Ce même jour, il alla voir Florian-le-Sage, sachant qu'il recevrait de lui des instructions pour la suite de son voyage, celui-ci ayant été, durant son séjour à Marbreville, son directeur et son conseiller secret. Comme il entrait, le vieux sage lui dit : « Mon fils ! Tu as bien agi, et tu as semé

---

[1] Cette chute dans l'opinion du monde est une épreuve que chaque grand Initié doit affronter; il est de règle qu'il ne se défende jamais de façon vindicative. Les tout grands Adeptes, Jésus lui-même, ont dû supporter cet abaissement. Ce fut aussi le cas d'initiés moins grands, et, dans ces dernières années, de Mme Blavatsky.

beaucoup de bon grain dans cette ville, gagné beaucoup de disciples à la Science de l'Ame. Ta chute, bien qu'*apparemment* désastreuse, portera d'heureux fruits; car elle fera le départ entre les vrais disciples et ceux qui sont faibles et spirituellement débiles, entre ceux qui sont d'un métal véritable et les simples mazettes — prêtes à perdre la foi et à fuir au premier signe de danger. Quant à toi et à Cyanara, vous allez entreprendre, maintenant, la dernière étape de votre voyage. En effet, vous avez acquis le droit à l'initiation finale, accordée par les Maîtres qui, vous le savez, demeurent au pied de ce grand pic neigeux que nous contemplons de ma fenêtre. Mais, sachez que la montée est de nouveau longue et ardue; luttez de toute votre force pour atteindre ce sommet, ne vous permettant jamais de penser à la défaite. Cette fois-ci le chemin est tout indiqué, puisque le sommet se trouve droit devant vos yeux; mais, eussiez-vous la moindre incertitude sur la route, consulte alors, pour ainsi dire, ton propre esprit, et la réponse te viendra. » Antonius lui dit adieu, le remerciant de son enseignement et du fruit de sa sagesse, qu'il lui avait si libéralement transmis. Le vieillard l'embrassa et le bénit, appelant sur lui la Paix.

Antonius, alors, rentra dans sa maison; Cyanara et lui, non sans une certaine mélancolie, se préparèrent au départ. « As-tu pris congé de notre maître Florian, dit-il, car, qui sait ce que demain peut apporter ? » — Elle répondit: « J'y vais maintenant. » Mais, à l'instant où elle se tournait pour sortir, Petrius l'ermite se trouva soudain à côté d'eux... Une lumière d'une insurpassable beauté rayonnait de sa personne; en ses yeux brillaient la bienveillance et l'amour qui y avaient toujours été, mais intensifiés et lumineux au delà de toute expression. Alors, le cœur des deux disciples s'emplit d'une joie immense, mêlée d'adoration: il leur semblait qu'en leur profonde révérence, ils dussent s'agenouiller devant lui... Mais il leur dit: « Je ne suis qu'un mortel et je viens, selon la promesse que je vous ai faite, il y a quelque temps: ou, je dirais plutôt que votre propre faculté de me voir s'est éveillée, en sorte que vous pourrez m'appeler toutes les fois que vous le désirerez. Ecoute-moi, Antonius: demain, les autorités te feront arrêter; mais je sais que tu demeureras fidèle à ton devoir, que tu ne divulgueras aucun secret, que tu ne tenteras pas de te défendre, et ne révéleras en aucun cas le fait que Florian a été ton guide. Or, ta déchéance aux yeux des hommes signifiera ton élévation aux yeux des Maîtres. Elle est aussi une indication que ton œuvre, dans le domaine public, est achevée - tout au moins pour l'heure présente; il dépendra de ta propre décision de la reprendre ou non par la suite. Sache bien que ceux qui supportent la disgrâce pour les Maîtres et pour la cause de l'Humanité, en seront récompensés au centuple, comme tu le verras lorsque l'heure sera venue. Que ma bénédiction soit avec vous jusqu'à notre prochain revoir ! » Disant ces mots, il s'évanouit de devant leurs yeux aussi subitement qu'il était apparu.

— XVII —

Le matin suivant, comme on le lui avait prédit, les soldats vinrent chez Antonius pour l'arrêter, et l'emmenèrent sur-le-champ au Tribunal. Cyanara le suivit, refusant de se séparer de lui en cette heure décisive. Une nombreuse assistance était là; car l'affaire s'était déjà ébruitée et suscitait parmi le peuple (dont l'ardente curiosité se perdait en mille conjectures) une excitation et une joie malsaines. Quant à Antonius, il affronta les juges et le public avec un calme parfait, se disant: « J'utiliserai l'occasion pour tenter de faire un peu de bien, m'efforçant d'imiter les Grands Invisibles et de me servir, en quelque sorte, de mauvais instruments pour des fins justes. » Comme il se tenait en face d'eux tous dans une attitude sereine et digne, quelques spectateurs chuchotèrent entre eux: « Ou bien ce n'est pas un imposteur, ou bien c'est le roi des imposteurs ! Sans cela, comment aurait-il, à l'instant de sa déchéance, un air de si parfaite tranquillité ? » Puis, le président de la Cour parla. « On allègue contre vous, lui dit-il, que vous corrompez les femmes et les jeunes filles de cette cité, sous le prétexte de leur enseigner une science secrète; que vous les avez détournées de la vraie religion, et avez abusé de leur crédulité, prétendant communiquer avec les esprits et accomplir des miracles sous forme de guérisons. Cela étant, nous vous regardons comme un danger pour la collectivité, comme une influence pernicieuse, dont il convient que nous nous débarrassions dans l'intérêt de nos concitoyens. » — Antonius sourit et dit avec calme: « Je suis instruit de vos accusations: à quoi voulez-vous en venir ? » — Alors les juges, mis au pied du mur, et se voyant sur le point d'être frustrés du divertissement qu'ils s'étaient promis, puisque l'accusé ne faisait nullement mine de se défendre, se mirent à délibérer entre eux. Ils ne savaient trop comment procéder, car de la foule s'élevait une rumeur de désappointement... Le président de la Cour reprit: « Si vous n'êtes pas en mesure de prouver votre innocence, vous encourez la prison ou le bannissement. »

Antonius sourit encore. « Que votre volonté soit faite, dit-il; mais si vous exigez des preuves de mon innocence, donnez-moi premièrement les preuves de ma culpabilité ! » — Alors, l'un des juges dit, en déroulant un papier: « Nous avons dépêché des messagers jusqu'à votre ville natale, et avons pu établir que vous y viviez dans le plus complet dérèglement des mœurs, adonné au vice et à la débauche. » Antonius répliqua avec détachement: « Les erreurs et folies de jeunesse sont-elles le critère de la conduite d'un adulte ? Selon vous, un être humain doit-il nécessairement se conduire à dix ans comme il se comportait à deux ans, à trente ans comme il le faisait à vingt, ou à soixante-dix ans comme à quarante ? [1] N'y a-t-il pas dans l'âge mûr, aussi bien que dans la jeunesse, possibilité de changement, de réforme et de croissance spirituelle ? Bien que vos rapports ne s'appuient sur aucune espèce de preuve et ne soient que de simples hypothèses, je suis curieux de connaître la suite de vos accusations. » — « Nous avons appris, dit le juge, que la grande majorité de vos prétendus « élèves » étaient des femmes et des jeunes filles, ce qui est, en soi, déjà significatif; mais nous savons, de plus, que vous ne demandiez pas d'honoraires pour votre enseignement qui — autre détail suspect — était de fort longue durée. Il est donc évident, pour nous, que vous trouviez votre dédommagement dans des satisfactions de caractère licencieux, étant donné que personne n'offre son temps et ses services sans attendre quelque chose en retour. Ceci nous paraît d'autant plus évident que nous sommes édifiés sur votre vie passée... » — Antonius

---

[1] Que ceux qui pensent qu'une vie de dissipation ne saurait mener à la spiritualité veuillent bien se rappeler Saint François d'Assise. (Note de l'Auteur).

repartit: « Ici, encore, je ne vois pas de preuves, mais de simples déductions. Néanmoins, vous l'emportez sur moi, puisque mon innocence est aussi improuvable que ma culpabilité: car, si j'appelais en témoignage toutes mes élèves-femmes — assuré qu'elles nieraient les relations illicites dont vous me soupçonnez — vous me répondriez que ces témoignages ne sont nullement probants, étant donné qu'aucune femme ne consentirait à avouer sa propre déchéance. D'ailleurs, rien ne m'induirait à faire appel à quelque témoin dont je risquerais de compromettre la réputation pour sauver la mienne. Tel est, en effet, le discrédit où tombent ceux qu'effleure le scandale, que fussé-je acquitté, les gens diraient: « Les témoins ont menti pour se réhabiliter aux yeux du public. » — Le juge, alors, de répondre: « Nous remarquons que vous ne niez rien, et nous en tirons nos conclusions. Toutefois, d'autres charges encore pèsent sur vous et contribuent à établir votre culpabilité. Il est notoire que vous prétendez user de pouvoirs secrets, que vous vous jouez de la crédulité des naïfs, feignant de guérir les malades alors que ces dits malades ne le sont pas du tout, ou guériraient tout aussi bien par eux-mêmes. Pareille imposture est doublement répréhensible, puisqu'elle frustre les médecins d'un gain honnête, en leur enlevant leurs malades, et qu'elle déshonore, en outre, la haute science médicale. » — L'ombre d'un sourire ironique errant sur ses lèvres, Antonius repartit: « Une « haute » science est celle qui s'inspire d'altruisme et de noblesse, cherchant avant tout, dans le domaine thérapeutique à effectuer des guérisons, et dans d'autres domaines à éclairer l'humanité et à manifester la vérité. L'authentique homme de science est celui qui modèle ses convictions sur les faits, mais non pas celui qui dénature les faits pour les faire coïncider avec ses convictions, ce que firent vos médecins, en ce qui me concerne. Voyant que j'étais capable de guérir par des méthodes ignorées d'eux, et qui dépassent les limites de leur science, n'ont-ils pas malhonnêtement nié ces guérisons, ou essayé de les passer sous silence, au lieu de commencer par examiner les choses de près — quittes à reconnaître, le cas échéant, l'insuffisance de leurs doctrines ? » — Le juge dit alors sévèrement: « Décrier les médecins ne peut vous être d'aucun bénéfice, et contribuera plutôt à démontrer votre culpabilité, car vos déclarations sont contraires à la vérité: plusieurs médecins vous ont approché, vous demandant de leur confier vos méthodes secrètes; or, vous vous y êtes refusé. De ce fait, précisément, nous déduisons que vous n'avez aucune espèce de secret à révéler, toute votre entreprise n'étant qu'une vaste imposture — et rien de plus. » Antonius rétorqua alors, avec un aimable sourire: « La vérité et la connaissance ne se refusent jamais à celui qui les cherche *dans le véritable esprit,* pas plus qu'à celui qui est prêt à remplir les conditions essentielles pour recevoir leur bienfaisant enseignement. Mais vos médecins sont venus à moi dans un esprit tout à fait hostile, puis ont absolument refusé de satisfaire aux conditions que j'étais forcé de leur imposer. Pouvais-je ne pas les éconduire ? Car, sachez qu'un certain savoir peut être employé pour le mal, autant que pour le bien — juste comme le feu, qui sert à détruire autant qu'à chauffer. Dispenser des connaissances d'un ordre spécial à des gens indignes de confiance ne serait pas seulement le comble de la folie, mais encore faire peser une menace sur l'Humanité tout entière. »

De nouveau, les juges se consultèrent à voix basse, tandis que des chuchotements parcouraient l'assemblée. Au bout d'un moment le président se leva: « Vos déclarations aggravent votre cas, dit-il. Mais il y aurait pourtant un moyen d'atténuer votre disgrâce et de rétablir votre réputation. Bien que nous ne croyions pas que vous déteniez des secrets, contrairement à ce que vous affirmez — tout en prenant prétexte, pour vous taire, du prétendu danger que courrait l'humanité — nous sommes toutefois disposés à vous entendre à huis clos. Confiez-nous donc ces secrets dans le privé, nous prouvant ainsi sans plus de façon leur existence ! Si nous les considérons comme précieux, votre honorabilité sera incontestablement établie; si nous les jugeons sans valeur, il ne s'ensuivra pour vous aucun mal. » — De nouveau, une légère rumeur agita l'assemblée, mais fut couverte par la voix du président et par celle d'Antonius, qui répondit avec décision: « Quant à ma disgrâce et à ma réputation, elles me sont toutes deux indifférentes; chercher à atténuer la première serait enfantin; vouloir défendre la seconde serait céder à l'amour-propre et à la vanité. Dans le cas présent, regagner ma réputation aux yeux du monde, ce serait la perdre à mes propres yeux; je ferais preuve, ainsi, d'un cœur égocentrique et vain, indigne de confiance et prêt à mettre en danger l'humanité pour la pauvre récompense de l'estime publique. Je ne suis pas disposé à vous donner satisfaction. Veuillez donc, s'il y a lieu, poursuivre l'accusation. »

Le juge dit alors: « Nous vous reprochons de répandre des doctrines hérétiques et superstitieuses, de détourner vos élèves de la seule vraie religion en prétendant entrer en communication avec leurs parents et leurs amis décédés — et cela lorsque vous savez que pareille chose est impossible, et ne saurait en aucun cas être prouvée. » Antonius repartit avec douceur: « Vous m'accusez de superstition: cependant, quelle superstition plus grande peut-il y avoir que de déclarer que *rien n'est vrai* qui n'ait d'abord été prouvé et, inversement, que *tout est faux* de ce qui est susceptible d'une apparente réfutation ? Quel est le fils qui pourrait prouver que son père nominal est bien réellement son père, puisque c'est là un fait plus aisé à contester qu'à prouver ? Ecoutez plutôt: il y avait une fois un aliéné raisonneur qui se figurait que son père n'était pas son père; quand ses amis et les docteurs lui faisaient des remontrances à ce sujet, il les lacérait de la lame bien aiguisée de son argumentation, en sorte qu'ils battirent en retraite les uns après les autres, abandonnant la lutte. « Car, prétendait-il, on m'a bien *dit* que l'époux de ma mère était mon père; mais, les hommes étant tous menteurs, c'est probablement faux. » L'un de ses amis lui dit alors: « Mais, ta mère, si vertueuse, ne peut avoir été une épouse adultère ! Chacun sait qu'elle n'a jamais eu d'amant. » Le fils, implacablement logique, répliqua: « *Qui* est en position d'affirmer qu'elle avait un amant ou non, puisque toute femme de bon sens voit son amant en secret, et non pas sur la place du marché ou sur le toit de sa maison ? D'ailleurs, même si elle n'en a pas eu, qui me prouve qu'en se promenant sur des chemins écartés, elle n'a pas rencontré un gredin quelconque ou une bande de scélérats qui l'ont outragée ? » Un autre de ses amis lui dit: « Si c'était le cas, comme elle est encore en vie maintenant, cela aurait fait scandale; elle en eût informé les autorités et les soldats eussent appréhendé ces bandits, qui eussent été traduits en justice. » Mais le fou lucide répliqua: « Non pas, car ma mère eût répugné à étaler son déshonneur — sinon pour elle-même, du moins pour épargner chagrin et humiliation à son mari; elle eût jugé préférable de se taire et de souffrir en silence... » — Ainsi argumentait ce pseudo-logicien. A chaque proposition il opposait une objection irréfutable; quoique ses arguments fussent parfaitement raisonnables, et eussent pu s'appliquer à un cas sur mille, ils étaient pourtant si peu vraisemblables, en l'occurrence, qu'ils ne valaient guère la peine d'être pris en considération, tant il était évident pour tous que son père était réellement son père. Il en est exactement de même de vos raisonnements sur ma culpabilité: ils sont nés d'une illusion — l'illusion de ma criminalité, qui est l'idée fixe de votre esprit. Comme dans le cas de cet aliéné, la plupart de vos arguments se fondent sur des suppositions tellement invraisemblables, que seuls des esprits hypercrédules pourraient en tenir le moindre compte. Que dis-je ! la crédulité du sceptique est tout aussi grande que celle de l'homme qui croit, et fournit même matière à étonnement, pour un esprit qui raisonne. La seule différence, c'est que le croyant sera, à l'occasion, sceptique dans un certain ordre d'idées, tandis que le sceptique sera crédule dans un autre ordre d'idées et trouvera, afin de mieux nier certains phénomènes, des explications qui sont mille fois plus difficiles à croire que ces phénomènes eux-mêmes. »

A l'ouïe de ces dernières paroles, on perçut, dans l'assemblée, un léger murmure d'approbation qui fut, d'ailleurs, immédiatement réprimé par le juge. Mais Antonius continua son discours avec le plus grand calme. « Qu'une chose soit prouvable ou qu'elle soit réfutable, ce n'est pas cela qui est le critère de sa vérité ou de sa fausseté; car sachez que l'on peut être aussi déshonnête par la pensée que par l'action: celui qui échafaude des hypothèses invraisemblables et tirées par les cheveux, uniquement pour les besoins de sa cause, pour faire triompher ses opinions et ses convictions préconçues, est, sans l'ombre de doute, un penseur déshonnête. C'est de cette façon que vous vous êtes tous mépris à mon égard (et, assurément, à l'égard de bien d'autres); car vous êtes atteints de ce que j'appellerai l'*espionnite* [1], maladie qui porte à voir le mal, le vice et le crime dans toute manifestation étrangère à notre propre état d'esprit, au lieu de chercher premièrement des motifs plus charitables et plus plausibles. Ainsi, entièrement ignorants de la simple vérité, qui peut se résumer dans le seul mot d'*altruisme* — où se trouve, d'ailleurs, la clef de tout ce drame, puisque celui qui a trouvé le Bonheur désire que les autres le trouvent également — vous avancez une quantité d'hypothèses indéfendables; vous me gratifiez de dons et de pouvoirs que je ne possède nullement... Pour expliquer le fait que je ne réclame d'argent à aucun de mes nombreux disciples, vous m'attribuez les capacités érotiques d'un véritable *Chanteclerc,* oubliant fort à propos que le libertin se reconnaît facilement aux stigmates que les excès impriment sur son visage et sur toute sa personne. Pour expliquer mes doctrines et mes facultés de clairvoyance, vous me qualifiez d'imposteur, négligeant — fort à propos encore — le fait que les imposteurs ont un excellent motif d'en imposer aux autres: l'envie de leur soutirer de l'argent — ce qui, vous le savez fort bien, n'est aucunement mon cas. Et finalement, vous déclarez que je détourne mes élèves de la véritable religion, parce que je prétends communiquer avec les âmes des défunts, ce qui, dites-vous, est impossible, puisqu'on ne saurait en fournir les preuves. Cependant, qu'est-ce qui fait le noyau de toute religion, si ce n'est la croyance à l'immortalité de l'âme ?... Si donc j'entre en communication avec les âmes des défunts, pour le récon-

---

(1) Il veut dire, en réalité, l'**esprit du détective** qui, de par le pli professionnel, est toujours aux aguets du crime. (Note de l'Auteur).

fort et l'encouragement de ceux qui se sont vus dépouillés de leurs affections, je contribue à affermir la Religion, et non à la combattre: je donne à mes élèves la possibilité de *savoir* ce que, jusqu'ici, ils n'avaient fait que *croire.* »

Il se fit de nouveau quelque mouvement dans l'assemblée: murmures d'approbation, mitigés d'un certain étonnement — pendant que les juges, pour leur part, conféraient assez longuement à voix basse, trouvant cet accusé d'une richesse de logique et d'arguments et d'une abondance de paroles plutôt embarrassantes.

Enfin le président se leva: « Quoique vous ayez reçu en partage le don de la parole, nous demeurons inconvaincus; nous vous regardons comme exerçant une mauvaise influence parmi nous, comme un destructeur des traditions sacrées et un incitateur de désordres. Toutefois, après délibération, nous sommes enclins à l'indulgence, vous tenant, après avoir entendu votre défense, plutôt comme un égaré que comme un homme foncièrement criminel. Nous sommes donc disposés à atténuer votre peine, qui, au lieu d'être l'emprisonnement, sera le bannissement de la Cité, mais sans espoir de retour. »

Antonius dit alors, avec un sourire plein de douceur: « Je prends note de votre sentence et m'en irai avec un seul sentiment au cœur: la compassion pour mes ennemis, pour ceux qui ont travaillé à amener ma chute. Car, hélas ! en vertu de la loi de Rétribution, sur laquelle je n'ai pas de pouvoir, ces derniers devront tôt ou tard, et sans rémission, souffrir à leur tour — non pas tant pour le mal qu'ils m'ont fait à moi-même, que pour le tort causé à tous ceux qui désireraient me voir rester. Vous ne devez pas ignorer, en effet, que chaque minute de souffrance causée à autrui par notre faute sera payée, une fois ou l'autre, de notre propre malheur [1]. Le fait que, de mon côté, j'ai enfreint vos coutumes, traditions et conventions ne change rien à cette loi, qui, en l'occurence, ne m'atteint pas: car, en effet, les traditions ne sont pas susceptibles de souffrir, comme souffre le cœur des humains que le Soleil de Clarté et de Vérité n'a pas encore immunisés contre la douleur. D'ailleurs, si j'ai contrecarré vos coutumes, je ne l'ai fait que là où elles s'opposaient à l'altruisme, à cette charité qui apporte aux autres lumière et consolation. » Puis, se tournant soudain vers l'assemblée avec un sourire d'infinie bienveillance, il dit: « Frères et sœurs ! Demain, vous l'avez ouï, je quitterai cette cité pour toujours... Avant que nous nous séparions, voulez-vous tolérer que je vous retienne un moment encore, pour vous conter une histoire ? » Alors de grands applaudissements éclatèrent et chacun s'apprêta à écouter religieusement. Car Antonius avait gagné la sympathie et l'approbation de la foule par son éloquence et sa douceur. Il commença donc:

« Dans une petite ville, au centre d'un pays de collines, vivait autrefois un veuf, qui avait deux fils. Comme sans doute beaucoup d'entre vous, il s'adonnait à la chasse et aux sports athlétiques. Un jour qu'il chassait il tomba de son cheval et se blessa si grièvement que ses amis furent obligés d'aller chercher une civière pour le ramener chez lui: il y demeura cloué, devenu, pour le reste de ses jours, un invalide, incapable même de quitter seul sa couche... Néanmoins, il ne se plaignait ni ne se révoltait jamais, donnant ainsi un si bel exemple de force morale, que le prêtre qui le visitait de temps à autre disait: « En vérité,

---

[1] C'est ce que la littérature occulte nomme la loi du **Karma**.
(Note de l'Auteur).

la vue de cet être qui souffre sans une plainte est, en elle-même, une prédication. » Ainsi passèrent de longues années; les deux fils grandissaient, se montrant affectueux et soumis envers leur père, quoiqu'ils fussent, malgré eux, obligés de l'abandonner beaucoup à sa solitude, étant des négociants retenus la plus grande partie du jour à leurs affaires. Il arriva — alors que l'invalide commençait à prendre de l'âge — que des amis, venus le visiter, amenèrent avec eux une jeune femme d'apparence agréable, au cœur aimant et bon. Lorsqu'elle vit l'infirme, elle se sentit remplie pour lui de pitié et de sollicitude; aussi demanda-t-elle la permission de venir parfois égayer sa solitude et lui servir, en quelque sorte, de bonne samaritaine. Ce qu'elle fit vraiment, veillant à ses besoins et à son confort, et rendant ses journées moins solitaires et plus heureuses — si bien qu'elle lui devint, pour ainsi dire, indispensable. Alors, ému de reconnaissance, et aussi parce qu'elle était gracieuse, avenante, et digne d'être aimée, ce vieillard se mit à nourrir, pour elle, un romanesque attachement — et elle de même pour lui, par compassion et admiration pour sa patience et sa grandeur d'âme. Or, quand les deux fils, qui étaient liés d'une étroite et fraternelle affection, se rendirent compte de ce qui se passait dans l'âme de l'infirme, ils se dirent: « Cela ne peut pas aller ainsi ! Qu'est-ce qui prend à notre vieux père, de devenir amoureux à son âge et d'en oublier ainsi toute dignité ? D'ailleurs les gens bavarderont et feront de regrettables commérages; car c'est tout à fait contraire à la bienséance, qu'un vieillard ait constamment autour de lui une femme jeune et attrayante et soit seul avec elle à toute heure du jour. Qui sait, en outre — et ce serait pire encore — s'il ne songe pas à lui léguer tout ou partie de sa fortune, et à nous frustrer ainsi de notre héritage légitime ? Il nous faut, sans plus tarder, mettre un terme à cet inconvenant et dangereux état de choses ! » Alors ces deux fils conspirèrent pour interdire leur maison à la jeune femme, donnant aux domestiques l'ordre strict de ne jamais la laisser pénétrer chez eux sous aucun prétexte. Le résultat fut que toute lumière s'éteignit dans le cœur du vieil homme... Sa souffrance morale, le poids de la solitude, sa tristesse de voir ses deux fils si cruels, lui firent contracter une maladie fatale, et il souffrit toutes les tortures, jusqu'à ce qu'enfin il mourût et montât dans l'Elysée. Sur son lit de mort, seulement, grâce à la charitable intervention d'un bon vieux prêtre, qui fit des remontrances à ses implacables fils, il put dire adieu à celle qu'il aimait, et s'en aller en paix. Mais la main du Destin, fidèle à la loi de séquence et de conséquence, s'abattit sur ces deux fils, les séparant comme ils avaient séparé les autres. Quelque temps après, le plus jeune étant sur la mer, fut attaqué par des pirates et tué: l'aîné, demeuré seul, vécut une vie d'isolement et d'amère tristesse, car son frère était son unique ami. »

Antonius se tut un instant, observant la foule, puis reprit: « Apprenez qu'il y a des moments où il est bon de se plier aux conventions, et d'autres où il est bon de savoir s'y opposer, comme dans le cas que je viens de relater, et comme dans mon propre cas. Car, assurément, ces deux fils qui pensaient agir correctement, selon la morale commune, commettaient un terrible crime contre le *cœur*, un crime si grand, en vérité, que le destin qu'ils s'étaient eux-mêmes attiré les frappa inexorablement. En effet, prendre prétexte de l'impuissance de ce vieillard, si douloureusement éprouvé, déjà, par sa terrible et incurable infirmité, pour lui causer une affliction bien plus grande encore, était un acte de cruauté inexpiable. Car, au regard de Dieu, aimer ou devenir amoureux n'est pas un péché, mais plutôt une vertu — comme repousser l'amour, au lieu de le rendre en retour, est un crime. » — Se tournant alors vers ses juges, il dit, avec un sourire détaché, mais empreint de pitié: « Vous qui m'avez condamné, vous avez également commis un crime contre le cœur; mais, étant donné que je ne nourris contre vous aucune mauvaise pensée, que vous n'éveillez en moi aucune des pénibles émotions du ressentiment ou de la colère, votre crime est impuissant à me nuire en rien. Néanmoins, pesez bien ce que vous venez de faire, dans l'intérêt de ceux qui me suivront et se tiendront à la barre devant vous, comme je le fais aujourd'hui... Maintenant, citoyens de Marbreville, adieu, et que la Paix repose sur vous tous ! »

Puis les soldats l'emmenèrent. Mais il se fit un grand bruit parmi la foule, qui s'écriait: « Il a été injustement condamné; ce n'était pas un imposteur, mais un homme juste et saint ! Combien noble et imposant il paraissait devant ses juges ! Et quel grand orateur ! » — Ainsi donnaient-ils cours à leurs impressions avant de se disperser.

Antonius fut reconduit à sa maison et, par une faveur spéciale, on lui permit de dire adieu à ses disciples et amis. Toutefois, certains d'entre eux n'apparurent point, reniant délibérément leur ami, parce qu'ils craignaient l'opinion et répugnaient à être vus une fois de plus en sa compagnie. Quand ses fidèles furent réunis en cercle autour de lui, lui exprimant leur amour et leur admiration en paroles qui venaient du fond de l'âme, il leur dit: « Mes amis, si je dois, hélas ! vous quitter, il est d'autres hommes qui, non seulement parlent aussi bien et même mieux que moi, mais encore peuvent vous instruire et vous communiquer des secrets que je n'étais pas autorisé à vous révéler. Ma chute présente, bien que triste en apparence, est une bonne chose, car elle permet de distinguer les faux disciples des vrais disciples, ceux qui sont persévérants dans la recherche de la Connaissance de ceux qui sont des faibles et des cœurs inconstants. » Ils passèrent le reste du jour en entretiens philosophiques, et prirent des arrangements relatifs à l'enseignement que les disciples recevraient à l'avenir, soit de la bouche de Petrius, soit de celle de Florian-le-Sage. Comme l'heure de l'adieu approchait, plusieurs d'entre eux pleurèrent, pleins d'affection, de gratitude et de chagrin à l'idée de se séparer d'Antonius, aussi bien que de Cyanara.

— XVIII —

Le matin suivant, les deux pèlerins se retrouvèrent une fois de plus sur les routes — mais, cette fois, pour la toute dernière étape de leur grand voyage. Tout en marchant, Cyanara se serrait tendrement contre Antonius, l'appelant son héros, et lui donnant toutes sortes d'autres noms qui exprimaient son admiration et son amour. De temps en temps, ils riaient ensemble des événements du jour précédent, puis éprouvaient une certaine tristese, faite de compassion. « Car, disait Antonius, s'il est si facile de condamner un seul innocent, n'est-il pas tout aussi facile d'en condamner cent ? Dans notre cas personnel, une condamnation n'a aucune importance, puisque toi, comme moi, nous avons ce bonheur de l'âme que personne ne pourrait nous enlever, mais d'autres ne sont pas en si heureuse situation et peuvent, à la suite d'une injuste sentence, souffrir d'inexprimables angoisses. » « C'est vrai, dit Cyanara;

mais ces êtres injustement condamnés ne sont jamais, en un sens, tout à fait innocents. Tu oublies qu'ils ne souffrent qu'en raison de leurs fautes passées — fautes qu'ils peuvent avoir eux-mêmes totalement oubliées, mais qui, en vertu de la loi de cause à effet, n'en portent pas moins leurs fruits. Ainsi, mon très cher, tu oublies tes propres paroles d'hier, et te perds en pitié sur ceux qui ne font que préparer le chemin de leur bonheur futur en s'acquittant de leurs vieilles dettes ! » Antonius alors l'embrassa en riant: « O parangon de la sagesse ! tu as toujours un argument tout prêt pour dissiper mon chagrin: tu es la personnification, la quintessence de la Consolation. Car, beaucoup s'entendent si bien à flatter l'esprit qu'ils lui procurent un moment l'oubli de sa peine; mais toi, avec une infaillible dextérité, tu chasses la peine elle-même ! Cependant, il y a encore en moi une petite « peine » que tu n'as pu apaiser: sais-tu laquelle ? » — « Comment le saurais-je ? » répliqua-t-elle. « En lisant dans ma pensée, car je sais fort bien que tu es capable de le faire. » — « Non — ce ne serait pas bien de le faire sans ta permission ! » — « Mais, je te la donne ! » insista Antonius. Cyanara rit, l'air embarrassé. « Ta pensée, dit-elle, recèle une question et un vœu... » — « Tu as bien deviné ! Et qu'y répondras-tu ? » — « Je te donnerai ma réponse à la fin du voyage, quand nous serons de retour chez nous, si jamais nous y revenons. Pour l'instant, je vais simplement clore tes lèvres par un baiser. »

Ayant reçu ce baiser, Antonius dit: « Lorsque tu as parlé de notre *chez nous*, j'ai éprouvé tout à coup un désir intense de revoir Pallomides, mon très cher ami; et, au même moment, son calme et beau visage m'est apparu, semblable à un divin portrait... et il me parlait à travers le vaste espace... Il y a réellement un temps infini que je l'ai vu pour la dernière fois, dans sa maison en face de la mer. Et toi, petite sorcière, je crois que tu as sciemment évoqué cette image pour détourner ma pensée de ma question — n'est-il pas vrai ? » — « Non, dit-elle, il n'en est rien; sans aucun doute, ton ami Pallomides pensait précisément à toi, en cet instant-là... et ton esprit, tel un miroir, a reflété cette image. »

Comme elle achevait ces mots, ils arrivèrent à un détour du sentier et virent soudain devant eux un chien blessé à la patte et qui, dans sa détresse, gémissait pitoyablement. Antonius étant allé vers lui pour le flatter, le chien, remuant la queue, le regarda d'un air suppliant; Antonius le caressa d'autant plus et, tout en lui parlant, examina sa blessure, qui provenait d'une grande esquille entrée dans sa chair, y causant une plaie qui s'était envenimée. « Cherche à extraire cette écharde, dit Cyanara; pendant ce temps, j'irai en quête d'une certaine feuille que nous mettrons sur la plaie, après l'avoir nettoyée. » — Ce disant, elle entra dans le champ le plus proche, après avoir tiré de son bagage un petit pot destiné à rapporter de l'eau du torrent. Antonius, de son côté, arracha une grande et longue épine d'un buisson voisin, puis, tout en se mettant à l'œuvre, dit au chien d'une voix apaisante: « Mon brave ami, avec cette épine nous ferons la guerre à une autre épine — tout comme on met un voleur à la poursuite d'un autre voleur ! » Le chien gémit plaintivement, hurla et se débattit; mais il comprenait, malgré tout, et se montrait reconnaissant. Une fois l'esquille enlevée, il lécha la main de son bienfaiteur jusqu'à ce que Cyanara revînt avec la feuille et l'eau. Elle lava la plaie, puis la banda en ayant soin d'appliquer, auparavant, la feuille sur la plaie. Antonius dit alors: « Nous ne pouvons laisser ce jeune frère mourir de faim sur la route, loin de toute habitation; car il est égaré et n'a plus de foyer. » Ce disant, il prit le blessé dans ses bras et l'emporta.

Au crépuscule, les trois voyageurs, après avoir beaucoup grimpé, arrivèrent dans un village situé à une haute altitude. La neige y couvrait la terre, car c'était maintenant l'hiver: ils avaient froid, ils avaient faim et étaient fort las. Puis le chien était un lourd fardeau à porter. Ils ne trouvèrent là-haut qu'une pauvre auberge à moitié en ruines, peu de voyageurs passant en ce lieu écarté. Néanmoins, ils purent obtenir de quoi manger et boire, et un bon feu de bûches qui brûlait gaiement dans l'âtre. L'aubergiste se montra très accueillant, plein d'attentions pour ses hôtes, mais aussi très inquisiteur et désireux de savoir quelle entreprise pouvait bien les amener si haut, dans une saison de l'année aussi défavorable. En réponse à ses questions, Antonius dit: « Mon ami, nous cherchons un Monastère situé près d'ici, au sommet de cette montagne même. Ainsi, demain, à l'aube, nous reprendrons notre route sans plus de délai. » — Alors le brave aubergiste leva les bras au ciel avec horreur, en s'écriant: « Jamais vous ne pourrez atteindre ce sommet; et en hiver encore ! Et avec une dame ! Que voulez-vous donc de ces étranges moines, là-haut, qui, c'est bien connu, s'adonnent à toutes sortes de louches magies, et qui, à ma connaissance, ne reçoivent aucun visiteur ? » — Antonius répliqua: « Nous y irons, à moins que nous ne périssions en chemin, car telle est notre destination. » — L'hôtelier, alors, toujours plus tragique: « Hélas ! certainement vous périrez dans la neige, ou tomberez au fond d'un ravin, ou mourrez de froid et d'épuisement... Ainsi, uniquement par témérité, vous courez au-devant de la mort ! » — « Non pas, mon ami, lui dit Antonius, nous sommes très forts et pleins de vitalité: n'ayez aucune crainte à notre sujet. » — Mais l'hôte poursuivit: « Si jeunes et si beaux — et s'en aller mourir gelés dans les neiges, loin de tous les humains et avec les étoiles pour seuls témoins !... » — « En vérité, tu as le cœur très sensible, lui dit Antonius; sois sûr que tu auras la récompense de ta sympathie et de tes efforts bien intentionnés pour nous détourner de cette entreprise. Mais la vue de ta commisération nous attendrit à notre tour... Pour secouer cette triste impression, je te prie — ne sachant d'autre moyen — d'aller chercher dans ton cellier une bouteille du meilleur vin, que tu boiras avec nous: il dissipera ta mélancolie. »

Alors le visage de ce vieillard au cœur tendre s'éclaira. Remerciant Antonius, il se hâta vers le cellier... Lorsqu'il fut sorti, Cyanara remarqua: « Tu le vois, les Seigneurs du Sentier-de-la-Main-gauche sont de nouveau à l'œuvre pour nous détourner de notre projet. Mais, cette fois-ci, ils travaillent sous l'apparence de la bonté et de la tendre sollicitude, se servant de ce brave vieillard pour exécuter leur dessein, plutôt que de ces juges injustes et de ces colporteurs de médisance auxquels nous avions à faire auparavant. Car les vertueux aussi bien que les méchants peuvent être les instruments de ténébreux projets; il est vrai qu'aucun mal n'en découlera pour ce brave ami, étant donné qu'il est tout à fait innocent de ce noir complot. Cependant, n'en est-il pas de sa bonté comme de l'eau pure d'une rivière qui, désaltérant plus d'un être assoiffé, lui fait par là du bien — mais, par ailleurs, lui fait du mal en l'empêchant de poursuivre sa route ? » — Antonius sourit affectueusement à sa bien-aimée: « Eh bien ! petite moraliste, cette fois ta comparaison est plutôt défectueuse; où vois-tu que les Seigneurs-de-la-Main-gauche aient quoi que ce soit à voir avec la rivière ? » — « Si ! répliqua-t-elle, ils agissent de façon à entraîner le voyageur vers un point de la rivière où ne se trouve ni pont ni gué, ou dans un endroit où le torrent est si furieux, qu'il hésite à le traverser. » — Antonius, alors, répartit en riant: « Tu as gagné la partie, et je vais m'acquitter de ma dette par un baiser ! »

— XIX —

Comme l'heure du coucher approchait, Antonius se plongea dans la méditation. Au bout d'un moment, il vit devant lui Petrius, tout rayonnant d'amour, et qui lui dit: « Mon disciple, tu as bien agi hier; tu as semé le bon grain, mettant ton jugement à profit pour dire au peuple d'utiles paroles et, selon nos conventions, ne te défendant qu'en apparence, sans divulguer aucun de nos secrets. En récompense, tu t'en iras cette nuit, une fois ton corps endormi, mais ton âme en pleine conscience, dans des régions d'indicible beauté et d'inexprimable félicité. Prends seulement garde, alors, de ne point te dire: « Cette joie ineffable suffit à toutes mes aspirations; qu'ai-je encore besoin, maintenant, d'aller plus avant, d'affronter la grande et dernière épreuve ? » — Car, sache que jusqu'à ce que le But soit atteint, il doit y avoir, dans le cœur de l'homme, une divine Insatisfaction qui sans cesse murmure: « Ceci, même, n'est pas encore assez ! » Une fois que le But est touché, et seulement alors, le Bonheur devient en nous une éternelle, une absolue Conscience, qui n'abandonne plus jamais l'âme. C'est pourquoi je te dis: « Prends garde ! » Que ma bénédiction soit sur toi ! » — Et Petrius disparut.

Cette nuit-là, donc, Antonius entra dans un état de profond sommeil physique; mais aussi (comme l'avait prédit le Maître) d'inexprimable lucidité de l'âme. L'aube venue, il s'éveilla rafraîchi comme il ne l'avait jamais été, mais ayant le sentiment de rentrer dans une prison ou de retomber dans un état de rêve, bien différent de la vraie Vie...

Une fois habillé, et déjeunant avec Cyanara, il lui dit: « Mon amie, la nuit dernière, pendant que reposait mon corps, j'étais avec toi dans des régions d'indicible joie, où brillaient une lumière et des couleurs ineffables et absolument impossibles à décrire. Dis-moi si, de ton côté, tu te remémores cet état sublime ? » — Elle répondit: « Oui; cependant je ne puis te le dépeindre. Ainsi que tu le disais, les mots ne sauraient décrire un état qui est au delà de toutes les expériences faites sur notre sombre plan terrestre. L'état de conscience dans lequel nous nous mouvons ici-bas, si on le compare à l'état bienheureux que nous venons de goûter, ressemble à un mélancolique pays de fantômes, fait d'illusions et d'irréalité. Je saisis fort bien, maintenant, pourquoi les mystiques et les philosophes dépeignent leurs extases et leurs visions en des termes si variés, si contradictoires, et qui excitent le scepticisme des ignorants: c'est qu'en les décrivant, ils veulent tenter l'impossible ! Pour cela, ils recourent à des hyperboles et similitudes extravagantes — nous parlant de rues d'or et de pierres précieuses, qui n'ont, en vérité, rien de réel, mais représentent un impuissant essai d'évoquer la luxuriance, la magnificence et la lumineuse splendeur de ces plans supérieurs. » — « Ma bien-aimée, dit alors Antonius, après tout ce que tu viens d'expérimenter, es-tu encore disposée à continuer notre voyage ? » — « Je le suis — et à cette heure-même, si tu veux. »

Ils se munirent donc de vivres et de boisson, car, dorénavant, ils ne trouveraient plus de villages sur leur chemin. Ayant convenu de laisser le chien blessé au brave tenancier de l'auberge, lequel insista encore pour qu'ils demeurassent, ils se mirent en marche dans l'air froid et vif. Quant au chien, débordant de gratitude pour eux, il hurlait et gémissait, essayant en vain d'échapper à l'étreinte de son nouveau maître: ils étaient déjà bien loin qu'ils pouvaient encore entendre ses lamentations.

« J'aurais volontiers emmené cette pauvre bête, dit Antonius, si je n'eusse craint de la voir périr dans la neige; et maintenant, sans doute, il se dit en lui-même (s'il peut penser, ce dont je doute) : « Etranges humains, qui nous témoignez de la bonté un moment, puis une impitoyable dureté le moment d'après ! Qui éveillez notre attachement par votre charité, puis nous repoussez dédaigneusement, nous abandonnant à notre sort... » — « Oh ! dit Cyanara, ce ne sont pas seulement les chiens qui raisonnent ainsi à l'égard de leurs maîtres, mais aussi les humains à l'égard de Dieu ou de ses Représentants. Lorsque la « chance » favorise les hommes, on les entend dire: « Que Dieu est bon ! » Mais quand viennent les revers, ils s'écrient: « Nous sommes abandonnés de Dieu ! » ne se rendant jamais compte que ces revers sont peut-être, autant que le précédent bonheur, un signe de la bienveillance divine. Pour en revenir à toi, ton apparente infidélité à l'égard de ce chien implique une plus haute manifestation de bonté que de le mener perdre dans la neige. La raison de l'incompréhension humaine à l'égard de Dieu n'est pas difficile à trouver: la grande erreur des hommes, qui jugent telle chose mauvaise et telle autre bonne, en se demandant perpétuellement pourquoi il doit en être ainsi — tient à ce qu'ils voient tout d'une manière fragmentaire, incapables qu'ils sont d'embrasser l'ensemble des choses. Les êtres peu éclairés sont, en effet, toujours prêts à murmurer contre Dieu et les lois de la Nature au lieu de murmurer contre eux-mêmes, oubliant, d'ailleurs, que de quelque façon qu'eût été élaboré le Plan cosmique, ils l'eussent trouvé défectueux et jugé que les choses eussent pu être ordonnées plus avantageusement. » « Vraiment, repartit Antonius, les exercices ont développé ton éloquence. Etant donné que tu as lu peu ou point de livres, il est de plus en plus manifeste que l'éloquence et l'inspiration viennent du cœur, et non pas du cerveau. » — Comme ils parlaient ainsi, ils entendirent tout à coup le chien, qui courait de son mieux sur ses trois pattes valides à travers la neige. « Vois-tu, dit Cyanara, te voilà déjoué ! Ce fidèle animal a rompu sa chaîne et s'est échappé. » — Le chien approcha, remuant la queue, grognant et bondissant d'abord autour d'Antonius, ensuite autour de Cyanara, dans un tel paroxysme de joie, qu'ils n'eurent pas le cœur de le renvoyer. Cyanara riait, disant: « Vois ce chien: il est plus fidèle à sa divinité, l'homme, que l'homme ne l'est à son propre Dieu, car il nous dit: « Même si tu sembles m'abandonner, *moi* je ne t'abandonnerai pas ! » Elle tapota la tête du chien, la baisa, et caressa son rude poil hérissé.

Tous les trois, ils grimpèrent laborieusement à travers la neige, sur laquelle le soleil étincelait d'un éclat aveuglant pour les yeux, mais réjouissant pour le cœur. La montée était ardue, et, de temps en temps, Antonius hésitait sur le chemin à prendre. De tous côtés, autour d'eux, se dressaient d'innombrables pics neigeux, entre lesquels s'ouvraient des vallées que le ciel bleu et l'ombre des sommets nuançaient d'azur et de mauve. L'air était vif et transparent; mais lorsque le soir approcha, le vent devint glacial. Le soleil se coucha, tel un large disque de vermeil qui désertait la terre, la laissant comme un grand cœur dépouillé d'amour, de lumière et de joie. « Nous n'y voyons presque plus, dit Antonius, et nous sommes trop épuisés pour marcher davantage; creusons un trou dans la neige pour nous abriter de ce vent glacial et nous accorder quelque repos. Mais, prenons garde de ne pas céder au sommeil, car s'endormir dans la neige signifierait ne plus se réveiller... » — Ils prirent donc un repos prolongé. La lune se leva, froide et morose, versant sur eux ses rayons blafards et semblant un masque suspendu de travers dans l'insondable espace. Alors, ils se remirent à marcher, avec la plus grande difficulté, pendant quelques heures encore; mais, tout à fait à bout de forces, ils furent de nouveau contraints de se creuser un refuge dans la neige, à l'abri du vent. Ils passèrent ainsi la nuit entière, que chaque heure leur rendait plus pénible; la pensée leur vint même qu'ils allaient peut-être périr... Toutefois, quand le soleil se leva, ils firent un nouvel effort pour reprendre la terrible ascension, qui devenait à chaque pas plus redoutable. Le chien était dans un tel état de faiblesse, qu'Antonius, ajoutant à ses propres difficultés, le prit sur son épaule. « J'aimerais autant mourir moi-même, disait-il, que de le laisser périr. » Mais Cyanara dit: « L'heure approche où tu devras nous laisser mourir tous les deux, car je ne serai bientôt plus capable d'avancer. » Antonius la regarda plein d'angoisse, et son cœur se fondit d'amour et de pitié, car elle avait l'air hagard et malade. Il s'efforça de la stimuler par des paroles encourageantes, fit la remarque que le but ne pouvait plus être très éloigné, puisqu'ils marchaient depuis si longtemps... Mais les forces de Cyanara diminuaient à vue d'œil, et elle n'avançait pour ainsi dire presque plus. Enfin, comme le soleil descendait une fois de plus et que le frisson glacial de la nuit enveloppait la terre, elle s'effondra. Antonius, alors, faillit sombrer dans le désespoir... Que faire ? Retourner en arrière eût été aussi vain et aussi dangereux que de poursuivre; porter Cyanara lui était devenu impossible, ses propres forces ayant beaucoup décliné. Il tenta, alors, par des frictions, de réchauffer les mains, la face et les membres de Cyanara; il la pressa contre lui, murmurant de douces paroles, tandis que le chien, se serrant contre eux avec des démonstrations d'affection, réunissait ses dernières forces pour lécher le visage de Cyanara. Celle-ci murmura: « Va-t-en seul, mon aimé, laisse-moi dormir... Je sais maintenant ce que voulaient les Maîtres: je ne dois pas atteindre le But ici-bas, mais de l'autre côté, dans la mort. » Antonius, la baisant sur les lèvres avec tout l'élan de son âme, repartit: « En ce cas, pour moi aussi la victoire est de l'autre côté, car je ne pourrais te quitter, même si l'univers entier devait être ma récompense ! » Elle se mit à l'implorer, usant les derniers restes de son énergie mourante: « Comment pourrais-je aller au-devant de mon bonheur, si je sais que, pour moi, tu as failli à ta tâche ? » — « Mourir avec toi, répondait-il, ce serait triompher, et non pas faillir; car, en vérité, je crois que ceci est la dernière expérience, la suprême épreuve imposée à notre cœur — celle de renoncer à la vie pour la mieux retrouver, de quitter la prison du corps pour regagner l'éternelle liberté. » Elle répondit faiblement: « Non, ce n'est pas cela... Tu as assez de force pour atteindre le But encore ici-bas; il semble que les Maîtres m'aient seule destinée à la mort physique. »

Et elle recommença à l'implorer de partir sans elle, et de la laisser s'endormir dans la neige...

Mais, tout à coup, sa voix se tut, ses yeux se fermèrent, son visage prit la pâleur de la mort. Dans une agonie d'inquiétude, Antonius, pressant ses lèvres contre les siennes, ne sentait plus de souffle en elle. Au comble du désespoir, il s'écria: « Personne au monde ne la sauvera-t-il ? Où sont donc nos Maîtres ? Où est le bonheur de ma vie ? » Pendant un moment qui lui sembla durer des heures, il se laissa aller au paroxysme de sa douleur, secoué par des sanglots violents ou gémissant doucement: « Me voici abandonné, je suis totalement seul [1] ! Son fidèle compagnon, le chien, lui léchait les mains, se blotissait tout contre lui, hurlant plaintivement, puis remuait la queue, aboyait, léchait encore, et se pressait plus étroitement contre lui, dans un transport de sympathie et un désir de consoler presque aussi intenses que le désespoir de son maître. Mais, soudain, il s'arrêta... dressa les oreilles, huma l'air, puis se mit à aboyer, et finalement, comme si sa fatigue l'eût un instant quitté, se remit sur ses trois pattes et disparut derrière un grand tas de neige qui s'élevait comme une tour au bord de la pente. Ecartant ses mains de son visage, Antonius releva la tête; et, au même instant, surgirent de derrière le mur de neige deux longues silhouettes, escortées du chien, qui bondissait et aboyait comme pour les engager à se dépêcher; elles étaient vêtues d'étranges robes de moines et avaient de longues barbes pointues. Bien qu'Antonius fût trop accablé pour noter ces détails, il vit du moins que c'étaient des hommes. Lorsqu'ils furent tout proches, il reconnut leurs habillements et sut tout de suite qu'ils étaient

---

[1] Dans toute la littérature mystique, cette agonie de désespoir précède l'instant où le But va être atteint. (Note de l'Auteur).

des moines de la Fraternité blanche, car la lune, maintenant levée, les éclairait de sa pâle lueur. Dans l'excès de son angoisse, Antonius, alors, se précipita à leurs pieds, criant: « O Maîtres ! vous venez trop tard, car ma bien-aimée est morte !... » — Mais l'un d'entre eux, le plus grand et le plus imposant, releva Antonius avec la douceur de geste d'une femme et lui dit, d'une voix infiniment tendre et apaisante: « Ne crois pas cela, mon frère: elle n'est qu'évanouie. » Aussitôt, l'autre moine sortit de ses vêtements une petite fiole, contenant un liquide foncé, et soulevant la tête de Cyanara, lui en versa quelques gouttes dans la bouche. Au bout de quelques minutes, tandis qu'Antonius la regardait, déchiré entre l'angoisse et l'espoir, Cyanara ouvrit les yeux. Alors le moine la prit dans ses bras comme il eût pris un enfant et dit: « Je vais la porter là-bas; car il n'est pas bon qu'elle demeure plus longtemps ici; suivez-moi dès que vous le pourrez. » Et il les quitta. Mais Antonius chancelait sur ses pieds: « Mes membres refusent leur service et la tête me tourne, dit-il; je suis à bout... » Le grand moine, avec un sourire affectueux, s'agenouilla auprès de lui et lui caressa un moment la main: « Tes maux sont passés, mon frère; tu as traversé la plus dure des épreuves sans autre dommage qu'un corps épuisé, et qui sera bientôt restauré. Bois ceci, qui t'apportera une force que rien d'autre au monde ne saurait te donner. » Ce disant, il sortit une autre petite fiole, qu'il porta aux lèvres d'Antonius. Celui-ci but, la tête reposant contre l'épaule du moine avec l'abandon d'un enfant qu'on console. Peu d'instants plus tard, il se sentait fortifié et comme renouvelé: toute sensation de malaise et de vertige l'avait quitté comme par enchantement; son âme éprouvait un allègement inexprimable et si intense qu'il eût pu crier de joie avec autant d'élan qu'il criait d'angoisse un instant auparavant... Au lieu de cela, il dit: « Je suis prêt à vous suivre, trop heureux de pouvoir encore marcher, car mes habits sont gelés, et j'ai hâte d'arriver à mon lieu de destination — qui n'est plus trop éloigné, je l'espère ? » — Non, dit le moine: nous y serons dans peu d'instants. » Puis il releva doucement Antonius, et tous deux se mirent en marche.

Mais, au bout de quelques pas, Antonius s'arrêta net. « Le chien... pourquoi ne nous suit-il pas ? » Se retournant, il vit que son fidèle ami gisait, insensible, dans la neige. Plein de pitié, il s'écria: « Si ce vieux compagnon est mort, j'en aurai le cœur navré ! Peut-être que lui aussi a une défaillance, et qu'il serait possible de lui redonner vie ? » — Il alla vers le chien, et s'agenouilla près de lui pour le caresser. Puis il tenta de le soulever, mais en vain. « Je vous prie, dit-il au moine, donnez-moi quelque peu de votre élixir pour réconforter cette malheureuse bête. » — « Quoi ! répliqua le moine, dilapider mon précieux élixir pour un simple chien ! » Antonius s'écria: « Que je voudrais n'avoir pas pris de ce précieux liquide et pouvoir donner ma part à cette pauvre créature ! » — « Pourquoi, dit le moine, perdre ton temps à pleurer sur un être qui ne sent pas la souffrance et qui, dans son inconscience, est heureux ? Il n'est pas bon de nous attarder ici; viens avec moi trouver la chaleur, le confort, la nourriture — et, mieux encore: celle que tu aimes et qui t'attend. » — « Jamais, cria Antonius, je ne vous suivrai en laissant ce pauvre chien achever d'agoniser seul ! Si vous refusez de me donner votre élixir, je porterai, moi, cette bête au Monastère afin de voir si la chaleur ne pourrait la faire revivre; mais, certes, je ne la laisserai pas mourir dans la neige ! » — Alors, le moine, d'une voix subitement toute changée, chargée d'approbation et d'affectueuse douceur: « Mon frère, tu as réellement appris la compassion véritable [1]... Je vois que ton évolution s'est accomplie, pour ainsi dire, sur le Chemin de la Miséricorde et que tu es apte à devenir un Aide de l'Humanité. Sois sûr que, de toutes façons, j'aurais secouru ce fidèle chien — non pas seulement pour toi, mais encore pour l'amour dû à un frère plus jeune que nous dans l'Evolution. » Une fois encore, il sortit la fiole régénératrice, et, après avoir administré son précieux contenu au chien expirant, il le souleva doucement dans ses bras, et l'emporta avec lui.

— XX —

Antonius et le moine, dont le nom était Pasimunda, au lieu de monter vers le faîte de la montagne, contournèrent une sorte d'éperon qui s'avançait passablement en dessous du sommet. Sur l'autre côté de ce promontoire, dans une dépression abritée de tous les vents, s'élevait le Monastère, illuminé en ce moment par la blanche clarté de la lune; dans toutes ses petites fenêtres brillaient des lumières, dont le reflet se projetait en jaune sur la neige. « Voici notre destination, dit Pasimunda. Toutes ces fenêtres éclairées comme pour une fête, ne sont-elles pas la personnification du Bon Accueil ? Si vous regardez au delà, vous apercevrez, dans le lointain, les lumières d'un village scintillant au milieu de toute cette blancheur. Car nous ne sommes pas aussi isolés

---

[1] La compassion vraie est admirablement dépeinte dans une histoire du **Mahabharata,** où il est question d'un chien, qu'Arjuna refuse d'abandonner. (Note de l'Auteur).

que vous le supposez: celui qui connaît le bon sentier peut atteindre d'ici, sans difficulté, le monde des hommes, comme vous le verrez quand le temps sera venu pour vous de retourner dans votre patrie. » Antonius répondit: « En vérité, ma patrie est maintenant la terre entière; je ne me sens plus le citoyen de telle ou telle cité, ni le possesseur de telle ou telle maison, ni le natif de tel ou tel pays; cependant, je reverrai avec joie, un jour ou l'autre, mon lieu natal, dans l'espoir d'y retrouver un ami que non seulement j'aime, mais envers qui j'ai une dette de reconnaissance dont je ne pourrai jamais m'acquitter ! » — « De quelle nature est le service qu'il t'a rendu ? » interrogea Pasimunda. « Il a ouvert mes yeux à la Grande Science, repartit Antonius. Bien qu'il n'ait fait que me prêter quelques livres, et ait ainsi éveillé mon intérêt dans ce domaine, sans lui et son influence bienfaisante, j'aurais gâché mon existence. » — « Il n'y a que les sages, dit Pasimunda, qui sachent quels effets incalculables peut avoir le plus petit acte de bienveillance; bientôt, tu apprendras que ta dette est plus importante encore que tu ne le supposes. Marche, maintenant, avec précaution, de peur de choir; car la descente est abrupte et le sentier glissant. » — Peu d'instants plus tard, Antonius arrivait enfin au terme de son long voyage: il pénétrait dans le grand hall du Monastère, éclairé de lampes et d'un vaste feu de bois. Cyanara, venant au-devant de lui, l'embrassa ardemment et longuement, tandis que le chien, déjà parfaitement remis, sautait des bras de Pasimunda pour tourner autour de son maître et de sa maîtresse, et que les autres habitants du Monastère, rassemblés dans l'attente du repas du soir, regardaient cette scène avec des yeux pleins d'une exquise bienveillance. L'un des « frères » conduisit Antonius dans une chambre où il trouva toute chose nécessaire à son délassement et à son confort, et lui demanda de se hâter un peu, l'heure du souper étant proche. S'étant baigné, Antonius — faisant diligence car il avait grand' faim après un jeûne si prolongé — revêtit les habits chauds et secs préparés à son intention. Tout en longeant l'étroit corridor menant au réfectoire, il se disait: « Je ne sais pourquoi, j'ai le pressentiment d'aller au-devant d'une grande et joyeuse surprise... Je ne vois pas trop quelle elle pourrait être, car la série des événements imprévus me paraît épuisée, si j'en excepte ceux qui se produisent dans mon âme et ne sont pas suscités par les circonstances extérieures. »

Comme il tournait l'angle du couloir, il se trouva devant la porte ouverte du réfectoire... et qu'aperçut-il soudainement ? Debout, à quelque distance de lui et parlant à Cyanara — son ami Pallomides ! Une seconde plus tard les deux amis s'étreignaient, dans le ravissement de deux âmes longtemps séparées, tandis qu'Antonius disait: « Jamais je n'eusse rêvé que la coupe de mon bonheur pût être, une fois, pleine jusqu'à l'extrême bord: la vue inattendue d'un ami si cher a accompli ce miracle ! Mais dis-moi comment tu es arrivé ici. » — Pallomides eut un rire très doux: « C'est ici, pour moi, une retraite où je viens souvent, car elle est tout autant mon chez-moi que la villa du bord de la mer. » — « Tu es donc aussi un « frère », dit Antonius des plus étonné; mais depuis quand ?... Et pourquoi refusas-tu donc de m'accompagner lorsque je t'en priai ? » — Pallomides rit encore: « Comme j'avais déjà parcouru le chemin que tu viens de parcourir, il n'était pas nécessaire pour moi de recommencer le voyage. Pour ton propre bien, d'ailleurs, c'eût été à déconseiller. » — Alors Antonius, se remémorant les paroles de Pallomides, devina toute la vérité: « Maître, dit-il avec amour et respect, je te dois tout, et je sais, maintenant, que c'est toi-même qui m'as envoyé ce vieux sage caché sous le déguisement d'un mendiant, et chargé de m'exhorter à entrer dans le Sentier. Tu as été, tout le temps, le pouvoir invisible qui se tient, pour ainsi dire, « derrière le trône » et tu m'as guidé vers mes maîtres successifs. » — En cet instant la cloche sonna pour le repas du soir, et Pallomides, pour toute réponse, se contenta de sourire. D'un geste affectueux, il conduisit son élève vers la table, au haut bout de laquelle il s'assit, plaçant Cyanara à sa droite et Antonius à sa gauche, tandis que les autres frères s'alignaient sur les nombreux sièges des côtés. Pendant le repas, l'entretien fut gai et enjoué; le rire très doux de ces moines, déchargés des soucis terrestres, résonnait comme une musique aux oreilles des nouveaux arrivants. Antonius pensait: « Combien surprenante est la modestie des Grands ! Car il est évident que Pallomides est le Chef de cette Fraternité, puisqu'il y occupe le siège d'honneur: or, durant toutes ces années que je l'ai fréquenté, jamais il ne m'a soufflé mot de ce fait si important. » Le repas achevé, les moines se dispersèrent; Pallomides et les deux voyageurs furent laissés seuls. « Maître, dit Antonius, explique-nous, maintenant, ce que tout ceci signifie; bien que j'aie pu deviner beaucoup, je serais heureux d'entendre les choses de ta bouche. » — « Mon ami, dit Pallomides, ne m'appelle pas *Maître !* Je vais vous dire tout ce que vous désirez savoir. Car, apprenez que votre voyage, si réel qu'il soit, est, en quelque sorte aussi, symbolique: en même temps que la marche du corps vers le but à atteindre, il représente le pèlerinage de l'âme vers la Divine Connaissance. Quoique j'eusse pu vous instruire de toutes ces choses dans ma villa au bord de la mer, néanmoins, sans le voyage, ses difficultés et ses cruelles expériences, mon enseignement eût été stérile, ou tout au moins tardif quant à ses résultats. C'est que le chemin le plus long est souvent, en dernier ressort, le plus court.

Enseigner les autres — comme tu l'as fait à Marbreville, Antonius — c'est apprendre: car le mérite acquis de ce fait t'a permis d'ouvrir la porte menant à la plus haute Connaissance. Et maintenant, sur ces sommets où l'air pur et raréfié ne peut être souillé par les impures vibrations de la Cité, vous êtes tous deux à même de progresser d'une façon qui serait impossible ailleurs. Bien qu'on puisse atteindre cette cime par un chemin plus aisé (celui que nous prenons, mes frères et moi), le chemin le plus ardu vous était, cependant, nécessaire, — sans doute le comprenez-vous aujourd'hui — en tant qu'expérience et purification du cœur, en tant que mise à l'épreuve de votre âme. Quoi qu'il en soit, le but dernier de ce voyage est cependant le retour à votre propre foyer; car il serait vain de demeurer ici toujours, alors qu'il reste encore tant à faire pour le bien du monde. Ce retour au chez-soi implique un symbole aussi bien qu'un fait; de même que vous avez entrepris le grand voyage dont le circuit vous ramène à votre point de départ, l'Humanité s'en va, elle, à la recherche du bonheur, pour arriver enfin à comprendre qu'il ne se trouve qu'en un seul endroit: au fond de notre âme. »

Antonius répondit: « J'ai lu nombre de fois, dans tes livres, que des années de lutte ardue et de terrible dépouillement sont nécessaires pour pouvoir obtenir la divine Initiation; cependant, si ma pensée retourne en arrière, l'angoisse de la fin exceptée — alors que je croyais avoir tout perdu — le chemin ne m'est pas apparu si affreusement difficile... » — « C'est que, mon frère, dit Pallomides, l'ascension n'a pas commencé pour toi dans cette vie-ci, comme tu le verras quand la mémoire de tes vies passées te reviendra. Bien que la première partie de ta présente existence, toute livrée aux plaisirs des sens, semblât très éloignée du Sentier et incompatible avec lui, dis-toi, néanmoins, que les apparences sont trompeuses; l'homme qui semble le plus éloigné du But est souvent celui qui en est le plus proche — comme ce fut le cas de Cyanara, ta fidèle aide et compagne, si oublieuse d'elle-même. C'est chose fort commune, en vérité, que de voir le monde traiter de pécheur celui que l'épaisseur d'un cheveu sépare de la sainteté — qui est un Saint virtuel: chez lui, les vices ne sont que le dernier vacillement de la flamme expirante du Soi inférieur, qui va mourir pour ne plus jamais renaître. » — Pallomides fit une pause, regarda ses deux élèves avec affection, et dit enfin: « Je dois me retirer un moment dans la méditation. Je vous laisse donc seuls, mais je reviendrai sous peu, avant que nous nous séparions pour la nuit. »

Lorsqu'il se fut éloigné, Antonius prit la main de Cyanara et lui dit: « Mon aimée, ceci est une fin qui est, en réalité, un commencement... Car, jusqu'ici, nous n'étions que des enfants apprenant à marcher, mais incapables d'agir en raison de nos limitations — voire incapables de sentir et incapables d'aimer. Je sais, maintenant, que ce que les non-initiés appellent « amour » est, en comparaison de ce mystique enthousiasme que je ressens pour toi, à peine de l'amour, mais plutôt un fantasque mélange de désir et de tristesse, de joies inconstantes, d'appréhensions, de jalousies — et de beaucoup d'autres choses... » — Cyanara sourit et dit: « Quant à l'amour, tu dis bien vrai; mais quant à cette fin du Voyage, dont tu parlais, elle te concerne, mais pas moi-même; car je n'ai pas encore traversé le pays d'aride désolation qui, seul, conduit au But final. » — Antonius la regarda, avec une indicible et tendre compassion dans les yeux. « Je voudrais, pour tout au monde, que ce moment te fût épargné, dit-il; car c'est une agonie inexprimable, la somme de toutes les angoisses concentrées en un seul être. Mais... dois-je te dire d'où m'est venue cette angoisse ? » — « Oui », fit-elle. — « Sache que, là-bas, dans la neige, je t'ai crue morte... » — Cyanara étreignit la main d'Antonius, le couvrant d'un regard infiniment plus éloquent que toute espèce de parole. Elle demeura un grand moment muette, puis elle dit: « Si même j'étais morte, tu te serais pourtant souvenu qu'il n'existe pas de séparation ? » — « Je le sais bien, dit-il; cependant, ce fut là ma plus cruelle épreuve, car, pour la dernière fois, l'atroce et illusoire sensation d'*arrachement* a envahi mon âme, me laissant totalement dépouillé — abandonné de l'Amour lui-même... Malgré tout, il faut que je te le dise, jamais le Secours n'est si proche de nous que lorsqu'il semble entièrement hors d'atteinte; souviens-t'en donc, lorsque viendra pour toi la suprême épreuve. Et maintenant, réponds-moi, je te prie, sur un certain sujet. » — « Quel est ce sujet ? » dit-elle. — « As-tu entendu le Maître parler de l'œuvre qui est encore à faire dans le monde ? » — « Oui, sans doute. » — Il reprit: « Les limitations dues à l'espace, au temps, à la fatigue étant, pour l'initié, bannies à tout jamais; chacun des frères éprouvant une douce joie à venir en aide à cette grande orpheline qu'est l'Humanité et remplissant cette tâche selon ses capacités accrues, le travail auquel Pallomides faisait allusion doit sans doute s'accomplir sur le plan physique. » — « C'est possible, dit-elle; et alors ? » — « Eh bien ! reprit-il, nos corps physiques n'ayant qu'une très brève existence, relativement à l'Eternité, les frères à même de poursuivre cette œuvre sont bien peu nombreux... Je pense que le couronnement de nos vies terrestres ne sera atteint que si, tous deux, nous créons ensemble un être qui serait digne de recevoir une âme très haute. J'attends donc de toi deux choses: Donne-moi, en ta personne, si belle et si aimée, une épouse — et puis...

donne-moi un fils. » — Cyanara répondit: « Je le veux ! »

Ainsi, après un certain temps passé au Monastère, ces deux êtres étroitement unis retournèrent au pays natal. Dans l'intervalle, un fils leur était né. Or, en raison de la pureté de leur amour et de l'élévation de leur âme, ils avaient attiré à eux une entité si haute, que ce fils devint un grand Sage, qui laissa le monde enrichi par l'apport d'une divine philosophie.

Quant à ses parents, bien qu'ils eussent toujours, à l'automne de leur vie, conservé leur apparence jeune et belle, ils finirent par quitter leur corps physique — et ils travaillent, maintenant, ensemble, dans les sphères sublimes de la Félicité, jusqu'à ce que le jour soit venu pour eux de renaître en ce monde, où ils continueront à travailler à l'avancement spirituel de l'Humanité.

TABLE DES MATIÈRES

DEUXIEME PARTIE

ACHEVÉ D'IMPRIMER
SUR LES PRESSES DE L'IMPRIMERIE CORBAZ S.A.
À MONTREUX (SUISSE)
EN OCTOBRE 1995